DuMont Dokumente:

eine Sammlung von Originaltexten,
Dokumenten und grundsätzlichen Arbeiten
zur Kunstgeschichte, Archäologie,
Musikgeschichte und Geisteswissenschaft

W0068749

Marie Steiner-von-Sivers und Rudolf Steiner, Berlin 1915/16

Rudolf Steiner
über
Eurythmische Kunst

herausgegeben von

Eva Froböse

unter Mitarbeit von Edwin Froböse und Walter Kugler

DuMont Buchverlag Köln

Umschlagabbildung Vorderseite: Nach Angaben Rudolf Steiners 1922/23 aus Sperrholz angefertigte Eurythmiefiguren.
Links: Verzweiflung, Höhe ca. 26 cm
Mitte: Erkenntnis, Höhe ca. 29 cm
Rechts: Selbstbehauptung, Höhe ca. 24 cm
Die Farbgebung veranschaulicht jeweils die Bewegung, das Gefühl und den Charakter. Die Figuren befinden sich im Archiv der Rudolf-Steiner-Nachlaßverwaltung, Dornach/Schweiz.

Umschlagabbildung Rückseite: ›Schreitende‹. Fragment eines antiken Reliefs. Museo Vaticano, Rom.

CIP-Kurztitelaufnahme der Deutschen Bibliothek

Steiner, Rudolf:
Rudolf Steiner über eurythmische Kunst / hrsg. von
Eva Froböse. Unter Mitarb. von Edwin Froböse u.
Walter Kugler. – Köln : DuMont, 1983.
    (DuMont-Dokumente)
    (ISBN 3-7701-1527-9)
NEß Froböse, Eva [Hrsg.]

© der Wortlaute von Rudolf Steiner und Marie Steiner, der Skizzen und Zeichnungen von Rudolf
Steiner: 1983 Rudolf-Steiner-Nachlaßverwaltung, Dornach/Schweiz
© 1983 DuMont Buchverlag, Köln
Alle Rechte vorbehalten
Satz und Druck: Rasch, Bramsche
Buchbinderische Verarbeitung: Boss-Druck, Kleve

Printed in Germany   ISBN 3-7701-1527-9

Inhalt

Vorbemerkung

Dieses Buch will Einblick geben in ein neues Kunstgebiet: in die eurythmische Kunst. Vor siebzig Jahren entstand sie, aus einfachen Lebensumständen. Auch die von Rudolf Steiner inaugurierte Weltanschauung, die Anthroposophie, stand damals noch am Anfang ihrer Entwicklung. Heute darf man sie eine Weltbewegung nennen, und die Eurythmie ist weit über die deutschsprachigen Gebiete hinaus bekannt geworden, nicht nur als Bühnenkunst, auch als ein wesentlicher Faktor der Erziehungs- und Heilkunst. In der 1978 erschienenen Monographie »Rudolf Steiner und die Anthroposophie« von Walter Kugler wurde in dem Kapitel »Beiträge zur Kunst« auf diesen neu entstandenen Kunstzweig eingehend hingewiesen. So ist es durch die Anregung des Verlags zu dieser zweiten Dokumentation gekommen.

Es war keine leichte Aufgabe, die sich damit gestellt hat. Sieben Jahrzehnte sind ein langer Zeitraum. Wesentliche Phasen der Arbeit mußten ausgewählt werden. Das war dadurch möglich und gerechtfertigt, daß die Rudolf-Steiner-Gesamtausgabe fast vollständig vorliegt und die für die Eurythmie von Rudolf Steiner gegebenen Kurse der Öffentlichkeit seit Jahren in Buchform zugänglich sind. Zu diesen Veröffentlichungen, »Entstehung und Entwicklung der Eurythmie«, »Ton- und Lauteurythmie«, kommt noch ein besonderer Band, »Eurythmie – Die Offenbarung der sprechenden Seele«, mit achtzig der annähernd dreihundert Ansprachen vor Eurythmie-Aufführungen. In diesen Eurythmie-Einleitungen hat Rudolf Steiner versucht, »immer dasselbe von den verschiedensten Punkten aus zu geben«. Man kann den Zentralgedanken dieser Darstellungen *eine Fortbildung der Goetheschen Metamorphosenanschauung im Bereich der menschlichen Bewegung* nennen, denn immer wieder wird auf diese grundlegende Goethesche Idee hingewiesen. Aus den genannten Werken wurden zahlreiche Zitate von Rudolf Steiner für diese Dokumentation gewählt. Die Auswahl bestimmte *Eva Froböse*, welche die Herausgabe der oben genannten Bände der Rudolf-Steiner-Gesamtausgabe betreute. Nach einer fünfundzwanzigjährigen Tätigkeit als Eurythmistin im Goetheanum-Ensemble hatte sie sich dieser Aufgabe gewidmet. Aus diesem Darinnenstehen im künstlerischen Erleben sind die verbindenden Begleitworte verfaßt. Durch die Quellenangaben wird der zeitliche Zusammenhang mit dem Gesamtwerk betont.

Hervorzuheben sind vier farbige Abbildungen von Eurythmiefiguren, die Rudolf Steiner im Jahre 1922 geschaffen hat und die hier erstmals veröffentlicht werden. Der Beitrag über »Die Rezitation zur Eurythmie« lenkt die Aufmerksamkeit auch auf einen wichtigen neuen

Kunstzweig. Welchen Platz die eurythmische Kunst innerhalb der Bühnenkunst immer mehr eingenommen hat, wird in dem Aufsatz »Eurythmie und Dramatische Kunst« geschildert.

Zu begrüßen ist, daß *Walter Kugler* einen Beitrag zum Ganzen geschrieben hat und für die Gestaltung der Dokumentation wertvolle Hilfe gab. Unser großer Dank aber gebührt *Ernst Brücher*, dessen warmes Interesse und Verständnis für die Arbeit eine tragende Kraft waren.

Dornach 1983   Edwin Froböse

Rudolf Steiner und seine Zeit

Anmerkungen zu seinem Lebensgang. Von Walter Kugler

Weltanschauungen sind unbequem – sowohl für ihre Urheber als auch für ihre Interpreten, Apologeten und Kritiker, besonders aber für jene, die keine Weltanschauung haben (wollen), dafür um so intensiver Ideologie wittern. »Es ist merkwürdig, wie geistige Güter von den Menschen so vollkommen anders gewertet werden als materielle«, bemerkt Franz Marc in seinem ersten Beitrag für den »Blauen Reiter«, und im selben Atemzug folgt dann jene Feststellung, die an Aktualität bis heute nichts eingebüßt hat: »Es ist wahnsinnig schwer, seinen Zeitgenossen geistige Geschenke zu machen.«[1]

Unbequem war Rudolf Steiner für seine Zeitgenossen schon, als von einer anthroposophisch orientierten Geisteswissenschaft noch nicht die Rede war, er aber mit seinen zeitkritischen Aufsätzen und Schriften (über Erkenntnistheorie, Nietzsche, Goethe, Haeckel) auf lebhaftes Interesse stieß. So äußerte er sich einmal rückblickend auf das Jahr 1894, in dem seine wohl bedeutendste Schrift, »Die Philosophie der Freiheit«, erschienen war: »Das war das erste, was natürlich den Zeitgenossen unbequem war an meiner ›Philosophie der Freiheit‹, daß sie sich hätten bequemen müssen, nun wirklich zunächst sich durchzuringen in einem sich selbst in Zucht nehmenden Denken zu einer Wissenschaft von der Freiheit.«[2] Insbesondere der erste Teil dieser Schrift, sagt Steiner selbst, hat »kampfartigen Charakter«, und dies verwundert nicht angesichts der diesem Werk zugrunde liegenden Impulse, die unter anderem darin bestanden, die Gesellschaft des ausgehenden 19. Jahrhunderts dazu anzuregen, sich des Zwanges aller konventionellen Sittlichkeitsprinzipien zu entledigen und statt dessen die Maximen ihres Handelns nach dem zu richten, was in den Ideen und Intentionen der menschlichen Individualität wurzelt. »Ethischen Individualismus« nannte Steiner jenes Agens seiner Freiheitsphilosophie. »Moralische Phantasie« und »Moralische Technik« waren die zu einer neuen Ethik führenden Instrumentarien.

Einige Freunde fanden sich dennoch oder gerade aus den eben genannten Gründen, unter ihnen bedeutende Wissenschaftler der verschiedensten Richtungen, wie etwa der ›Philosoph des Unbewußten‹ Eduard von Hartmann, der ›Monist‹ Ernst Haeckel und der Goetheforscher Karl Julius Schröer. Auf Veranlassung des letzteren hin wurde der junge Steiner mit der Herausgabe von Goethes »Naturwissenschaftlichen Schriften« in »Kürschners Deutsche Nationalliteratur« beauftragt, deren Qualität der Bearbeitung auch die Anerkennung eines so bedeutenden Wissenschaftlers wie Wilhelm Dilthey fand. Zahlreiche Freunde hatte Rudolf Steiner schon während seiner Wiener Studienjahre. Stellvertretend für viele sei hier die Schriftstellerin und Frauenrechtlerin Rosa Mayreder (»Kritik der Weiblichkeit«) genannt. In Weimar, wo er neben seiner Tätigkeit am Goethe-Archiv auch die Werke von Schopenhauer und Jean Paul für die »Cottasche Bibliothek der Weltliteratur« sowie die von Uhland und Wieland für die »Berliner Klassiker Ausgaben« herausgab, war er insbesondere als Goethe-Kenner hoch geschätzt. Die große Bedeutung seiner Stellung im Kulturleben Berlins um die Jahrhundertwende wird heute selbst von Experten nicht mehr angezweifelt. Als Herausgeber des »Magazin für Literatur« förderte er nicht nur junge Schriftstellertalente wie Else Lasker-Schüler, vielmehr setzte er mit seinen kulturkritischen Beiträgen Impulse des Umdenkens, die auch in den von ihm redigierten »Dramaturgischen Blättern«, dem damals offiziellen Organ des »Deutschen Bühnenvereins«, ihren Niederschlag fanden.

Steiners Wirken in Berlin galt besonders den damaligen ›Randgruppen‹ des Kulturlebens, den »Friedrichshagenern«, zu denen neben den Brüdern Hart auch Bruno Wille, zeitweilig Gerhart Hauptmann, Fidus und andere gehörten. Erwähnt sei hier noch seine enge Freundschaft mit dem »individualistischen Anarchisten« und Herausgeber der Schriften von Max Stirner, John Henry Mackay. Als Vortragenden im Giordano-Bruno-Bund, an der Berliner »Freien Hochschule« (der ersten Volkshochschule in Deutschland), an der von Wilhelm Liebknecht begründeten Arbeiterbildungsschule (in der Steiner auch Rosa Luxemburg begegnete) und in dem von Ludwig Jacobowski geleiteten Kreis der »Kommenden«, an deren Veranstaltungen Persönlichkeiten wie Peter Hille, Else Lasker-Schüler, Erich Mühsam, Hans Pfitzner und viele andere mehr teilnahmen, wußte man Steiner zu schätzen. Seinem Engagement in der Theosophischen Gesellschaft liegen sowohl innere Motive als auch Forderungen, die durch eine kritische ›Außenwelt‹ an ihn herangetragen wurden, zugrunde. In diesem Zusammenhang sei hingewiesen auf den Artikel von J. Frisch (Wien) in der Berliner Zeitschrift »Der Freidenker«, wo es am Schluß heißt: »Eine Psychologie des modernen Geisterglaubens [damit ist die theosophische Lehre gemeint; W. K.] von einem so geistreichen Manne wie Steiner wäre uns sicherlich willkommen gewesen.«[3] Daß Steiner auch in diesem Kreis die Eigenständigkeit seines Denkens zu wahren wußte, belegen seine zahlreichen Schriften aus dem ersten Jahrzehnt dieses Jahrhunderts, in denen er die anthroposophisch orientierte Geisteswissenschaft Schritt für Schritt entwickelte und damit einer neuen Bewegung, der anthroposophischen Bewegung, den erkenntnismäßigen Boden bereitete.

Wesentlich waren für Rudolf Steiner nicht so sehr die einzelnen Inhalte, sondern die ihnen innewohnenden *Aufgabenstellungen*, die sich für den einzelnen aus einer bewußten Auseinandersetzung beispielsweise mit dem »ethischen Individualismus«, mit den Anschauungen von Reinkarnation und Karma, mit der Christologie und der »Dreigliederung des sozialen Organismus« ergeben. Neben dem Wirken der Anthroposophischen Gesellschaft sind es heute vor allem die Waldorfschulbewegung, die biologisch-dynamisch bewirtschafteten landwirtschaftlichen Betriebe, die auf anthroposophischen Erkenntnissen basierende heilpädagogische und medizinische Bewegung (Heime, Kliniken, therapeutische Institute, pharmazeutische Betriebe), die, den Anregungen Steiners folgend, Akzente für eine menschlichere Gestaltung der Gegenwart zu setzen vermögen.

Unter den großen Künstlern seiner Zeit waren es vor allem Christian Morgenstern und Wassily Kandinsky, die sich den von Steiner gegebenen Impulsen stellten, was in bezug auf den erstgenannten sogar Kurt Tucholsky, alias Ignaz Wrobel, zum Nachdenken veranlaßte. Die folgenden Worte aus einem Brief Christian Morgensterns an Friedrich Kayßler mögen das verdeutlichen, was der Dichter anläßlich eines Besuches der Aufführungen von Steiners »Mysteriendramen« in München (1910–1913) erlebte: »Das Steinersche Mysterium ... ist kein Spiel, sondern es spiegelt geistige Welten und Wahrheiten wider. Es leitet ein, mag sein noch mit mancher Mühsal eines Anfangswerkes, einer ersten Tat beladen, eine neue Stufe, eine neue Epoche der Kunst. Diese Epoche selbst ist noch fern; es können Hunderte von Jahren vergehen, bis die Menschen, die diese reingeistige Kunst wollen, so zahlreich geworden sind, daß etwa in jeder Stadt Mysterien solcher Art würdig geboten und empfangen werden können – aber hier in der ›Pforte‹ [gemeint ist das erste von vier Mysteriendramen, ›Die Pforte der Einweihung‹; W. K.] ist ihr historischer Ausgangspunkt, hier wohnen wir ihrer Geburt bei.«[4]

Kandinskys Wirken diente dem Zweck, »diese unbedingt in der Zukunft nötige, menschliche Erlebnisse ermöglichende Fähigkeit des Erlebens des Geistigen in den materiellen und in den abstrakten Dingen zu wecken.«[5] Die Gründe hierfür beschreibt er in seiner mit der Jahresangabe 1912 versehenen Schrift »Über das Geistige in der Kunst« mit den Worten: »Diese Kunst, die keine Potenzen der Zukunft in sich birgt, die also nur das Kind der Zeit ist und nie zur Mutter der Zukunft heranwachsen wird, ist eine kastrierte Kunst. Sie ist von kurzer Dauer und stirbt moralisch in dem Augenblicke, wo die sie gebildet habende Atmosphäre sich ändert.«[6] Im gleichen Jahr schuf Rudolf Steiner eine neue Kunst, die Eurythmie.

Was die Einstellung zur damaligen Kunst und Kunstauffassung betrifft, so stoßen wir bei Steiner ebenfalls auf recht kritische Äußerungen: »Wir zehren von den künstlerischen Traditionen. Wir bauen gotisch, wir bauen antik, wir bauen barock und so weiter, aber wir bauen nicht gegenwärtig. Ebensowenig sind wir in der Lage, auf anderen Gebieten in künstlerischem Sinne vollgegenwärtig zu sein.«[7] In die Zukunft blickend heißt es bei Kandinsky: »Die andere, zu weiteren Bildungen fähige Kunst wurzelt auch in ihrer geistigen Periode, ist aber zur selben Zeit nicht nur Echo derselben und Spiegel, sondern hat eine weckende, prophetische Kraft, die weit und tief wirken kann.«[8] Goethe nannte die Kunst eine »praktische Wissenschaft«, doch meinte er sicherlich nicht dasjenige, was Hegel dazu veranlaßte, vom »Ende der geschichtlichen Rolle der Kunst« zu sprechen und in der Wissenschaft deren Nachfolger zu sehen.

Der Unterscheidung von Kunst und Wissenschaft begegnet man bereits in einigen ästhetischen Abhandlungen des frühen Mittelalters, und Ende des 14. Jahrhunderts konnte gar mit der Behauptung »ars sine scientia nihil est« – die Kunst ist nichts ohne die Wissenschaft – der langjährige Streit um den Bau des Mailänder Domes beendet werden. Für Rudolf Steiner – und dies wird bereits in seiner ersten erkenntnistheoretischen Schrift aus dem Jahre 1886 deutlich – sind das wissenschaftliche Erkennen und das Künstlerisch-Schöpferische zwei Aspekte ein und desselben Urvorganges: »Sowohl die erkennende wie die künstlerische Tätigkeit beruhen darauf, daß der Mensch von der Wirklichkeit als Produkt sich zu ihr als Produzenten erhebt; daß er von dem Geschaffenen zum Schaffen, von der Zufälligkeit zur Notwendigkeit aufsteigt.«[9]

Im Zufälligen und in der Tradition sah er die Repräsentanten der dem Schöpferischen entgegenwirkenden Prinzipien. Die Entwicklung eines aus imaginativen und intuitiven Kräften hervorgehenden Bewußtseins, wie er es in seinen anthroposophischen Schriften und Vorträgen zur Darstellung gebracht hat, bildet die entscheidende Voraussetzung dafür, um zum Künstlerisch-Elementaren, zum Künstlerisch-Schöpferischen und schließlich zum Schönen zu gelangen. Als den »Glanz der Wahrheit« (splendor veritatis) empfand man im Mittelalter die Schönheit und man meinte damit nicht Illusion, sondern Offenbarung. Auch wenn sich heute der Künstler in seinem Schaffen als ›frei‹ empfindet, so kann er seinen Zusammenhang mit der Welt, dem Kosmos, nicht leugnen, denn, folgen wir Steiner: »Schönheit ist der Abdruck des Kosmos ... in einem physischen Erdenwesen.«[10] Am Beispiel eines der großen Werke der griechischen Bildhauerkunst, der Venus von Milo, verdeutlicht er dies: »Die ist nicht geschaffen, indem man Anatomie studiert hat, indem man an die Kräfte appelliert hat, welche aus dem Raumesinnern des physischen Leibes heraus bloß verständlich sind, sondern sie ist geschaffen dadurch, daß man gewußt hat in älteren Zeiten von jenem Bildekräfteleib, der den physischen Leib durchdringt, der aus dem Kosmos heraus gestaltet wird, der aus einem Raum gestaltet wird, der ebenso peripherisch ist, wie der irdische Raum, der physische Raum, zentral ist. Dadurch aber, daß ein Wesen gestaltet wird von der Peripherie des Weltenalls herein, dadurch wird ihm aufgedrückt dasjenige, was nach der Urbedeutung dieses Wortes das Wesen der ›Schönheit‹ ist.«[11]

Rudolf Steiner hat mit der architektonischen und künstlerischen Gestaltung der beiden Goetheanum-Bauten und einer Reihe von Wohn- und Zweckbauten – Fachleute sprechen hier von einer plastisch-organischen Bauweise – konkrete Beispiele dafür gegeben, was es heißt, aus der oben beschriebenen Geisteshaltung heraus künstlerisch zu gestalten. Pioniere der modernen Architektur wie Neutra, Le Corbusier und Scharoun mögen angesichts dieser Bauten Steiners Impulse ebenso geahnt haben wie der Kunsthistoriker U. Kultermann, der in Steiners Architektur die Einheit von Technik und Imagination verwirklicht sah; der Architekturkritiker W. Pehnt nannte das *Goetheanum* »eine der großartigsten architektur-plastischen Erfindungen, die das 20. Jahrhundert aufzuweisen hat«.[12]

Plastische Gestaltung, repräsentiert durch die Bildhauerkunst, stellt für Rudolf Steiner den einen Pol der bildenden Kunst dar. Charakterisiert ist er dadurch, daß – etwa mit der Skulptur einer menschlichen Gestalt – aus dem Makrokosmos heraus ein Mikrokosmos geschaffen wird. Zu dem anderen Pol gelangt man, indem man sich ganz in das Innere des Menschen hineinversetzt, die innere Regsamkeit verfolgt, sich hineinvertieft »in alles dasjenige, was durch Sprechen und Gesang zum Ausdruck kommen kann«.[13] Hierdurch, so Steiner, wird die »*bewegte Plastik*« geschaffen. »Das, was im tiefsten Inneren des Menschen wie in einem Seelenpunkte konzentriert ist, strebt überall in die Weltenweiten hinaus in den Bewegungsformen, die der Mensch aus sich heraus *eurythmisch* schafft. Es antwortet der andere Pol vom Menschen aus in der *eurythmischen Kunst*, in der bewegten Plastik.«[14]

Hier wird deutlich, daß die Eurythmie als Bewegungskunst aus der anthroposophisch orientierten Geisteswissenschaft hervorgegangen ist. Welche inneren Gesichtspunkte und äußeren Begebenheiten ihre Entwicklung bestimmten, soll in dem nun Folgenden zur Darstellung kommen.

I Zur Entstehungsgeschichte der Eurythmie

Eurythmie, was sie ist und wie sie entstanden ist

Öffentlicher Vortrag von Rudolf Steiner, gehalten am 26. August 1923 in Penmaenmawr/Nord Wales anläßlich des Eurythmiegastspiels im Rahmen der INTERNATIONAL SUMMER SCHOOL vom 18. August bis 1. September 1923[1]. Innerhalb dieser Veranstaltung gab Rudolf Steiner einen dreizehn Vorträge umfassenden Kurs unter dem Thema »Die geistige und physische Welt- und Menschheitsentwicklung der Vergangenheit, Gegenwart und Zukunft im Lichte der Anthroposophie«.

Entstehungsmomente

»Die Eurythmie ist uns eigentlich auf dem Boden der anthroposophischen Bewegung wie eine Schicksalsgabe zugewachsen. Es war im Jahre 1912, da verlor eine anthroposophische Familie den Vater, und die Tochter suchte einen Beruf, der nun aus der anthroposophischen Bewegung hervorgeholt werden sollte. Und da ergab es sich aus mancherlei Absichten, die man nach diesem oder jenem gehabt hat, daß eine Art von Raumbewegungskunst, die es damals noch nicht gab, gerade bei dieser Gelegenheit inauguriert werden konnte. Und so wuchsen denn eigentlich die allerersten, allerdings nur diese allerersten Prinzipien und Formen der Eurythmie aus der Unterweisung jener jungen Dame heraus.

Es gehört damit gerade diese Eurythmie zu denjenigen Konsequenzen der anthroposophischen Bewegung, die eigentlich immer so zugewachsen sind, daß man die ersten Anfänge wie eine Schicksalswendung genommen hat und dann ungefähr so davorgestanden hat, wie ich vor den Säulenformen im Goetheanum stand, die sozusagen durch das künstlerische Schaffen ein eigenes Leben gewannen, noch etwas ganz anderes hatten als dasjenige, was ursprünglich hineingelegt worden ist.

So ist es immer, wenn man sich für das künstlerische Schaffen oder überhaupt für das menschliche Schaffen hingibt an die schaffenden Kräfte der Natur. Wie die schaffenden Kräfte der Natur selber gleichsam aus einem Unendlichen heraus arbeiten, so daß man immer viel mehr herausfinden kann aus dem, was entsteht, als dasjenige ist, was man zunächst hineingelegt hat, so ist es, wenn man sich beim künstlerischen Schaffen mit den

Erstes Goetheanum in Dornach. Blick in den Zuschauerraum

schöpferischen Kräften und Mächten der Natur verbindet. Man führt dann nicht nur engbegrenzte Impulse aus, sondern man kommt dazu, daß man zuletzt eine Art von Werkzeug wird für die schöpferischen Mächte der Welt und daß eben viel mehr aus der Sache herauswächst, als man ursprünglich beabsichtigen konnte.

Es wurde dann auch diese Eurythmie zunächst in sehr kleinen Kreisen getrieben und unterrichtet. Dann nahm sich ihrer Frau Dr. Steiner im Beginne der Kriegszeit an, und dadurch gewann sie gewissermaßen immer mehr und mehr an Ausdehnung, aber auch an Inhalt. Dasjenige, was heute die Eurythmie ist, ist eigentlich erst seit jener Zeit zu den ersten, 1912 gegebenen Prinzipien dazugekommen. Und wir arbeiten fortwährend – denn dasjenige, was heute Eurythmie ist, ist ja ein Anfang – an der Ausgestaltung, an der Vervollkommnung. Sie trägt aber, ich möchte sagen, unbegrenzte Vervollkommnungsmöglichkeiten in sich. Und deshalb wird sie ganz zweifellos, wenn wir längst nicht mehr dabei sind, ihre weitere Ausbildung und ihre weitergehende Vervollkommnung finden und sich dann als eine jüngere Kunst neben die älteren Künste hinstellen können.

Künste sind niemals bloß entstanden aus verstandesgemäß gefaßten menschlichen Absichten, sind auch niemals entstanden aus dem Prinzipe heraus, die Natur auf irgendeinem Gebiete so oder so nachzuahmen, sondern sie sind immer entstanden, wenn Herzen, menschliche Herzen sich gefunden haben, welche Impulse erhalten konnten aus der

Marie Steiner, Dornach 1915

geistigen Welt, und sich genötigt fanden, diese Impulse zu verkörpern, zu realisieren durch diesen oder jenen äußeren Stoff.

Man kann für jede der einzelnen Künste: Baukunst, Plastik oder Bildhauerei, Malerei, Musik und so weiter, überall nachweisen, wie gewisse spirituelle Impulse aus höheren Welten zu den Menschen kamen, wie besonders geeignete Naturen diese Impulse aufgenommen haben, und dasjenige, was gewissermaßen sich abgeschattet hat von höheren Welten in das menschliche Schaffen in der physischen Welt, das gab die Künste. Gewiß, die Künste sind dann in ihrer Entwicklung zumeist so fortgefahren, daß sie naturalistisch geworden sind, daß die ursprünglichen Impulse verlorengegangen sind und eine Art äußerer Nachahmung eintrat. Aber bei dieser äußeren Nachahmung liegt eben niemals der Ursprung der Künste.

Heute – ich will nur beispielsweise dies anführen – denkt man zunächst daran, wenn man zum Beispiel als Bildhauer oder Maler das menschliche Selbst wiederzugeben hat, wie man diese Wiedergabe nach dem Modell besorgt. Es ist durchaus nachweisbar, daß die Bildhauerkunst auf ihrer Höhe innerhalb Griechenlands nicht dadurch entstand, daß man nach einem Modell arbeitete, also gewissermaßen den äußeren Sinnenschein nachahmte, sondern innerhalb desjenigen Zeitalters, in dem gerade die Blüte der griechischen Plastik entstanden ist, fühlte der Mensch noch etwas in sich von seinem Ätherleib, der die eigentlich gestaltenden und Wachstumskräfte des Menschen enthält. In der besten Griechenzeit entdeckte der Mensch, was es heißt, mit Hilfe des Ätherleibes einen Arm und eine Hand in eine gewisse Attitüde zu bringen, und er empfand die Muskelhaltung und Muskelstellung bei dieser Attitüde. Er erlebte gewissermaßen innerlich die Weite des Armes, die Streckkraft des Armes, die Streckkraft der Finger. Und dieses innerliche Erlebnis, das gab er durch seinen Stoff, durch die äußere Materie wieder.

Es war also dasjenige, was der griechische Plastiker der Materie anvertraute, innerliches Erlebnis. Es war das, was man dann in den Ton oder in das Plastilin hineindrückte, nicht äußerlich mit den Augen angeschaut – so geht diese Linie, diese Fläche –, sondern es war tatsächlich ein inneres Erlebnis, das nachgeschaffen war den schaffenden Kräften der Natur und das anvertraut wurde dem äußeren Stoff.

Und so ist es bei jeder Art Kunst in dem Augenblick, wo innerhalb der Menschheitsentwicklung diese Kunst auf der Höhe steht. Und es gibt ja in der Menschheitsentwicklung auf der Erde immer solche Epochen, in denen das Spirituelle mehr als in andern Epochen herunterkommt aus den geistigen Welten, in denen sozusagen die Menschen aufgefordert werden, durch die Fenster, die in das Spirituelle hineingehen, hineinzublicken und dasjenige, was in spirituellen Welten lebt, hinunterzutragen auf die Erde.

Damit nehmen die Künste ihren Anfang. Es folgen dann immer mehr naturalistisch geartete Zeitalter. In denen entwickelt sich das Epigonenhafte der Künste manchmal zu größerer äußerer formeller Vollkommenheit, als die betreffende Kunst bei ihrem Ausgangspunkte hatte; aber bei ihrem Ausgangspunkte hat die Kunst den lebendigeren, kraftvolleren, enthusiastischeren spirituellen Impuls. Da hat sie ihre wahre Realität, ihre wahre, aus dem ganzen Menschen herauskommende Praktik, die nicht bloß eine Praktik sein kann des

INTERNATIONAL
SUMMER SCHOOL

PROMOTED BY

THE ANTHROPOSOPHICAL SOCIETY

TO BE HELD AT

PENMAENMAWR, NORTH WALES

FROM AUGUST 18TH TO SEPTEMBER 1ST, 1923

PENMAENMAWR FROM THE WEST

PENMAENMAWR is on the Carnarvonshire coast. The combination of fine mountain scenery and sea is wonderfully beautiful. There is good bathing, and there are many lovely walks and excursions to be made. The summits of the mountains are crowned with the remains of ancient British fortresses and Druid circles. There are golf-links and a tennis club.

The School will be invited to study the Evolution of Humanity, past, present, and future, in the light of Anthroposophy

Einladung zur INTERNATIONAL SUMMER SCHOOL in Penmaenmawr, North Wales

EURHYTHMY

(from the Goetheanum School of Eurhythmy).

PART I.

INTRODUCTORY REMARKS ON THE ART OF EURHYTHMY.

Sonnet	*Shakespeare*
(" When to the sessions of sweet silent thought.")	
Gefunden	*Goethe*
Chor der Geister (from " Faust ")	*Goethe*
Trauermarsch	*Mendelssohn*
Poem	*Albert Steffen*
Adagio (from the " Sonata Pathétique ")	*Beethoven*
Poem	*Albert Steffen*
Sarabande	*Bach*
My heart's in the Highlands	*Burns*

PART II.

Cradle Song	*Schumann*
Winter (from " Love's Labour's Lost ")	*Shakespeare*
Danse de Fée Dragée	*Tschaikowsky*
From " Two Gentlemen of Verona "	*Shakespeare*
Musette	*Bach*
The Clown's Song (from " Twelfth Night ")	*Shakespeare*
With Music by IAN STUTEN.	
Musette	*Bach*
The Hen	*Morgenstern*
The Gramophone	*Morgenstern*
Capriccio	*Max Reger*

Piano and Violin : GEO. METAXA and MAX. SCHUURMAN.

Programm anläßlich einer Eurythmieaufführung
im Rahmen der INTERNATIONAL SUMMER
SCHOOL in Penmaenmawr, North Wales

äußerlichen formellen Schaffens, sondern wie eine Praktik sein muß des Physischen, Seelischen und Geistigen.

Daß in der Menschheitsentwicklung dies immer so war, konnte einem den Mut geben, nachdem schon einmal, ich möchte sagen, diese Eurythmie wie ein Schicksalsvogel hereingeflogen war in die anthroposophische Bewegung, sie immer weiter und weiter auszubilden. Denn anthroposophische Bewegung will für die Gegenwart diesen spirituellen Impuls, der gerade unserer Gegenwart angemessen ist, zur Offenbarung bringen.

Sie ist tatsächlich in aller Bescheidenheit der Ansicht, daß ein solcher spiritueller Impuls gerade jetzt wiederum in die Menschheit kommen müsse. Daher kann dieser spirituelle Impuls nicht anders, als sich ausdrücken durch eine besondere Kunstform, in die er hineinströmt. Und diese besondere Kunstform ist eigentlich in der Eurythmie gegeben. Das wird man immer mehr und mehr einsehen.

In bezug auf andere Kunstformen wird Anthroposophie berufen sein, Vertiefung, Erweiterung, Belebung herbeizuführen. Die Eurythmie konnte geradezu nur auf anthroposophischem Boden erwachsen, konnte nur durch dasjenige ihre Impulse erlangen, was eben aus unmittelbarer anthroposophischer Anschauung auch hervorgehen kann.«

Sprache als Ausdrucksmittel der menschlichen Seele

»Diejenige Offenbarungsart, durch die der Mensch sein Wesen nach außen für andere Menschen kundgibt, ist ja die Sprache. Durch die Sprache offenbart sich der Mensch am allerinnerlichsten. Und so ist denn zu denjenigen Künsten, die mehr entweder das räumliche Äußere oder das zeitlich Äußere zu ihrem Vorwurf nehmen, hinzugetreten zu allen Zeiten, entsprechend den einzelnen Zeitaltern – gewissermaßen die verschiedenen Künste begleitend –, die Kunst, welche sich durch die Sprache zur Offenbarung bringt: die Dichtung.

Diese Kunst der Sprache – ich nenne die Dichtung ausdrücklich, wir werden nachher sehen, daß dies berechtigt ist, eine Kunst der Sprache –, ist universeller als die anderen Künste, denn sie kann die andern Künste in ihren Formen in sich aufnehmen. Man kann davon sprechen, daß die Dichtkunst die Sprachkunst ist, die bei dem einen Dichter mehr plastisch, bei dem andern Dichter mehr musikalisch wirkt. Ja, man kann auch von einer malerisch wirkenden Dichtkunst sprechen und so weiter.

Die Sprache ist in der Tat ein universelles Ausdrucksmittel der menschlichen Seele. Und derjenige, der unbefangen in Urzeiten der Menschheitsentwicklung auf Erden hineinschauen kann, der kann sehen, daß in gewissen alten Ursprachen tatsächlich ein tief künstlerisches Element in der Menschheitsentwicklung waltete. Nur waren diese Ursprachen viel mehr als die heutigen Zivilisationssprachen aus dem ganzen Menschen herausgeholt. Wir kommen sogar, wenn wir unbefangen diese Entwicklung verfolgen, zu Ursprachen, die sich äußerten fast wie ein Singen, aber so, daß der Mensch lebendig begleitet dasjenige, was er spricht, mit Bewegungen seiner Beine, mit Bewegungen seiner Arme, so daß eine Art von Tanzen dann zum Sprechen bei gewissen Ursprachen hinzutrat, wenn irgend etwas in gehobener Form oder in beabsichtigt kultusartiger Form zum Ausdrucke gebracht werden sollte.

Man empfand die Begleitung des aus der Kehle dringenden Wortes mit der menschlichen Gebärde gerade in Urzeiten der Menschheitsentwicklung als etwas wie Selbstverständliches. Und richtig beurteilen wird man das, was da waltete, nur dann, wenn man sich Mühe gibt, darauf hinzuweisen, wie in der Tat dasjenige, was sonst nur als begleitende Gebärde beim Sprechen auftritt, selbständig Leben gewinnen kann. Man kommt nämlich dann darauf, daß die Gebärde, die durch Arme und Hände ausgeführt wird, in künstlerischer Beziehung nicht nur geradeso ausdrucksvoll, sondern sogar viel ausdrucksvoller sein kann als die Sprache... Das, was wir als Ausatmungsluft durch unsere Atmungsorgane, durch die Sprach- und Gesangsorgane treiben, was wir herausstoßen, wenn es vokalisiert wird, was wir durch Lippen, Zähne, Gaumen formen im Herausstoßen, ... ist schließlich nichts anderes als die Luftgebärde. Nur wird die Luftgebärde in einer solchen Weise in den Raum hineingestellt, daß man sie durch dasjenige, was sie im Raume erzeugt, eben für das Ohr hören kann.

Wenn man ... sich hineinversetzen kann in diese Luftgebärde, in dasjenige, was der Mensch macht, indem er Vokale ausspricht, indem er Konsonanten ausspricht, indem er Sätze ausspricht, indem er Reime formt, Jamben oder Trochäen formt, wenn man sich in diese Luftgebärde hineinzuversetzen vermag, so sagt man sich: Ach, die zivilisierten

Sprachen haben ja furchtbare Konzessionen an die Konvention gemacht. Sie sind schließlich Ausdrucksmittel geworden für die wissenschaftliche Erkenntnis, Ausdrucksmittel für das, was man sich im Leben mitteilen will. Ihre ursprüngliche Seelenhaftigkeit haben sie verloren. Es gilt eigentlich für die zivilisierte Sprache schon das, was der Dichter so schön sagt: ›*Spricht* die Seele, so spricht, ach! schon die *Seele* nicht mehr.‹ [Schiller]

Man kann aber nun dasjenige, was man lernen kann an den Luftgebärden, was man schauen kann an den Luftgebärden durch sinnlich-übersinnliches Schauen, nachahmen durch Arme und Hände, durch die Bewegung des ganzen Menschen. Dann entsteht sichtbar ganz dasselbe, was in der Sprache wirkt. Und dann kann man den Menschen hinstellen so, daß er jene Bewegungen ausführt, die eigentlich der Sprach- und Singorganismus immer ausführt. Und dadurch entsteht die sichtbare Sprache, der sichtbare Gesang. Diese sind eben die Eurythmie.

Wenn man die Sprache selbst betrachten kann mit künstlerischem Sinn, so stellt sich gewissermaßen für die einzelnen Äußerungen der Sprache ein Imaginatives hin vor die Seele. Man muß nur hinweg können von dem abstrakten Charakter, den die Sprache in der Tat gerade bei den vorgerückteren Zivilisationen in der Gegenwart schon erlangt hat. Da redet man eigentlich, ohne daß man mit seinem menschlichen Wesen in der Sprache noch drinnen steckt.

Die Sprache ist aus dem ganzen menschlichen Wesen heraus geboren. Nehmen wir irgendeinen Vokal. Er drückt immer aus dasjenige, was die Seele im Umfang ihres Fühlens erlebt. Entweder der Mensch will dasjenige ausdrücken, was im Staunen lebt: *a*, oder er will dasjenige ausdrücken, was eine Art Sich-Halten gegen einen Widerstand offenbart: *e*, oder er will ausdrücken seine Selbstbehauptung, sein Sich-Hineinstellen in die Welt: *i*. Er will ausdrücken sein Staunen oder wohl auch sein Anschmiegen an irgend etwas: *ei*.

Das wird sich natürlich für die verschiedenen Sprachen verschieden gestalten, weil die verschiedenen Sprachen aus verschieden geartetem Empfindungsleben hervorgehen. Aber alles Vokalische drückt ursprünglich ein seelisches Fühlen aus, das sich nur verbindet mit dem Gedanken, der aus dem Kopfe kommt und dann ins Sprachliche übergeht.

Und wie das bei den Vokalen in der Sprache ist, so ist es bei dem Tönen im Musikalischen. Es drückt immer das gefühlsmäßige Erleben der Seele der Sprachton, der Sprachbuchstabe, die Sprachwendung, die Gestaltung, die Formung des Satzes und so weiter aus. Und ebenso beim Singen drückt der Ton das Leben der Seele aus.

Studieren wir die Konsonanten. Wir finden bei den Konsonanten, daß sie Nachahmungen desjenigen sind, was äußerlich um uns herum ist. Der Vokal stammt aus dem Inneren, will das Innere, gewissermaßen die volle Seele nach außen ergießen. Der Konsonant stammt aus dem Erfassen der Dinge; wie wir sie umgreifen, auch nur mit den Augen umgreifen, das wird in den Konsonanten hinein geformt. Der Konsonant malt, zeichnet die äußere Form der Dinge. Ursprünglich liegt in der Tat im Konsonanten eine Art imaginativen Nachmalens dessen, was draußen in der Natur vorhanden ist.

Diese Dinge kommen bei manchen Sprachforschern immer in ganz einseitiger Weise zum Vorschein. Es gibt in bezug auf die Entstehung der Sprache, von denjenigen aufgestellt, die ganz außerhalb des Erkennens der Sprache eigentlich leben, aber eben diejenigen sind, die wissenschaftliche Theorien machen, zwei berühmte Sprachtheorien, die Bimbam-Theorie und die Wauwau-Theorie. Die Bimbam-Theorie nimmt an, daß, so wie in der Glocke ganz im Extrem, so in jedem Ding innerlich eine Art Laut liegt, der dann vom Menschen nachgeahmt wird. Es soll alles in diese Nachahmungstheorie hineinkommen, und nach dem auffälligsten Lautenachahmen, dem Bimbam der Glocke, hat man diese Theorie die Bimbam-Theorie genannt. Wenn man »Welle« sagt, ahmt man die Bewegung der Welle nach, was ja in der Tat so ist.

Die andere Theorie, die Wauwau-Theorie, könnte auch heißen: Muhmuh-Theorie; diese glaubt wiederum, daß die Sprache durch Umgestaltung, Vervollkommnung der Tierlaute entstanden ist. Und weil ein auffälliger Tierlaut der ist: Wauwau –, so hat man diese Theorie die Wauwau-Theorie genannt.

Nun, alle diese Theorien zeichnen sich darinnen aus, daß sie von irgendeiner Seite her etwas Wahres enthalten. Es sind ja niemals die wissenschaftlichen Theorien ganz falsch. Es ist das an ihnen bemerkenswert, daß sie immer eine Viertel- oder Achtel- oder Sechzehntel- oder eine Hundertstelwahrheit enthalten, die dann die Leute in suggestiver Weise gefangen-nimmt. Aber das Wahre ist, daß der Vokal immer aus dem Seelenleben entspringt, der Konsonant immer in dem Erfühlen, Nachbilden des äußeren Gegenstandes [wird]. Man bildet nach dasjenige, was der äußere Gegenstand tut, indem man die Ausatmungsluft mit den Lippen hält, oder mit den Zähnen oder mit der Zunge gestaltet, oder mit dem Gaumen formt; indem da die Konsonanten gebildet werden, also diese Luftgebärde geformt wird, wird bei den Vokalen das Innere nach außen strömen gelassen.

Die Konsonanten bilden dann plastisch in Gestaltung dasjenige nach, was ausgedrückt werden soll. Und so, wie sich der einzelne Laut formt, der einzelne Buchstabe, so formen sich dann die Sätze, so formt sich in der dichterischen Sprache dasjenige, was wirkliche Luftgebärde wird. Wir können heute an der Dichtung bemerken, wie der Dichter eigentlich kämpfen muß gegen das Abstrakte in der Sprache.

Ich habe schon gesagt, wir reden, ohne daß wir eigentlich noch mit unserer Seele in die Sprache selber hineinströmen, ohne daß wir aufgehen in der Sprache. Wer fühlt denn noch dieses Verwundern, dieses Erstaunen, dieses Perplexwerden, dieses Sich-Aufbäumen bei den Vokalen! Wer fühlt das sanfte rundliche Umweben eines Dinges, das Gestoßenwerden eines Dinges, das Nachahmen des Eckigen, das Ausgeschweifte, das Samtartige, das Stachelige bei den einzelnen Konsonanten! Und doch ist das alles in der Sprache enthalten. Indem wir uns durch ein Wort durchwinden, können wir, so wie das Wort ursprünglich aus der ganzen Menschenwesenheit hervorgegangen ist, an einem Worte alles mögliche erleben: himmelhoch jauchzend, zu Tode betrübt, den ganzen Menschen, hinauf- und herunterge-hend die Skalen der Gefühle, die Skalen der Anschauung der äußeren Dinge.

Das alles kann in Imaginationen hinaufgehoben werden, wie die Sprache auch ursprüng-lich aus Imaginationen hervorgegangen ist! Und so empfindet derjenige, der solche Imaginationen haben kann, wie ein *i* immer sich in einem solchen Bilde vor die Seele hinstellt, daß das Bild eine Selbstbehauptung ausdrückt, das Gewahrwerden des gestreckten

Muskels im Arm zum Beispiel. Wenn jemand mit der Nase besonders geschickt ist, kann er dasselbe auch mit der Nase machen. Man kann es auch mit dem Sehstrahl machen, aber man macht es natürlich, weil die Arme und Hände das Ausdrucksvollste sind, wirklich künstlerisch mit den Armen. Darauf kommt es an, daß dieses Streckgefühl, dieses Hineinstoßen bei dem ausgestreckten Glied bei dem *i* zum Ausdruck kommt.

E stellt sich so hin, daß, wenn wir schon die ausgeatmete Luft zum Vorbilde nehmen in der *e*-Bewegung, etwas wie gekreuzte Ströme sich als Imagination vor uns hinstellen. Daher das *e* in der Eurythmie. Alle diese Bewegungen sind ebensowenig willkürlich, wie willkürlich sind die Sprachlaute oder die Gesangstöne selbst.

Es gibt Leute, die sagen: Ja, wir wollen doch nicht, daß da etwas so Abgezirkeltes uns gegeben wird, daß da in der Bewegung der eine Laut wie der andere so ausgedrückt werden muß. Wir wollen Gebärden haben, die spontan aus dem Menschen herauskommen. – Man kann ja die Lust haben zu solchen Sachen, aber dann soll man nur auch gleich die Lust haben, daß es keine deutsche, französische oder englische Sprache geben kann, damit der Mensch in seiner Freiheit nicht gestört wird, daß jeder sich in einem andern Laut ausdrücken kann, wie er will. Er kann auch sagen, seine Freiheit wird gehemmt dadurch, daß er in der englischen oder in einer andern Sprache reden muß!

Das erste Goetheanum, von Süden gesehen

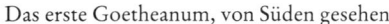

Die Freiheit wird eben gar nicht gehemmt. Aber die Schönheit in der Sprache kann erst dadurch geschaffen werden, daß der Mensch da ist. Die Schönheit in der eurythmischen Bewegung kann erst dadurch geschaffen werden, daß die Eurythmie da ist. Die Freiheit wird gar nicht dadurch beeinträchtigt. Diese Einwände entstammen durchaus der Einsichtslosigkeit.

Und so wurde die Eurythmie tatsächlich geschaffen, geschaffen als eine Sprache durch, ich möchte wirklich sagen, die ausdrucksvollsten menschlichen Organe, Arme und Hände.

Das könnte man heute sogar schon wissenschaftlich einsehen... Die Wissenschaft weiß, daß das Sprachzentrum in der linken Gehirnhemisphäre liegt und daß das zusammenhängt mit demjenigen, was das Kind sich aneignet in der Bewegung des rechten Armes. Linkshänder haben ihr Sprachzentrum in der rechten Gehirnhälfte. Man kennt einen Teil des Ganzen, einen kleinen Teil des Zusammenhanges zwischen den Vorgängen, den Lebensvorgängen in dem einen Arm und der Entstehung der Sprache.

In Wahrheit entsteht überhaupt die ganze Sprache durch die zurückgehaltene Bewegung der menschlichen Gliedmaßen. Und wir hätten keine Sprache, wenn nicht während der naiven, selbstverständlich elementarisch kindlichen Entwicklung das Kind in sich die Tendenz hätte, namentlich Arme und Hände zu bewegen. Diese Bewegung wird zurückgehalten, wird konzentriert in die Sprachorgane, die ein Abbild sind desjenigen, was sich eigentlich äußern will in den Armen und Händen und als Begleitung in den andern Gliedmaßen des Menschen.

Der Ätherleib[2] spricht niemals mit dem Munde, er ›spricht‹ immer mit den Gliedmaßen. Und nur dasjenige, was der Ätherleib ausführt, indem der Mensch spricht, das wird auf den physischen Leib übertragen. Sie können schon ohne Gebärde, mit den Händen in der Tasche meinetwillen, beim Reden dastehen, wie wenn Sie Starrkrampf bekommen hätten und reden würden, aber Ihr Ätherleib macht um so lebendigere Bewegungen, weil er dagegen protestiert.

So sehen Sie, wie tatsächlich auf eine so natürliche Weise aus der menschlichen Organisation diese Eurythmie hervorgeholt wird, wie die Sprache durch die Natur selbst aus dieser menschlichen Organisation.

Der Dichter muß gegen die konventionelle Sprache kämpfen, um aus ihr wiederum dasjenige herauszuholen, was die Sprache zu einer Hindeutung machen könnte auf das Übersinnliche. Ebenso ist es beim Gesang. Und so sehen wir denn, daß der Dichter, wenn er ein wirklicher Künstler ist – das sind nicht einmal ein Prozent von denjenigen Leuten, die Gedichte fabrizieren! –, wenn er ein wirklicher Dichter ist, nicht den Hauptwert auf den Prosainhalt der Worte legt. Der ist nur die Gelegenheit, um das eigentlich Künstlerische zum Ausdrucke zu bringen. Wie für den Bildhauer nicht der Ton oder der Marmor die Hauptsache ist, die das Künstlerische macht, sondern dasjenige, was wird durch das Formen, so ist das Dichterisch-Künstlerische dasjenige, was durch die imaginative Gestaltung des Lautes, was durch die musikalische Gestaltung des Lautes entsteht.

Das ist dann dasjenige, was durch Rezitation und Deklamation zum Ausdrucke kommen muß.«

Rezitation und Deklamation

»In unserem heutigen, etwas unkünstlerischen Zeitalter deklamiert und rezitiert man so, daß man das Prosaische gern pointiert. Es glaubt im Grunde genommen heute jeder, rezitieren und deklamieren zu können, der überhaupt reden kann. Aber Rezitation und Deklamation ist ebenso eine Kunst wie die andern Künste, denn es handelt sich darum, daß dasjenige, was in einer schon geheimen Eurythmie, was in der Gestaltung, in der imaginativen, in der plastisch-malerischen Gestaltung der Worte, in der musikalischen, rhythmischen, taktvollen, melodiösen Gestaltung der Worte liegt, in der Sprachbehandlung zum Ausdrucke kommt. *Goethe* hat mit seinen Schauspielern seine Jamben-Dramen wie ein Kapellmeister mit dem Taktstock einstudiert, wie ein Kapellmeister seine Musikstücke einstudiert mit seiner Kapelle, weil es ihm nicht ankam auf den bloßen Prosagehalt, sondern auf das Herausarbeiten desjenigen, was durch eine geheime Eurythmie in der Sprachbehandlung, Sprachgestaltung lag. *Schiller* hatte bei seinen berühmtesten Gedichten gar nicht den Prosainhalt im Sinne. Da hätte meinetwillen ›Das Lied von der Glocke‹ entstehen können, aber auch ein ganz anderes Gedicht seinem Inhalte nach; denn zuerst hatte er ein unbestimmtes melodiöses Motiv, das er in der Seele erlebte, etwas Musikalisches, daran wie Perlen um einen Kettenfaden gelegt die Worte. So paßte er die Prosaworte an die musikalischen Motive an.

Soweit ist eigentlich nur eine Sprache dichterisch-künstlerisch, als sie entweder plastisch-malerisch oder musikalisch gestaltet ist.

Frau Dr. Steiner hat in jahrelanger Arbeit diese besondere Art der Rezitations- und Deklamationskunst herauszuarbeiten versucht. Das ist dasjenige, was nun möglich macht, wie man in einem Orchester verschiedene Instrumente verbindet, so wirklich zu orchestralem Zusammenwirken zu verbinden dasjenige, was im Bühnenbilde in der eurythmisch sichtbaren Sprache zum Ausdruck kommt mit demjenigen, was nun schon in der Sprachbe-

nach aussen → Dramatik
Konversation

Mensch: innerlich Epik
Rezitation

nach innen

Lyrik Deklamation

Zeichnung nach einer Tafelskizze von Rudolf Steiner (Vortrag vom 5. 9. 1924; »Dramatischer Kurs«)

handlung eurythmisch durch das Sprechen, durch das Rezitieren und Deklamieren selber zum Ausdrucke kommt. So daß man auf der einen Seite die sichtbare Eurythmie hat und auf der anderen Seite die nicht nur im Tone allein, sondern in der Sprachbehandlung liegende geheime Eurythmie. Und für das Künstlerische der Dichtung kommt es nicht darauf an, daß wir sagen: Der Vogel singt –, sondern es kommt darauf an, daß wir an einer bestimmten Stelle mit Enthusiasmus zu sagen haben, nach dem, was vorangeht oder folgt: Der Vogel singt. – Oder daß wir zu sagen haben in zurückgehaltenem Ton mit einem ganz andern Tempo: Der Vogel singt. – Auf diese Gestaltung kommt es an. Das ist gerade dasjenige, was nun auch in die Eurythmie, in die eurythmische Behandlung übergehen kann. Daher kann man als Ideal anstreben dieses orchestrale Zusammenwirken des eurythmisch sichtbaren Dargestellten und des in der Rezitation und Deklamation Auftretenden.

Mit der prosaischen Rezitation und Deklamation, wie sie heute vielfach beliebt werden, kann man die Eurythmie nicht begleiten; danach würde man nicht eurythmisieren können, weil gerade da das Seelenvolle, was der Mensch offenbaren will, sei es durch die hörbare, sei es durch die sichtbare Sprache, zum Ausdruck kommen soll.«

Sichtbarer Gesang

»Ebenso wie man nun das Rezitatorische und Deklamatorische mit Eurythmie begleiten kann, so kann man auch das am Instrument musikalisch Angeschlagene begleiten. Nur muß man sich klar sein, daß die Eurythmie nicht ein Tanz ist, sondern ein bewegtes Singen ist, etwas anderes ist als ein Tanz. Die Leute kommen zur Eurythmie, meinen dann: Ja, wenn man die Eurythmie auf der Bühne anschaut, da bewegen sich die Menschen – es muß doch Tanz sein –, also muß man es auch als Tanz beurteilen können! – Es ist gerade an demjenigen, was hier auftritt als Toneurythmie, als Begleitung der Instrumentalmusik, zu sehen, wie man das Tanzen von dem unterscheiden kann, was dieser sichtbare Gesang, die Eurythmie, ist. Es ist ein Singen durch Bewegen des einzelnen Menschen oder von Menschengruppen, nicht ein Tanzen. Und wenn auch die andern Glieder, die Beine und so weiter, meinetwillen auch der Kopf, die Nase meinetwillen, neben der Bewegung der Arme und der Hände in Betracht kommen, so ist es wie zu einer Art von Unterstützung, wie wenn wir auch das Sprachliche, das gewöhnliche Sprachliche unterstützen. Wenn wir einen Jungen ermahnen, so sprechen wir die Ermahnung aus, machen aber auch das entsprechende Gesicht dazu. Das muß natürlich in dezenter Weise dazu gemacht werden, sonst ist es fratzenhaft. So werden auch diejenigen Bewegungen, die tanzend oder mimisch sind, wenn sie hinzukommen zu dem Eurythmischen, fratzenhaft, wenn sie aufdringlich sich hinzugesellen, sie werden brutal, oder sie werden in einer gewissen Weise undezent, während dasjenige, was in der wirklichen Eurythmie zum Ausdrucke kommt, die reinste Offenbarung der menschlichen Seele ist in der Sichtbarkeit.

Eurythmie auf der Bühne des Goetheanums in Dornach

Das ist das Wesentliche: in der Sichtbarkeit wird gesungen, wird gesprochen. Und man kann auch sagen, daß dies alles wirklich aus der inneren Organisation des menschlichen Wesens hervorgehen kann. Derjenige, der sagt: Mir ist Sprache, mir ist die Musik genug, warum soll man noch irgendwie weiter ausdehnen das Künstlerische, ich verlange nach keiner Eurythmie –, der hat natürlich von seinem Standpunkte aus recht. Man hat immer recht, wenn man auch ein Philister ist, von seinem philiströsen Standpunkte aus. Warum denn nicht einen solchen Standpunkt haben? Alles hat seine gewisse Berechtigung, sicher. Aber ein künstlerischer Standpunkt, ein wirklich innerlicher Standpunkt ist das nicht, denn derjenige, der eine wirkliche künstlerische Natur ist, hat alles Interesse daran, daß die Kunst so weit reiche wie nur irgend möglich. So wie dem Bildhauer das Erz, der Ton, der Marmor sich ergeben, wie sich dem Maler die Farben ergeben, so hat derjenige, der eine künstlerische Natur ist, wenn sich die aus der Natur hervorgeholte, auf natürliche Weise entwickelte Eurythmie als ein Kunstmittel ergibt, ich möchte sagen, den intensiven Enthusiasmus, die Kunst wirklich auch auf dieses Terrain hin zu verbreiten.«

Die Eurythmiefiguren

»Manches noch auf die Einzelheiten der Bewegung Deutende können Sie ersehen aus diesen Eurythmiefiguren. Ich möchte nur andeutend darauf hinweisen, wie in diesen Eurythmiefiguren einzelnes aus den eurythmischen Bewegungen, aus der eurythmischen Charakterisierung von Attitüden und so weiter zur Offenbarung kommen kann. Diese Eurythmiefiguren sind so gemeint, daß sie nur dasjenige wiedergeben wollen, was für irgendein eurythmisches Motiv in die wirkliche eurythmische Bewegung übergeht. So daß also nach drei Richtungen hin das Eurythmische in dieser Figur festgehalten ist: festgehalten ist die Bewegung als solche, festgehalten das Gefühl, das in der Bewegung liegt, und festgehalten der Charakter, der sich aus dem Seelischen heraus in die Bewegung hineinergießt.

Nur sind diese Eurythmiefiguren in einer ganz besonderen Weise ausgeführt. Sie dürfen in diesen Eurythmiefiguren nicht irgendwie plastische Nachbildungen der menschlichen Gestalt und dergleichen sehen. Das gehört in die Plastik, in die Malerei! Hier in diesen Eurythmiefiguren sollte nur dasjenige, was im Menschen eurythmisch wirkt, wirklich dargestellt werden. Es konnte sich also nicht darum handeln, etwa die ruhende Menschengestalt schön plastisch zum Ausdruck zu bringen. Wer glaubt, in der Eurythmie ein schönes Menschengesicht sehen zu müssen, gibt sich einem Irrtum gegenüber der Eurythmie hin. Man kann ebensogut ein häßliches Menschengesicht sehen in der Eurythmie. Es kommt nicht darauf an, ob das Menschengesicht schön ist oder häßlich, jung oder alt und so weiter, sondern es kommt darauf an, wie dieser Mensch, der eurythmisiert, seine ganze menschliche Wesenheit in die gestalteten und gestaltenden Bewegungen übergehen lassen kann.

So daß also zum Beispiel diese Eurythmiefigur hier dem h-Erlebnis entspricht. Ja, hier haben Sie die Vorstellung: Wohin schaut dieses Gesicht? – Man könnte nun fragen: Schaut es hinauf, schaut es geradeaus? Das kommt dabei zunächst gar nicht in Betracht, sondern es kommt etwas anderes in Betracht. Zunächst ist festgehalten in der ganzen Ausgestaltung der Figuren die Bewegung, die bei der Eurythmie ausgeführt wird, also sagen wir zum Beispiel die Bewegung der Arme, der Beine. Und dann ist festgehalten in der Schleierhaltung, wie man, indem man den Schleier irgendwie erfaßt, ihn anzieht, ihn wirft, ihn fallen läßt, ihn wellt, die Bewegung, die mehr intellektuell ausdrückt das Seelenleben durch die Eurythmie, durch diese Schleierbewegung gefühlsmäßig vertiefen kann.

Es ist immer rückwärts auf den Figuren angegeben, was die einzelnen Farben bei den einzelnen Figuren bedeuten. Dann ist immer angegeben an gewissen Stellen, wie hier am Kopfe, wo der Eurythmisierende, indem er seine Bewegung ausführt, die Muskeln stärker anspannt, also zum Beispiel diese Bewegung vollzieht bei einem so hinschauenden Gesichte, wie dieses dann andeutet, dieses Blaue hier: daß hier an der Stirne der Muskel besonders gespannt wird und ebenso im Nacken; währenddem hier die Muskeln freier, lässiger bleiben. Der Eurythmisierende kann ganz genau unterscheiden, ob er einen Arm lässig hinausbewegt, oder ob er den Muskel spannt, den Finger spannt, ob er in der Beugelage dasjenige spannt, was zu der Beugung hintreibt, oder ob er das lässig bloß im Winkel gebeugt sein läßt. Durch diese vom Eurythmisierenden selbst innerlich gefühlte Muskelspannung kommt Charakter in die Bewegung hinein.

Man kann also sagen: In der Gestaltung der Bewegung liegt dasjenige, was mehr bloß der Ausdruck ist für das, was die Seele durch die sichtbare Sprache sagen will. Wie aber die Worte auch ihren Timbre, ihren besonderen Ton haben durch das Gefühl, das darinnen ist,

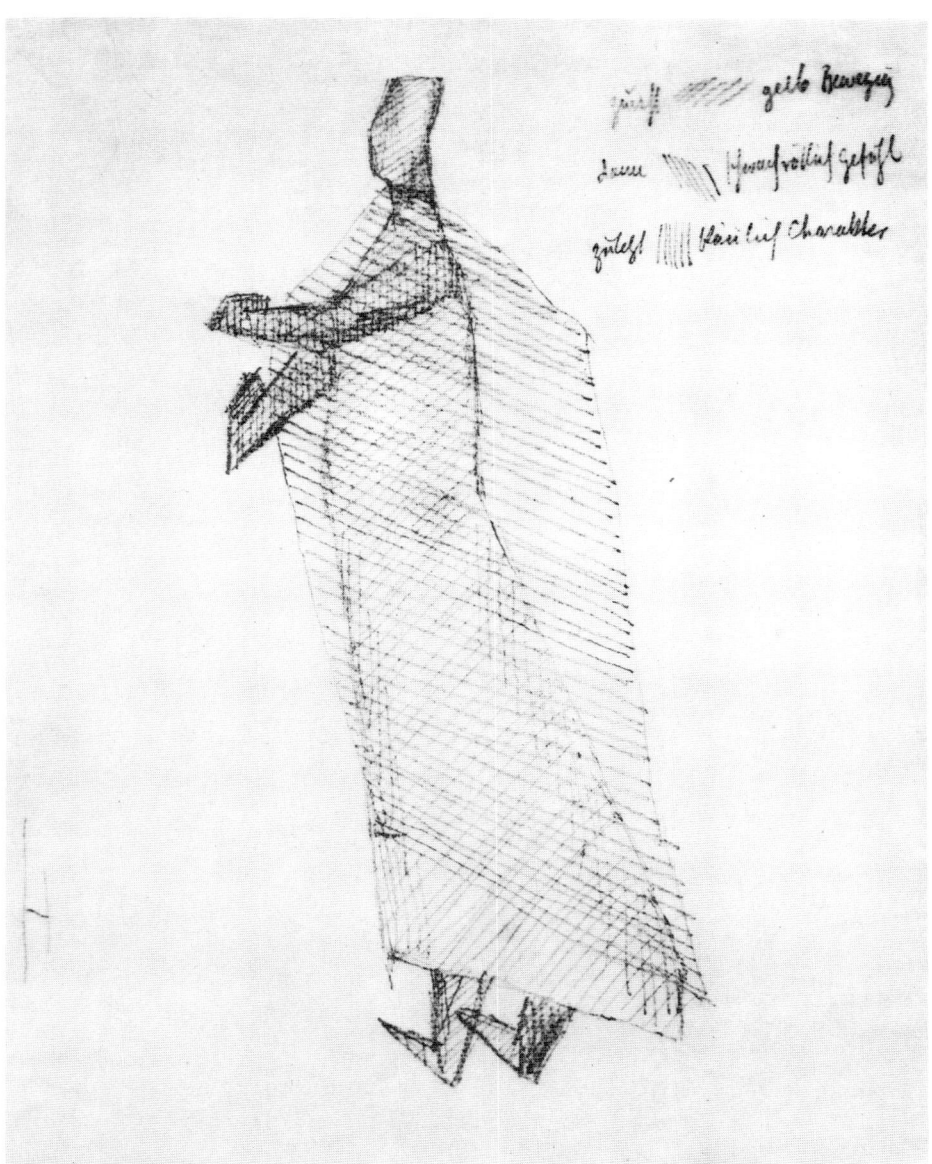

Skizze Rudolf Steiners für die Eurythmiefigur ›H‹

so auch die Bewegung durch die Art und Weise, wie zum Beispiel Furcht, wenn sie im Satze zum Ausdrucke kommt, oder Freude, Entzücken von dem Eurythmisierenden in die Bewegung hineingelegt werden. Und das kann er dann, wenn er sich des Schleiers bedient, durch das wellende Bewegen, Heben, Senken und so weiter des Schleiers zum Ausdrucke bringen, so daß die vom Schleier begleitete Bewegung die gefühlsmäßige Bewegung ist. Und die von der inneren Muskelspannung begleitete Bewegung ist die Bewegung, die den Charakter in sich trägt. Wenn der Eurythmisierende in der richtigen Weise seine Muskeln spannt oder lässig läßt, so geht das in der Empfindung über auf den Zuschauer, und man empfindet tatsächlich dasjenige, was einem gar nicht interpretiert zu werden braucht, tatsächlich dasjenige, was nach Charakter, Gefühl und Bewegung in der eurythmischen Sprache liegen kann. Die Figuren sind angeregt von Miss *Maryon*, sie werden auch von ihr ausgeführt. Sie sind aber in der weiteren Gestaltung nach meinen Angaben gemacht.

Es handelte sich auch in künstlerischer Beziehung bei diesen Figuren sowohl in bezug auf das Ausschneiden wie auch auf die Farbengebung darum, das rein Eurythmische ganz loszulösen von dem, was am Menschen nicht eurythmisch ist. In dem Augenblicke, wo der Eurythmisierende sein charmantes Gesicht zeigt, gehört das nicht zum Eurythmisieren, sondern dasjenige, das er an dieser Muskelspannung, von der ich gesprochen habe, aus seinem Gesichte zu machen versteht. Und daher ist es nicht eine rein künstlerische Empfindung, wenn man etwa einen schönen Eurythmisten mehr liebt als einen weniger schönen Eurythmisten. Es kommt bei allen diesen Dingen nicht an auf dasjenige, was der Mensch ist als Mensch in der nichteurythmischen Attitüde; von dem muß ganz abgesehen werden.

Und so ist gerade bei der Gestaltung dieser Figuren nur so viel fixiert, als am Menschen durch die eurythmische Bewegung selbst zum Ausdrucke kommt.«

Eurythmie in Pädagogik und Therapie

»Es wäre überhaupt gut, wenn man namentlich in der Entwicklung der Kunst auf das sehr viel sehen würde, daß man loslöst von dem, was nicht in den Bereich einer Kunst gehört, dasjenige, was gerade aus den Mitteln dieser Kunst heraus und aus den Motiven dieser Kunst heraus zum Ausdrucke kommen soll. Man muß in dieser Beziehung tatsächlich gerade dann, wenn es sich um eine so unmittelbare und so ehrliche und aufrichtige Offenbarung des menschlichen Seelen- und Geisteslebens und auch Körperlebens handelt, wie es bei der Eurythmie ist, wirklich sehen, wie die Offenbarung sich unterscheidet von dem am Menschen, was nicht Offenbarung ist in der betreffenden Kunst.

So habe ich auch immer gesagt, wenn ich gefragt worden bin, wie alt man sein kann, wenn man Eurythmie treiben will: Eine Altersgrenze gibt es nicht. Von drei Jahren angefangen bis neunzig Jahre kann man durchaus in der Eurythmie seine Persönlichkeit stellen, denn es

Rudolf Steiner, 1915

kann jedes Lebensalter, wie sonst auch, so auch durchaus in der Eurythmie seine Schönheiten offenbaren.

Was ich bisher gesagt habe, bezieht sich auf die Eurythmie als Kunst, als reine Kunst. Und als reine Kunst ist sie auch zunächst ausgebildet worden, die Eurythmie. Damals, 1912, als sie entstanden ist, dachte man überhaupt nur an das Künstlerische, sie als Kunst vor die Welt hinzustellen.

Dann, als die Waldorfschule [1919] begründet worden ist, hat es sich herausgestellt, daß die Eurythmie auch ein wichtiges Erziehungsmittel sein kann, und wir sind tatsächlich dazu gekommen, die pädagogisch-didaktische Bedeutung der Eurythmie voll würdigen zu können. Wir haben die Eurythmie als einen obligatorischen Lehrgegenstand in der Waldorfschule von der untersten bis zur höchsten Klasse für Knaben und Mädchen eingeführt, und es zeigt sich da in der Tat, daß dasjenige, was als sichtbare Sprache oder Gesang von den Kindern angeeignet wird, von ihnen in einer so selbstverständlichen Weise angeeignet wird, wie in ganz jungen Jahren die Tonsprache oder der Gesang angeeignet werden. Das Kind findet sich ganz von selbst in das Eurythmisieren hinein. Es zeigt sich dabei, daß die andern Arten von Gymnastik alle eigentlich gegenüber der Eurythmie etwas Einseitiges haben. Denn die andern Arten von Gymnastik tragen gewissermaßen den materialistischen Vorurteilen unserer Zeit Rechnung und gehen mehr vom Körperlichen aus. Das Körperliche wird durchaus bei der Eurythmie auch berücksichtigt, aber es wirkt bei der Eurythmie zusammen Leib, Seele und Geist, so daß man eine beseelte und durchgeistigte Gymnastik in der Eurythmie hat. Das fühlt das Kind. Es fühlt in jeder Bewegung, die es macht, wie es nicht nur aus einer körperlichen Notwendigkeit heraus die Bewegung macht, sondern wie es die Bewegung macht, indem es zugleich das Seelische und das Geistige überfließen läßt in den bewegten Arm, den ganzen bewegten Körper. Das Eurythmische erfaßt das Kind im tiefsten Inneren der Seele. Und da wir jetzt schon Jahre der Waldorfschule hinter uns haben, können wir sehen, was da besonders herausgebildet wird. Die Willensinitiative, die der Mensch in der Gegenwart so sehr braucht, wird besonders kultiviert durch die Eurythmie als pädagogisch-didaktisches Mittel in der Schule. Aber man muß durchaus sich klar sein darüber, daß, wenn man einseitig bloß die Eurythmie in die Schule hineinstellen würde, sie nicht als Kunst würdigen würde, würde man die Schule mißverstehen. Eurythmie gehört zunächst als Kunst in das Leben hinein wie die andern Künste. Und wie wir die andern Künste lehren, wenn sie draußen blühen, so kann auch Eurythmie in der Schule nur gelehrt werden, wenn sie wirklich als Kunst in der Zivilisation anerkannt und gewürdigt wird.

Dann wiederum, als durch eine größere Anzahl von Ärzten, die sich innerhalb unserer anthroposophischen Bewegung gefunden haben, die Pflege des Therapeutisch-Medizinischen aus dem Anthroposophischen heraus kam, wurde auch das Begehren rege, diese aus der gesunden Natur des Menschen herausgeholten Bewegungen, wo sich der Mensch tatsächlich so äußert, so offenbart, wie es seinem Organismus angemessen ist, auch in der Therapie, in der Heilkunst zu verwerten. Die Eurythmie ist in dieser Beziehung wirklich dasjenige, was aus dem Menschen heraus will. Derjenige, der eine Hand versteht, der weiß doch, daß eine Hand nicht da ist, damit man sie als ruhend anschaut. Die Finger haben gar keinen Sinn, wenn man sie nur als ruhende anschaut; die Finger haben einen Sinn, wenn sie greifen, umfassen, wenn sie in Bewegung versetzt werden aus ihrer ruhigen Form. Man sieht ihnen schon die Bewegung an. So ist der ganze Mensch. Dasjenige, was als Eurythmie aus der Bewegung hervorgehen kann, ist das gesunde Überfließen seines Organbaues in die Bewegung. So daß man, natürlich nicht so, wie sie hier als Kunst auftritt, sondern in umgestalteten, ähnlichen, aber doch wieder andersgearteten Bewegungen diese Eurythmie als Heileurythmie in der Therapie verwenden kann, indem man sie als Hilfsmittel bei der Therapie in der Erkrankung verwendet, wo man weiß, diese Bewegung wirkt zurück in der Gesundung auf diese oder jene Organe.

Wiederum haben wir gute Erfolge damit bei unseren Kindern in der Waldorfschule erzielt. Da ist es allerdings notwendig, daß man eine wirkliche Einsicht in die Kindernatur hat. Man hat ein Kind, das ist in einer gewissen Weise schwach, kränklich. Man gibt ihm diejenigen Bewegungen, die es gesund machen. Und da ergeben sich tatsächlich, man kann das in aller Bescheidenheit sagen, die allerglänzendsten Resultate. Aber das alles wird nur mit allen Dependancen bestehen können, wenn die Eurythmie als Kunst vollentwickelt wird. Da muß allerdings gestanden werden: Wir sind am Anfang. Aber ein Stückchen weit haben wir es doch gebracht mit der Eurythmie, und wir suchen sie immer weiter auszubilden. Anfangs gab es zum Beispiel nicht die stummen Formen am Anfang und Ende eines Gedichtes, die wiedergeben das, was in bezug auf das Einleitende gegeben werden kann, und wiederum den Ausklang geben. Anfangs gab es nicht die Beleuchtungen, die auch so aufzufasssen sind, daß nicht etwa für die einzelne Situation irgendein Lichteffekt zu erfolgen hat, sondern es hat sich von selbst *Lichteurythmie* ergeben. Nicht darauf kommt es an, wie der eine Lichteffekt zu dem gerade stimmt, was im einzelnen Moment auf der Bühne vorgeht, sondern die ganze Lichteurythmie, das Spielen des einen Lichteffektes in den andern hinein, ergibt selber eine Lichteurythmie, die denselben Charakter und dieselbe Empfindungsart in sich trägt wie dasjenige, was in der Bewegung der Menschen oder des einzelnen Menschen sonst auf der Bühne zum Ausdruck kommt. Und so wird noch manches in der Ausgestaltung des Bühnenbildes, in der weiteren Vervollkommnung der Eurythmie zu demjenigen kommen müssen, was man jetzt schon an ihr sehen kann.«

Die Erneuerung der alten Tempeltanzkunst
durch die neue Raumbewegungskunst

Aus einer Ansprache Rudolf Steiners[3], gehalten in Dornach am 25. August 1918 anläßlich des Besuches des holländischen Prinzgemahls.

»Wir denken uns unter dieser eurythmischen Kunst etwas, ich möchte sagen wie eine Erneuerung, aber in durchaus moderner Form, der alten Tempeltanzkunst. Denkt man heute an die Inaugurierung von dergleichen, so ist es natürlich notwendig, daß man dann den ganzen Sinn der menschlichen Kunstentwicklung überhaupt ins Auge faßt, wenn irgend etwas, das neu sein soll, in die Gegenwart hereinkommt. Wenn man heute die verschiedenen Zweige der Geistesentwicklung der Menschheit ansieht, so bewegen sie sich nebeneinander. Kunst, Religion, Wissenschaft, überhaupt alle menschlichen Geistesbewegungen sind eigentlich aus einer Wurzel entsprungen. Man kann in älteren Zeitepochen, den Urkulturen sozusagen, sich die göttlich-heiligen Geheimnisse der Menschheit ansehen; sie konnten, insofern sie dem Sinnensein entnommen werden konnten, so angesehen werden, dann war es schöne Kunst. Dasselbe konnte auch so angesehen werden, daß es auf das Erkenntnisvermögen wirkte, dann war es Wissenschaft. Dasselbe konnte aber auch so angesehen werden, daß es auf die menschliche Hingabe wirkte, dann war es Religion.

So gliederten sich aus Religion, Kunst und Wissenschaft wiederum die einzelnen Kulturzweige in die einzelnen Künste. Wenn man heute einen einzelnen Kunstzweig ins Auge faßt, insbesondere einen solchen, wie er erstehen soll, dann handelt es sich darum, sich in diesen ganzen geistigen Zusammenhang hineinzustellen, der uns aus der Menschheitsgeschichte heraufschimmert und heraufleuchtet.

So etwas trat an uns heran, als wir durch äußeres – man könnte sagen – Schicksal veranlaßt wurden, an die Inaugurierung dieser Eurythmie zu denken. Bei dieser handelt es sich nicht darum, irgend etwas Willkürliches rein aus der Phantasie heraus zu schaffen, sondern darum, etwas hineinzustellen in die Welt, das aus dem Geistigen, aus den spirituellen Gesetzen des Weltendaseins selbst entnommen ist. Aber alles das, was man in die Welt hineinstellen kann, findet sich in irgendeiner Form an dem Menschen. Der Mensch ist wirklich eine kleine Welt, ein Mikrokosmos, innerhalb der großen Welt, des Makrokosmos. Und diese Eurythmie ist entnommen dem Wirken und Weben eines organischen Systems des Menschen, dem Wirken und Weben der unsichtbaren Kräfte, die immer wirksam sind – sie werden die ätherischen Kräfte in der Geisteswissenschaft genannt –, wenn wir sprechen oder denken. Wir haben nicht nur diesen sichtbaren physischen Kehlkopf, der für die Anatomie oder Physiologie vorliegt, sondern dahinter die unsichtbaren Kräfte des Kehlkopfes und der sich anschließenden Organe. Da zeigt sich dem sehenden Auge, wie wir

Dornach, 25. August 1918

PROGRAMM

Musikalischer heiterer Auftakt . Musik von Leopold van der Pals
Die Nektartropfen . . . . J. W. v. Goethe
Musikalischer Auftakt: Schau in dich . . . Leopold van der Pals
Aus dem Mysteriendrama: Die Pforte der Einweihung Rudolf Steiner
   Das Märchen vom Lieben und Hassen
   Das Märchen vom klugen Verstand
Musikalischer Auftakt: Planetentanz
An Elise . . . . Friedrich Hebbel
Auf die Sixtinische Madonna . . . . Friedrich Hebbel
Gruß an die Elemente . . . . Friedrich Hebbel
An den Mistral . . . . Friedrich Nietzsche
Zum Neuen Jahre . . . . J. W. v. Goethe
Schau in dich, schau um dich...
Liederseelen . . . . C. F. Meyer
Prolog im Himmel, aus «Faust» I . . . . . . J. W. v. Goethe
                      Musik von Jan Stuten

sprechen, und wir sehen zu gleicher Zeit Bewegungen eines lokal begrenzten Teiles dieses Organismus.

Nun handelt es sich darum, das, was sonst von Natur aus da ist, zur Kunst zu erheben, ganz in dem Stil und Sinne, wie *Goethe* eine in der Weise seiner Metamorphosenlehre[4] verwandte Kunstauffassung gedacht hat. Er hat, als er in Italien sich eine Vorstellung von den griechischen Kunstwerken bilden wollte, gesagt: Da ist Notwendigkeit, da ist Gott. – Da, meinte er, offenbart sich das Göttliche im Menschen. Und für ihn handelte es sich darum, daß in jeder Kunst der Mensch zum Bewußtsein seines Verbundenseins mit dem ganzen All kommt. In seinem Sinne handelt man, wenn man dasjenige, was in lokaler Abgrenzung in der Natur im Dasein wirkt, im unsichtbaren Teile des Kehlkopfes, überträgt auf den ganzen Menschen ... Es ist Natur in die Kunst heraufgezogen. Goethe sagte: ›Kunst ist höhere Natur in der Natur.‹ – Das ist nun hier in der entsprechenden Kunst gemeint.«

Jede Tanzkunst wird ihren Ursprung von der alten Tempeltanzkunst, jenen kultischen Tänzen, die in den Tempeln der alten Hochkulturen ausgeübt wurden, herleiten. Albert Czerwinsky schreibt in seinem »Brevier der Tanzkunst«[5] über altägyptische Tänze:

»In Ägypten tanzte man nicht nur bei den Festlichkeiten, die zu Ehren des Apis veranstaltet wurden, und bei sonstigen mit dem religiösen Kultus zusammenhängenden Veranlassungen, sondern man betrachtete den Tanz wie bei den Griechen als eine körperliche Übung und als ein notwendiges Requisit guter Erziehung. Die ägyptischen Priester stellten in ihren Tänzen den Lauf der Gestirne und mythologische Szenen aus der Geschichte des Osiris und der Isis dar, die während mehrerer Tage an den Ufern des Nils aufgeführt wurden. Bei den tollen Festfeiern zu Bubastis war Gesang und Tanz ein Haupterfordernis, und bei Leichenbegängnissen waren Trauerreigen und Totentänze seit uralten Zeiten im Gebrauch. Daß man es in dieser Kunst schon im grauen Altertum zu einer bedeutenden Höhe gebracht haben muß, ersehen wir aus den Abbildungen altägyptischer Tänzer, von denen man zum Beispiel eine Gruppe von fünf tanzenden Figuren, welche verschiedenartige Pas machen und Stellungen einnehmen, in der Grabesgrotte Amenophis II. zu Theben antrifft, der bereits im fünfzehnten Jahrhundert vor unserer Zeitrechnung lebte. Man findet auf den alten Denkmälern eine große Anzahl ähnlicher tanzender Gruppen sowie von einzelnen Individuen, die sich bald frei, bald Instrumente spielend in mannigfaltigen Stellungen, jedoch stets mit einem gewissen Anstand, bewegen. Aus allen diesen Darstellungen des altägyptischen Tanzes spricht eine große Eurhytmie bei allen Bewegungen der Tänzer. Sie sind nämlich dem Zustande des gebildeten Menschen ganz angemessen, und sämtliche hierbei handelnden Figuren verraten in ihren mannigfaltigen Gebärden große körperliche Fertigkeit und Biegsamkeit und sprechen, insofern der Tanz den unwillkürlichen Ausdruck des Gemütszustandes anzudeuten pflegt, innere Ruhe und eine Stimmung aus, die große Sanftmut und Selbstzufriedenheit verrät.«

Und Lucian läßt in seinem Gespräch »Über die Pantomimik«[6] Lycinus zu Krato sagen:

»Lycinus: Zuvörderst scheint es dir gänzlich unbekannt zu sein, daß die Tanzkunst nicht eine neuere Erfindung ist und nicht vor kurzem wie etwa zur Zeit unserer Großväter oder ihrer Ahnherren angefangen hat, sondern diejenigen, die den Ursprung des Tanzes am richtigsten herleiten, werden dir sagen, daß die Tanzkunst zugleich mit der ersten Erschaffung der Welt und mit jenem uralten Eros entstanden und in die Erscheinung

Ägyptische Tänze und Tanzstellungen

getreten sei. Der Reigen der Sterne und die verschlungene Bewegung der Planeten zu den Fixsternen und ihre taktmäßige Vereinigung und ordnungsvolle Harmonie sind Proben des ursprünglichen Tanzes. Durch allmähliche Fortschritte und nach und nach hinzugefügte Verbesserungen scheint sie jetzt zur höchsten Vollendung gediehen und ein Mosaik von allen Trefflichkeiten der Melodien und Musen geworden zu sein . . .«

Eurythmie in ihrer Beziehung zum Ursprung der Künste

Aus Ansprachen Rudolf Steiners[7] zu Eurythmieaufführungen in München am 19. Februar und in Stuttgart am 26. Februar 1918.

»Als vor einer Reihe von Jahren Frau Smits die Anregung gab, etwas im Sinn einer Durchgeistigung der Tanzkunst innerhalb unserer Bewegung zunächst zu schaffen, da war die Frage diese: In welcher Art könnte man dieser besonderen Kunstform heute beikommen? – Nicht wahr, bei einer solchen Gelegenheit muß man ins Auge fassen, daß in unserer Zeit vieles gerade auf künstlerischem Gebiet besteht, das – ich möchte sagen – ein sehr spätes Produkt von etwas darstellt, das in längst vergangene Zeiten zurückführt. Man kann sagen: Es existieren in unserer Zeit diese oder jene Bestrebungen, von denen man nur spätere Stadien kennt, nichts vom Ursprung. – Wenn unsere Bewegung aber eine größere Bedeutung haben soll, so muß sie unter anderem dieses auch dadurch gewinnen, daß sie in mancher Beziehung an Ursprüngliches in der Menschheit anknüpft. Und so handelt es sich darum, gewissermaßen nach den Quellen dieser Kunstform zu suchen.

Wir haben es bei dieser oder jener Gelegenheit betont, daß das Künstlerische nicht isoliert entstanden ist, sondern daß es aus demselben Quell hervorgegangen ist, aus dem andere menschliche Kulturziele sich entwickelt haben. Erkenntnis, also dasjenige, was man im nüchternen Leben oftmals Wissenschaft nennt, Religion und Kunst sind alle drei im Grunde genommen aus demselben Quell hervorgegangen. Und wenn man in die alten Tempel geht, findet man, daß da nicht eine abgesonderte Kunst, eine abgesonderte Wissenschaft, eine abgesonderte Religion war, sondern daß da eine Erkenntnis zu finden war, die unmittelbar auf die Gestaltung, auf die Konfiguration des Weltenalls ging, die anschaute in Ideen das, was dann im religiösen Kultus so versucht wurde zum Ausdruck zu bringen, daß in diesem religiösen Kultus sich das Verhältnis des Menschen zu dem wissenschaftlich, erkenntnisgemäß Erschauten zum Ausdruck brachte. Und die Kunst wiederum war nichts anderes als ein im Menschengeist Gestalten, Formen desjenigen, was erkannt wurde, was religiös erhebt. Kurz, die drei Kulturströmungen: Religion, Wissenschaft und Kunst erwuchsen aus einem einzigen Quell, aus einer einzigen Wurzel.

Eurythmie, Skizzen (Künstler unbekannt)

Wie aber alles das, was sich im Menschenleben weiter entwickelt hat, nur dadurch zustande kommt, daß es in vereinzelte Strömungen sich trennt, so ist es auch mit Religion, Wissenschaft und Kunst gegangen. Doch wir leben nun einmal in einem Zeitalter, in dem das, was sich aus Entwicklungsnotwendigkeiten heraus durch Jahrtausende getrennt halten mußte, wieder zusammenstrebt. *Richard Wagner* schon hat von dem Gesamtkunstwerke geträumt und auch nach einer gewissen Richtung hin es durchgeführt. Wenn aber ein solches Zusammenstreben stattfinden soll, so müssen nicht nur einzelne Kunstzweige aus sich heraus einen mehr innerlichen Charakter, einen Charakter, der mehr spirituell ist, annehmen, damit sie sich im Spirituellen wiederfinden können, sondern es müssen auch mehr oder weniger ungepflegte Kunstzweige zu den alten noch hinzukommen. Und man kann sagen, so wie wir die Eurythmie auffassen, ist sie eigentlich etwas, was erst in unserer Zeit entstehen kann.

Die Tanzkunst bei ihrer Vereinzelung, bei ihrer Isolierung – die einzelnen Künste haben sich auch wieder isoliert – wurde mehr und mehr ein Ausdruck des Subjektiven, des

Persönlichen im Menschen, des Emotionellen. Das ist keine Kritik, sondern eine Charakterisierung. Nun handelt es sich darum, etwas zu finden, das mit dem allgemein Menschlichen, mit dem umfassenden universell Menschlichen zusammenhängt. Da ergab sich denn zunächst einmal dieser Versuch. Es ist dasjenige, was als Eurythmie dargeboten wird, zunächst nur ein Versuch, aber wir haben im Lauf der Jahre gesehen, daß er vorwärtsgekommen ist, daß heute unter uns schon mehr Eurythmie ist als vor Jahren. Alles schreitet fort, und daß wir diesem Gesetz des Vorwärtsschreitens folgen, ist ein Beweis dafür, daß etwas Lebendiges in der Eurythmie steckt. Es handelt sich darum, etwas wirklich Lebendiges zu schaffen, und wir kamen auf die Idee, das, was im Menschen eigentlich schon da ist, in einer gewissen Weise umzusetzen.

Die verschiedenen künstlerischen Bestrebungen sind – man überzeugt sich davon, wenn man durch okkulte Wissenschaft zu den Quellen zurückgeht – eigentlich dadurch entstanden, wenn ich mich kurz ausdrücken will, daß der Mensch sein eigenes Wesen, das zunächst an ihm unmittelbar ist, in einer gewissen Weise aus sich heraussetzt und in der physischen

Welt nachahmt. So sind alle künstlerischen Bestrebungen entstanden. Erlebnisse, die im Unterbewußtsein ablaufen, werden in der äußeren Welt sichtbar gemacht. Dadurch kam der Gedanke, das, was eigentlich im menschlichen Ätherleib immer in einer regelmäßigen Weise tanzt – nämlich die Gegend des menschlichen Äther- oder Bildekräfteleibes, der die Kehlkopf-, die Sprachorgane überhaupt umschließt –, zu beobachten.

Wenn man den Menschen kennt, so weiß man, daß der Mensch eigentlich nicht nur ein Gesamtsystem, ein gesamtes organisches System ist, sondern aus einer Anzahl von Systemen besteht. Dasjenige, was wir Ätherleib oder Bildekräfteleib nennen, ist in einer anderen Weise gegliedert als der physische Leib. Und man kann sagen, daß insofern der Äther- oder Bildekräfteleib zugrunde liegt den menschlichen Kehlkopforganen und allem, was damit zusammenhängt: Gaumen, Lippen und so weiter, dieser Teil des menschlichen Ätherleibes, der also den Sprachwerkzeugen zugrunde liegt, während der Mensch dem Worte Dasein verschafft, während der Mensch spricht, in einer gewissen Weise eigentlich tanzt, ausdrucksvolle Tänze vollführt. Wir können nicht sprechen, ohne daß der Teil vom Ätherleib, welcher dem Kehlkopf und Anhangsorganen zugeordnet ist, gewisse Bewegungen ausführt. Diese Bewegungen können nun deshalb auf den ganzen Menschen übertragen werden, können durch den physischen Leib ausgeführt werden, weil schon von Natur aus nicht nur die einzelnen Systeme des Menschen ineinander übergehen, wie die Goethesche Metamorphosenlehre zeigt, sondern auch der ganze Mensch in einem gewissen Sinne ein metamorphosiertes, ein einzelnes Organsystem ist. Der ganze Mensch kann Kehlkopf werden. Und das ist im wesentlichen die eurythmische Kunst, daß das, was unsichtbar der Ätherleib des Kehlkopfes ausführt, wenn gesprochen oder gesungen wird, durch den ganzen Menschen ausgeführt wird. Es ist also nichts irgendwie Erdachtes oder Ersonnenes, sondern es sind nur die Hand, die Kopfbewegung, Arme, Beine – wenn man dasjenige überträgt, was der Teil des Ätherleibes, der dem Sprachsystem zugrunde liegt, ohnedies übersinnlich ausführt –, die das ins Sinnliche übersetzen: die Eurythmie des Wortes, die übersinnliche Eurythmie des Wortes. Die Bewegungen also, die der Ätherleib des Kehlkopfes und die Anhangsorgane ausführen, werden umgesetzt in physische Bewegungen, in Bewegungen des physischen Leibes.

Es gibt aber noch andere Bewegungen, die der Ätherleib des Kehlkopfes in einer gewissen Weise zurückhält, die er aufhält, die latent bleiben, mit einem physikalischen Ausdruck gesagt.

Der Mensch spricht nicht bloß abstrakt, teilnahmslos, sondern er durchdringt seine Worte und Sätze mit demjenigen, was aus dem Herzen quillt, was Gefühl, Empfindung, aufgehaltene Willensimpulse und so weiter sind. Dieses alles verwebt sich so in die Bewegungen des Ätherleibes des Kehlkopfes, daß es dort zurückgehalten wird, daß es nicht zum Ausdruck kommt, daß es in Formen erstarrt. Dasjenige, was da aus der Gefühls-, aus der Empfindungswelt während des Sprechens in Formen umgesetzt wird, lösen wir nun in der Eurythmie auf, indem wir den Organismus selbst, entweder in sich durch Beugen des Kopfes nach vorwärts und rückwärts oder in dem Raume Bewegungen machen lassen, oder so, daß er seine Bewegungen zu anderen Persönlichkeiten ausführt, daß wir auf Gruppentänze übertragen dasjenige, was in der empfindungsgemäßen oder sonstigen gefühlsmäßigen Gestaltung des Wortstoffes zum Ausdruck kommt. Auch das, was reiner Rhythmus ist und sonst zurückgehaltene Bewegungen des Kehlkopforganes des Ätherleibes, wird in Bewegung umgesetzt. So daß die Eurythmie, soweit wir sie bis jetzt gebracht haben, aus zwei Gliedern besteht: Umsetzung von naturgemäßen Bewegungen des Ätherleibes des Kehlkopfes und Auflösung der Bewegungen desjenigen, was in diesem Ätherteil des Menschen aufgehalten ist, was aus der Bewegung in die Form umgesetzt ist. Sie sehen also, es ist nur die Übertragung desjenigen auf den ganzen Menschen und im Verhältnis auf die Menschen, was schon da ist.

Dadurch geht man wirklich auf die Prinzipien des alten Tempeltanzes zurück, denn alles das, was ursprünglich wirklich Tempelkunst war, hatte zu seinem Prinzip die Durchdringung des menschlichen Lebens mit der Gewalt des Wortes. Aber unter Wort wurde nicht das verstanden, was wir darunter verstehen können, sondern die im Sphärenklang die Welt durchtönende Weisheit, die sich auf den verschiedensten Gebieten zum Ausdruck bringt, die einen reinen Abdruck hat in der menschlichen Sprache, einen etwas abstrakteren Ausdruck im menschlichen Gesang, die eine Vermaterialisierung in der Instrumentalmusik hat, die erlöst werden kann, wenn in der geschilderten Weise der ganze menschliche

Gœtheanum Dornach
Eurythmische Kunst

Vorstellungen

709

Samstag, den 17. Juli 1920, 7 Uhr
Sonntag, den 18. Juli 1920, 7 Uhr

Eurythmisierte Spruchkunst, Musikalisches eurythmisiert; auch allerlei lyrisch Ornamentales ernster und heiter-scherzhafter Art von Morgenstern und Goethe.

Karten zu 3.50, 2.50 und 1.50 Fr. bei HH. HUG & Cie., BASEL; bei Frl. Kessler, Arlesheim u. a. d. Abendkasse.

Vor und nach der Eurythmiedarstellung Gelegenheit für hungrige und durstige Leute durch ein ganz niedliches Buffet.

Organismus in Gestalt und Bewegung gebracht wird. Das ist eigentlich das Prinzip, um das es sich handelt. Es ist damit, glaube ich, etwas doch inauguriert, wenn auch noch nicht geleistet worden, was einer Entwicklung fähig ist.

Dadurch wird in einem gewissen Sinne etwas geschaffen, was man eigentlich als so recht den Bedürfnissen und Sehnsuchten der Gegenwart bis zu einem gewissen Grade entgegenkommend bezeichnen kann. Sie werden verschiedentlich gehört haben, wie die Gegenwart allerdings, indem sie gewisse ahnungsvolle Impulse noch nicht ausgestalten kann, unter gewissen Schlagworten nach gewissen künstlerischen Erscheinungen strebt. Schlagworte wie Impressionismus und Expressionismus haben in unserer Zeit, ich möchte sagen, einen berechtigt-unberechtigten Klang gewonnen. Berechtigt ist der Klang allerdings, weil sich in dem Streben nach Impressionismus und Expressionismus etwas ausdrückt, was aller Kunst zugrunde liegt und was voll berechtigt ist. Man kann sagen: Die expressionistische Kunst strebt mehr nach dem, was man nennen könnte in Sinnliches, in äußeres Sinnliches Umsetzen desjenigen, was im Menschen zwar fortwährend nach Vision strebt, was aber nicht beim gesunden Menschen Vision werden darf. – Denn das, was im Menschen fortwährend nach Visionen strebt, muß unten gehalten werden im gesunden Leben. Setzt man in die Außenwelt dasjenige hinein, was eigentlich die Vision will, aber sich innerlich nicht in Halluzinationen ausdrücken darf, so hat man die expressionistische Kunst. In diesem Sinne ist die Eurythmie eigentlich im ganz besonderen Maße eine expressionistische Kunst, eine Kunst, die in echtem und berechtigtem Sinne Ausdruckskunst ist, namentlich wenn vermieden wird alles Willkürliche, alles was aus der subjektiven menschlichen Persönlichkeit stammt, alles Pantomimische, alle Mimik und so weiter, wenn nur wirklich das Objektive, das ich als Umsetzung der Bewegungen des Ätherleibes des Kehlkopfes angedeutet habe, in Betracht kommt.

Wir haben selbst im Laufe der Jahre etwas gelernt am Eurythmie-Treiben. Anfangs dachten wir, die Sache zu bloßer Ausdruckskunst zu machen. Das war bedenklich, weil es eine solche eigentlich nicht geben kann. Die Eurythmie ist aber geschützt davor, sie hat selbst Leben. Sie ist geschützt davor, da sie der Wirklichkeit entlehnt ist, also demjenigen, das nicht bloß Ausdruck sein kann, sondern von innerem Selbstleben durchsetzt sein kann.

Nun haben wir anfangs die Rezitation mehr zurücktreten lassen und haben gemeint, die Eurythmie als solche unmittelbar hinzustellen. Das kann natürlich durchaus sein, aber es hat sich im Laufe der Zeit gezeigt, daß gerade mit dem Ausbilden der Eurythmie sehr gut die Pflege der Rezitation nebenher in selbständiger Weise wiederum als anderes künstlerisches Element gehen kann. Denn, wenn man sagen kann, daß Eurythmie wirklich im hohen Maße expressionistische Kunst ist, so ist dasjenige, was nun Rezitation ist, was Gesang ist, im ausgesprochensten Maße eine impressionistische Kunst. Und diese Zusammenfassung, dieses harmonische Zusammenklingen eines expressionistischen und eines impressionistischen Elementes in der Kunst, ist etwas, was, wie ich glaube, gerade wichtige Kunstimpulse in unserer Zeit vorwärtsbringen kann.

Sehen Sie, so richtig hineinschauen in das, was die Kunst soll, kann man eigentlich nur von einem geisteswissenschaftlich-psychologischen Standpunkte aus. Es handelt sich darum, zur richtigen Wertung des Künstlerischen in die Seele hineinzuschauen, was eigentlich sowohl bei dem Kunstgenießenden wie bei dem Kunstschaffenden, Kunstausübenden in dem Seelenleben vor sich geht. Das ist nicht so einfach. Der künstlerische Prozeß des Empfangens wie der des Schaffens ist ein außerordentlich komplizierter. Es geht in der Seele niemals eines nur vor, wenn wir Künstlerisches aufnehmen oder Künstlerisches schaffen, sondern es geht etwas unterbewußt Bleibendes, Rhythmisches in der Seele vor. Und analysiert man das, was in der Seele im künstlerischen Schaffen und Empfangen vorgeht, so hat man, wie eine Saite nach zwei Seiten ausschlägt, ein Schlagen der Gemütslage nach zwei Seiten. Es wird nur verhindert, daß die Sache zur Bewußtheit kommt dadurch, daß die eine die andere paralysiert. Denn gerade beim Künstlerischen ist es so, daß immer gewisse Seelenimpulse – ich möchte sagen – wie Wogen im Seelenleben nach aufwärts schlagen, bevor sie aber zum Ausdruck kommen, abgestumpft werden, so wie wenn Meereswogen im Inneren des Meeres nach aufwärts schlagen würden, aber vorher durch etwas zurückgestaut werden müßten.

Es sind nämlich zwei Gefühlsimpulse, die allem künstlerischen Empfinden, allem künstlerischen Schaffen zugrunde liegen. Das eine ist ein Empfindungsimpuls, der, wenn er sich ganz ausbilden würde, zum Erröten führen würde. Denken Sie sich den Empfindungs-impuls, der den Menschen, wie zum Beispiel beim Schamgefühl, zum Erröten führt, unten in der Seele wirksam, bevor es zum Erröten kommt, dann haben sie einen rhythmischen Schlag, der sich nicht voll auslebt.

Das andere, was in der Kunst lebt, würde, wenn es sich auslebte, zum Erblassen führen. Alles, was in der Furcht lebt, darf nicht zum Erblassen führen. Nun denken Sie sich einmal diese beiden Empfindungsimpulse, das, was zum Erblassen, das, was zum Erröten drängt, ineinanderströmend, dann haben Sie dasjenige Seelenleben, was eigentlich dem Künstleri-schen zugrunde liegt, was in gewisser Weise im Unterbewußten bleibt. Es darf kein Extrem herauskommen, es muß ineinanderwirken.

Nun hat man gerade die Möglichkeit, wenn man Rezitation und Eurythmie zusammen-wirken läßt, das, was zum Erblassen führen würde durch die Eurythmie, was zum Erröten führen würde durch die Rezitation, ineinanderklingen zu lassen. Man hat also wirklich etwas, was im besonderen Maße den künstlerischen Bedürfnissen, der künstlerischen Veranlagung der menschlichen Seele entgegenkommt. Man bekommt dadurch eine wunder-bare Kompensation, wenn man beide Dinge zusammenwirken läßt. Es ist schon einmal der psychologische Prozeß bei den einfachsten Dingen des Lebens ein komplizierter, und so wenig man etwas ahnt davon: Im wirklichen künstlerischen Leben werden die Seelen tatsächlich hin- und hergerissen zwischen Fürchten und Scham-Empfinden, zwischen Erröten und Erblassen. – Aber daß das Eigentümliche des Lebens in der Kunst dem Bewußtsein sich in anderer Weise darstellt, dem liegt zugrunde, geradeso wie im Meer, so in der Seele etwas, was man in so komplizierter Weise beschreiben und was derjenige kennen muß, der sich so in der Kunst beschäftigen will wie in den Zeiten, wo man nicht in Willkür künstlerische Formen zu schaffen suchte, sondern aus der Tiefe des geistigen Lebens selbst heraus.«

Neue Formen der alten Schönheit

Aus einem Vortrag Rudolf Steiners vom 7. Oktober 1914[8], gehalten in Dornach.

»Suchen wir denn nicht mit alledem, was in unserem Bau sich ausspricht, nach einer neuen Form der alten Schönheit? Nach Schönheit, denn Schönheit bedeutet noch viel mehr, als man gewöhnlich mit dieser Idee, mit diesem Begriff verbindet. Man muß nur, wenn man gewahr werden will, was es zu bedeuten hat, daß in irgendeinem Zeitalter, wie das unsrige eines ist, neue Formen der Schönheit, neue Formen der ganzen menschlichen Seelenstimmung hervortreten sollen, sich klarmachen, wie mannigfaltig geartet der Menschheitsfortschritt ist...

Konnte doch *Goethe,* als er die Sehnsucht empfand, sich in Schönheit zu vertiefen, nichts anderes tun, als nach Rom gehen, um die griechische Schönheit in der Seele nachzuerleben.

Der Dornacher Hügel mit dem ersten Goetheanum
Vorne rechts die von Rudolf Steiner geplanten Eurythmiehäuser

Konnte doch im Grunde genommen das ganze neunzehnte Jahrhundert nichts anderes tun, als nach Rom gehen. Aber das Zeitalter ist gekommen, wo man nicht bloß nach Rom geht, nicht bloß in griechische Schönheitsformen sich vertieft, sondern wo man in geistige Welten hineingeht, um aus den geistigen Welten neue Schönheitsformen zu finden ...

Das Bestreben bestand, der Menschheit etwas zu geben, was, ich möchte sagen, auch schon äußerlich die Evolution, den Sinn und den Geist der Evolution zeigt. Das konnte man nur, wenn man sich darüber klar war, daß wir in der Welt, im unmittelbaren Leben auch in einer Welt der Formen leben, und daß das Vorwärtsschreiten ein Hineindringen in die Welt der Bewegung ist. Die Welt der Formen beherrscht den physischen Leib, die Welt der Bewegung beherrscht den Ätherleib. Es müssen nun die Bewegungen gefunden werden, die dem Ätherleib eingeboren sind. Es muß der Mensch angeleitet werden, dasjenige in Gesten, in Bewegungen des physischen Leibes zum Ausdruck zu bringen, was dem Ätherleib natürlich ist ...

Das wird in der Eurythmie versucht. Es wird sich herausstellen, daß der Mensch in seinen Bewegungen wirklich ein Zwischenglied zwischen den kosmischen Buchstaben, den kosmischen Lauten ist und dem, was wir gebrauchen in den menschlichen Lauten und

Das erste Goetheanum. Detail

Das erste Goetheanum. Blick in den kleinen Kuppelraum

Buchstaben in unseren Dichtungen. Eine neue Kunst wird entstehen in der Eurythmie. Diese Kunst ist für jeden Menschen. Und man möchte, daß die Menschheit ergriffen würde vom Verständnis für diese Kunst...

Ich habe in vieler Beziehung schon gesprochen von dem Verhältnis des großen Rundbaues zu dem kleinen, vom Verhältnis dessen, was im großen Rundbau steht, zum kleinen. Nun könnte jemand fragen: Wie gehen die kleinen Formen aus den großen in unserem Doppelkuppelbau hervor? Die Antwort ist: Es versuche jemand, nach eurythmischen Gesetzen die Formen des großen Baues tanzen zu lassen, dann werden die Formen des kleinen Baues daraus. Man versuche sich vorzustellen, es vereinige ein Mensch alles das in seinen eurythmischen Bewegungen, was im großen Rundbau zum Ausdruck kommt, und tanze hinein in den kleinen Raum und strahle von da aus, was er tanzt: dann würde die Zwölfheit der Säulen und die Kuppel von selber daraus. Dann hoffe ich, daß noch etwas eurythmisch tanzen wird im Bau, unsichtbar: das *Wort*. Das wird eine gute Akustik geben.

Kurz, man kann Eurythmie definieren als die Erfüllung desjenigen, was nach seinen natürlichen Gesetzen der menschliche Ätherleib vom Menschen verlangt. Daher ist wirklich in dieser Eurythmie etwas gegeben, was zu unserem geistigen Leben dazugehört und was aus seiner Ganzheit heraus gedacht ist.«

Die drei Elemente der Eurythmie

Aus Rudolf Steiners Ansprache[9] anläßlich der ersten Eurythmieauf-führung in München am 28. August 1913.

»Es soll einmal der Anfang gemacht werden mit einer Kunst, die an einem Grenzgebiet steht und deshalb so bedeutend ist. Man kann mit dem Tanzen sozusagen das Alleralltäglichste haben, das, was menschlichen Trieben und Leidenschaften am nächsten liegt; man kann aber auch das dionysische Element in der Menschheitsentwicklung verkörpern.

Eine kleine Probe soll Ihnen vorgeführt werden. Sie sollen aufmerksam gemacht werden auf das, was in der Bewegung selbst verstanden werden soll, wie auch auf das, was in Anlehnung an menschliche Worte und Gedanken übersetzt werden kann in die hier gemeinte Bewegung, damit man immer mehr und mehr lerne, daß man zuhören kann auch dem, was in einer solchen Sprache zum Ausdruck kommt. Beachten Sie dabei, daß wir es zu tun haben mit etwas, was im Anfang steht. Beachten Sie zunächst das Wollen, das dahinterliegt und aus dem wir glauben, daß sich im Laufe der Zeit noch viel Bedeutungs-volleres entwickeln kann, als jetzt da ist. Beachten Sie aber auch, daß ein dreifaches Wollen hinter dieser Eurythmie liegt.

Erste Eurythmie-Vorführung

*München, 28. August 1913, nachmittags,
im Keimsaal der Tonhalle, Türkenstraße*

PROGRAMM

Dreiteiliges Schreiten, vor-, rückwärts und
seitwärts, verbunden mit Seelengesten und
Kopfhaltungen. Evoe als Abschluß
Rhythmen
Stabübungen
Dionysische Formen: Energie- und
Friedenstanz
Der Wolkendurchleuchter   Rudolf Steiner

Vokale und Konsonanten
Meeresstille   J. W. v. Goethe
Glückliche Fahrt   J. W. v. Goethe
Wiegenlied *(E. Wolfram, L. Smits,*   Clemens Brentano
L. Stahlbusch)
150. Psalm mit Halleluja
Charon *(L. Smits)*   J. W. v. Goethe

*Mitwirkende: L. Smits, E. Wolfram, L. Stahlbusch; Joan Abels, Max
Benirschke, Max Gümbel-Seiling, und eine kleine Gruppe, die in wenigen
Wochen sich in die Eurythmie eingelebt hatte. Rezitation: M. Gümbel-Seiling*

Erstens ein *ästhetisches Element,* ein Element, das man als das Element der Schönheit bezeichnen könnte. Schönheit ist ein unmittelbarer Ausdruck desjenigen, was in den höheren Welten bewegungsmäßig vorgeht. Verstärkte Bewegungen der höheren Welten sind also ein künstlerisches Element.

Aber damit soll sich zugleich verbinden als zweites ein *pädagogisch-didaktisches Element.* Die menschliche Seele in ihrer Verbindung mit dem Leiblichen wird zu einer Entfaltung kommen, die mit den Welten, zu denen sie gehört, angemessen ist den Vokalismen und Konsonantismen, die als Weltenwort durch die Welt strömen. Und umgesetzt wird das in sichtbare Bewegungen des physischen Leibes. Dadurch wird etwas ganz anderes erreicht werden, wenn unsere Anfänge einmal zu größerer Vollendung gekommen sein werden, als durch gewöhnliches Turnen und ähnliche Übungen, die in der Jetztzeit gemacht werden und die nur auf physiologischen Gesetzen aufgebaut sind.

Drittens das *hygienische Element.* Indem der menschliche Leib angemessen wird der Welt der Bewegungen und in die Didaktik hineingegossen wird die durchaus gesunde Beweglichkeit des Menschen, wird auch in gesunder Weise auf den menschlichen Organismus und auf die menschliche Seelenverfassung gewirkt werden können. Denn vieles, was heute in der äußern Welt unhygienisch ist, rührt davon her, daß so wenig Harmonie ist zwischen dem, was der physische Leib in Anpassung an die äußere Welt tut, und dem, was eigentlich der Ätherleib durch seine innere Beweglichkeit von dem physischen Leibe verlangt. Dieses Nicht-Zusammenstimmen möchten wir aufheben durch eine Bewegungsfähigkeit des physischen Leibes, die dem Ätherleib entspricht...«

II Eurythmie und Dramatische Kunst

Szenen aus Rudolf Steiners »Mysteriendramen«

Im September 1924 gaben Rudolf Steiner und Marie Steiner in Dornach einen Kursus[1] für Sprachgestaltung und Dramatische Kunst. Dieser war auf Fragen und Bitten verschiedener Schauspielerpersönlichkeiten und Schauspielgruppen zustande gekommen. Ihr Anliegen war eine Erneuerung der Schauspielkunst, der Bühnenkunst überhaupt. Sie wollten neue Impulse empfangen, sich aus dem Naturalismus befreien.

In seinen Eingangsworten sagte Rudolf Steiner richtungweisend: »Dazu kommt, daß diejenige Kunst, die unter uns steht seit 1912, die eurythmische Kunst, nahe, möglichst nahe an das heutige Bühnenmäßige angrenzt; und daß diese eurythmische Kunst in der Zukunft eben ganz mit dem Bühnenmäßigen eins werden wird. Das geht schon aus der äußerlichen

Eurythmieform Rudolf Steiners für ahrimanische Wesen zu ›Der Hüter der Schwelle‹, 6. Bild

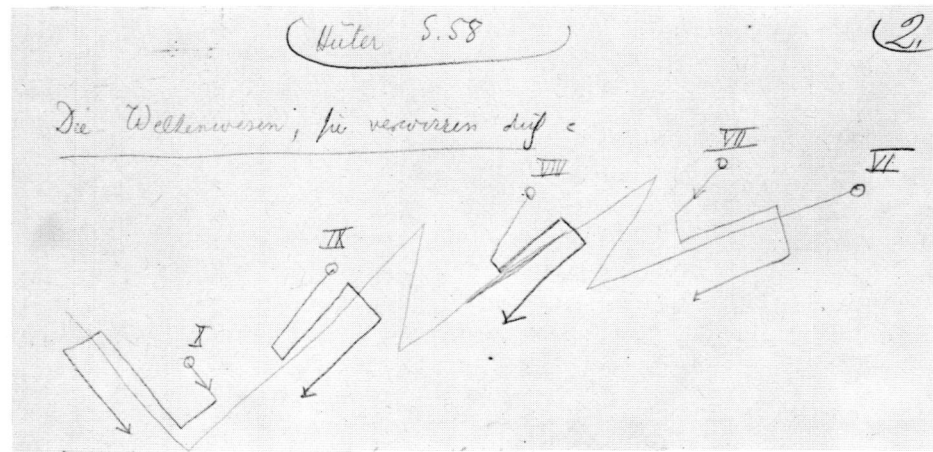

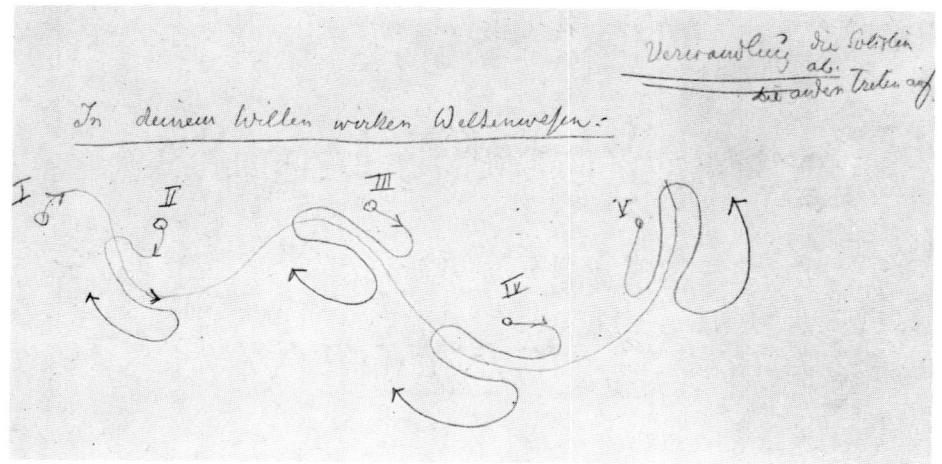

Eurythmieform Rudolf Steiners für luziferische Wesen zu ›Der Hüter der Schwelle‹, 6. Bild

Art, wie sie vorgebracht werden muß, so hervor, daß einfach die Schauspielkunst das Eurythmische als etwas zu ihr Gehöriges in der Zukunft wird zu betrachten haben...«

Das versteht man gut, wenn man auf das Jahr 1912 zurückblickt. Damals wurde in München innerhalb der Sommerfestspiele im August das dritte Mysteriendrama[2] »Der Hüter der Schwelle« von Rudolf Steiner aufgeführt. Hier zeigten sich schon die ersten Keime der auch die Bühnenkunst neu befruchtenden Bewegungskunst, der Eurythmie. In diesem Drama spielt eine Szene im Geistgebiet. Zwei Repräsentanten der die Welt beherrschenden Kräfte, Luzifer und Ahriman, treten auf; jede Gestalt mit den ihnen angehörenden Wesenheiten. »In tanzartiger Weise führen diese Bewegungen aus, welche Gedankenformen, den Worten Luzifers (oder Ahrimans) entsprechend, darstellen.« Es müssen nun zwei ihrem Wesen nach entgegengesetzte Charaktere bewegungsmäßig ausgedrückt werden. Luzifer wird »mit breitem Tone jedes Wort hervorhebend« gesprochen; Ahriman »auch breit, aber rauh«. Beides musikalisch untermalt.

> Luzifer: In deinem Willen wirken Weltenwesen.
> Ahriman: Die Weltenwesen, sie verwirren dich.
> Luzifer: In deinem Fühlen weben Weltenkräfte.
> Ahriman: Die Weltenkräfte, sie verführen dich.
> Luzifer: In deinem Denken leben Weltgedanken.
> Ahriman: Die Weltgedanken, sie beirren dich.

Die Gruppe der luziferischen Wesen hatte sich »möglichst schmiegsam und anmutig«, die Gruppe der ahrimanischen »hart und ruckhaft« zu bewegen. Damals handelte es sich bei

51

jeder Gruppe um drei verschiedene Stellungen im Raum, welche bei den entsprechenden Worten gewechselt werden mußten. Das wiederholte sich bei den das gleiche charakterisierenden Zwischenmusiken mit noch sehr einfachen, aber entsprechenden Armbewegungen.

Im folgenden Jahr 1913 wurde schon, während des Kongresses in München im August, ein geschlossenes eurythmisches Programm dargeboten, das die ersten Früchte der werdenden Kunst zeigte. Das vierte Mysteriendrama »Der Seelen Erwachen« von Rudolf Steiner wurde einstudiert, und es traten damit neue Aufgaben an die Eurythmie heran. Dieses Mal spielte die Szene in einer Gebirgslandschaft. Wieder sind es Wesen, die gegensätzliche Kräfte elementarer Natur repräsentieren. »Von beiden Seiten kommen Elementargeister, von links gnomenartige Wesen. Sie haben stahlgraue, den Menschen gegenüber kleine Gestalten, sie sind fast ganz Kopf, doch ist dieser vorn übergebeugt. Sie haben lange bewegliche, zu Gebärden geeignete, zum Gehen ungeschickte Gliedmaßen. Von rechts kommen sylphenartige, schlanke, fast kopflose Gestalten, ihre Füße und Hände sind ein Mittelding zwischen Flosse und Flügel; ein Teil von ihnen ist blaugrün, der andere Teil gelbrötlich. Bei den gelbrötlichen ist die Gestalt mit schärferen Konturen begabt; bei den blaugrünen unbestimmter. Die Worte, welche diese Gestalten sprechen, werden von ausdrucksvollen, bis zum Tanze sich gestaltenden Gebärden vorgebracht.«[3] Zuerst kamen die Gnomen allein,

Eurythmieform Rudolf Steiners für den Chor der Sylphen zu ›Der Seelen Erwachen‹, 2. Bild

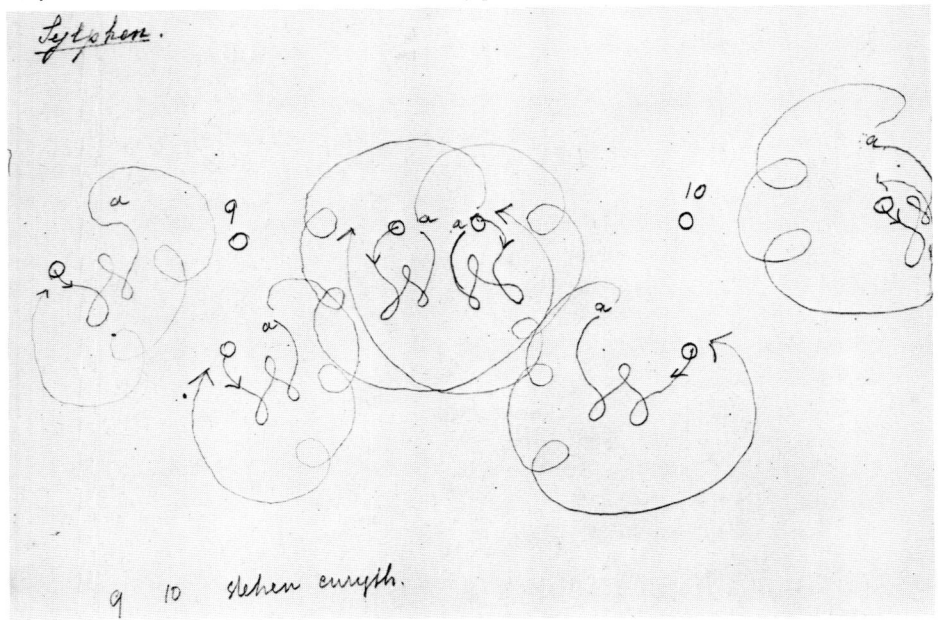

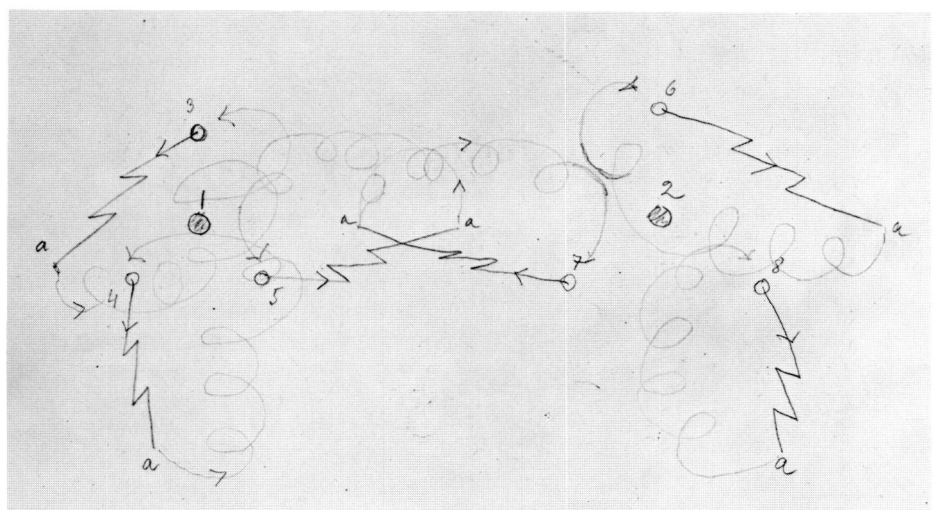

Eurythmieform Rudolf Steiners für den Chor der Gnomen zu ›Der Seelen Erwachen‹, 2. Bild

von einer entsprechenden Musik begleitet, auf die Bühne. Ihre auf Gaze gemalten Köpfe waren so groß, daß sie fast die ganze Gestalt verdeckten. So mußten sie Stöcke in die Hände nehmen, um damit die Vokale des Textes ausdrücken zu können; dabei gingen sie ziemlich tief in die Knie und liefen so ihre Form, die Vokale auch mit den Füßen humorvoll gestaltend. Die Worte des Gnomenchores wurden hinter der Bühne gesprochen. Dann traten die Sylphen in gleicher Weise auf. Hier aber auf Zehen, gestreckt, die Bewegungen (der Arme) schmal nach oben führend, erschien die ganze Gestalt der Schwere enthoben. Die Worte wurden auch mit den Füßen vokalisiert; beim Laufen der ›Form‹.

Nach zehn Jahren wurden beide Szenen für sich in neuer Formengestaltung oftmals in die Programme aufgenommen, die nun von der Bühnengruppe auf ihren Tourneen in Deutschland und England zur Aufführung gelangten. Siehe hierzu das Programm vom 12. März 1922.

Bald darauf, im September 1913, erfolgte in Dornach bei Basel die Grundsteinlegung zu dem Bau, der nach Plänen Rudolf Steiners für die Aufführungen der Mysteriendramen errichtet werden sollte. Die gemieteten Theaterräume hatten sich im Laufe der Jahre als nicht geeignet dafür erwiesen.

Ein fünftes Mysteriendrama sollte im August 1914 bereits im neuen Bau zur Aufführung gelangen. Der Ausbruch des Krieges verhinderte dieses. Bekannt ist nur, daß das neue Drama in Griechenland am Kastalischen Quell hätte spielen sollen. Zur Vorbereitung für eine besondere Darstellung innerhalb dieses Dramas hatte Rudolf Steiner einer Eurythmistin genaue Anweisungen zukommen lassen. Es handelte sich dabei um neunzehn Gesten: zwölf ruhende Stellungen für die Sternbilder des Tierkreises und sieben bewegte Gesten als Ausdruck für die Planeten und die dazugehörenden Planetenbewegungen. Mit dem Ausbruch des Krieges ruhte aber dieses Vorhaben. Erst nach zehn Jahren, anläßlich des Lauteurythmiekurses, vermittelte Rudolf Steiner allen Eurythmisten diese seit damals nicht mehr erwähnten Gebärden.

Marie Steiner gibt eine eindrucksvolle Schilderung dieser Situation:[4] »Im August sollten wir das neue Mysteriendrama aufführen. Daß der Bau bis dahin nicht fertig werden konnte, ließ sich schon im Frühling voraussehen. Wie gewöhnlich traten manche Hemmungen von außen heran, manche Unzulänglichkeiten, die wohl selbstverständlich sind bei solch großem Unternehmen, unter so viel Mitarbeitern; auch wuchsen die Aufgaben mit den Leistungen. So wurde denn beschlossen, im August und September die Festspiele in München vorzubereiten und darzustellen.

Das neue Drama, das nicht niedergeschriebene Drama, wie oft gehen meine Gedanken zu ihm zurück. Am Kastalischen Quell sollte es sein, im Tempel von Delphi. Griechenland sollte wieder erklingen in seiner Blütezeit, seiner Werdezeit innerhalb der Mysterien, die seine Größe geschaffen haben: das ganze, lichte, tiefe, dunkle, emporstrebende Griechen-

---

Deutsches Theater

Schumannstrasse 12/13

Sonntag, den 12. März 1922, vormittags 11 Uhr

Vorführungen in

Eurhythmischer Kunst

mit einleitenden Worten von

Dr. Rudolf Steiner

Die den Aufführungen zu Grunde liegenden Dichtungen werden von Frau Marie Steiner recitiert

Programm 1,50 Mark

P R O G R A M M

Einleitende Worte über eurhythmische Kunst von Dr. Rudolf Steiner.

ERSTER TEIL

Hymnus an die Natur	J. W. Goethe
Lebenszauber	Grieg
Cophtisches Lied	J. W. Goethe
Begegnung	C. F. Meyer
Scene aus dem 4. Bilde der dramatischen Dichtung „Der Seelen Erwachen"	Rudolf Steiner

ZWEITER TEIL

Scene aus dem 2. Bilde der dramatischen Dichtung „Der Seelen Erwachen"	Rudolf Steiner
Auf dem Wasser zu singen	Schubert
Humoresken	Chr. Morgenstern

Scholastikerproblem — Das Gramophon — Sprachstudien — Die Fledermaus — Nachtwächter — Die Windhosen.

Veränderungen vorbehalten.

---

land, hinaufstrahlend aus dem Reiche von unten, dem Reiche der Mütter, empor zur Sonne, zu Helios, zu Phöbus Apollo, durch ihn – zu Christus. Von einem Wissenden im Wort gestaltet. Es ist nicht geworden, denn Rudolf Steiner gestattete sich nur ein Drama zu schreiben in dazu ausgesonderter Zeit, während der Proben; zuviel Anderes – Menschliches und Sachliches – beanspruchte ihn in andrer Zeit, Tag und Nacht. Der von uns herbeigesehnte August kam. Aber wie? – Es war 1914.«

Die Arbeit am »Johannesbau«, wie das Goetheanum ursprünglich nach der Hauptgestalt der Mysteriendramen genannt werden sollte, wuchs weiter. Angehörige von siebzehn Nationen hatten sich zusammengefunden. Darunter viele Künstler: Bildhauer, Maler, Musiker, Dichter, um ihre Kräfte in den Dienst der großen Aufgabe zu stellen, die durch Rudolf Steiner inauguriert wurde. Für die Mitarbeiter hielt Rudolf Steiner, wenn er sich nicht gerade im Ausland aufhielt, im Zusammenhang mit dem Bau, Vorträge über die Entstehung der Architektur und deren Gesetze.[5] Parallel nahm die Ausarbeitung der Eurythmie ihren Fortgang. Wie verbunden die Bauformen mit dem Wesen der Eurythmie sind, zeigen folgende Worte von Rudolf Steiner: »Ich weiß ja auch, daß ich die Formen des Baues aus der Seelenverfassung heraus empfindend gestaltet habe, aus der mir auch die Eurythmiebilder kommen.«[6]

Szenen aus Goethes »Faust«

Vom Beginn der Faust-Inszenierung – Faust I

Erst das Osterfest 1915 in Dornach gab Anlaß zur Einstudierung der Osternacht-Szene aus Faust I in eurythmisch-dramatischer Weise. Das war der Beginn der Faust-Inszenierung[7]. Von jetzt an konnten die zahlreichen übersinnlichen Szenen befriedigend auf die Bühne gebracht werden, wozu dem gewöhnlichen Theater die Ausdrucksmittel fehlten. Hier konnte durch die Eurythmie eine Lösung gefunden werden, ohne, wie oftmals, an Kürzungen denken zu müssen.

Wir erleben, wie Faust nach seinem verzweifelten Ringen mit dem Erklingen der Glocken am Ostermorgen zurückgerufen wird ins Leben. Eine Engelschar erfüllt den Raum, »Christ ist erstanden!« verkündend. Der Chor der Weiber erscheint, getragen schreitend mit von Trauer erfüllten Gebärden; die Jünger folgen, auch in ernst-feierlichem Schritt. Bei dem letzten Chor »Christ ist erstanden!« verändert sich mit einem Schlage die Szene. Der schwarze Hintergrund verschwindet. In leuchtendem Rot erstrahlt der ganze Raum, die Auferstehung verkündend. Eine neue Engelschar wird sichtbar: »Christ ist erstanden!« – In harmonischer Art vereinigt sich Dramatisches, Eurythmisches und Musikalisches.

Noch ein Wort zur Erscheinung des Erdgeistes. Ursprünglich wurde diese sprechend und bewegungsmäßig von einer einzigen Gestalt auf einem Podest stehend, unter einem großen roten Schleiervorhang, dargestellt. Das erwies sich aber als unbefriedigend, und es zeigte sich, daß grundsätzlich beide Elemente nur getrennt voneinander zur vollen Wirkung gelangen können. Marie Steiner bildete nun für die Eurythmie eine wesensgemäße Form der Rezitation aus. So entstand ein neues Kunstgebiet: die Rezitation zur Eurythmie, die im Laufe der Zeit auch ihre Bedeutung für die Schauspielkunst erlangen sollte.

Faust II, Ariel-Szene

Eine Überraschung brachte dann das Pfingstfest 1915 mit der Aufführung der Ariel-Szene, der ersten Szene aus Faust II. Goethe schreibt: »Anmutige Gegend. *Faust* auf blumigem Rasen gebettet, ermüdet, unruhig, schlafsuchend. Dämmerung. *Geisterkreis.* Schwebend bewegt, anmutige Gestalten. *Ariel.* Gesang von Äolsharfen begleitet.« Alles wie für die Eurythmie geschaffen! Gesungen wurden die Chöre nicht, aber gesprochen und von einer adäquaten Musik begleitet, die *Jan Stuten* komponiert hatte. Fünf Gruppen treten zunächst mit einer einleitenden Musik in Erscheinung: Ariel mit zwei Elfen zuerst, dann nacheinander vier Gruppen mit je drei oder vier Elfen. Es sind die vier »Nachtwachen«, welche die Zeit von der Dämmerung bis zum Morgen ausfüllen: Abendlied, Nachtlied, Morgenlied und Wecklied. Rudolf Steiner sagte unter anderem am 22. Mai 1915 dazu: »Dasjenige, was äußerlich geschieht zwischen dem Einschlafen und Aufwachen, sind wirkliche, reale Vorgänge, gleichartig einer Initiation. Und jetzt sehen wir, was je in den drei Stunden von sechs bis neun, von neun bis zwölf, von zwölf bis drei und von drei bis sechs Uhr vor sich geht.«[8] Für diese vier »Pausen« gab Rudolf Steiner damals die ersten Formen für die Bewegung im Raum, die ganz dem Rhythmus folgend, gelaufen werden müssen. Ariel beginnt: »Wenn der Blüten Frühlingsregen / über alle schwebend sinkt«, im Trochäus, wechselt dann in den Jambus über: »Die ihr dies Haupt umschwebt / im luftigen Kreise«, die Elfen zu ihrem Wirken auffordernd. Behutsam im Trochäus beginnen diese: »Wenn sich lau die Lüfte füllen / um den grünumschränkten Plan ...« Es schließen sich die drei folgenden »Pausen« an. Das Nahen der Sonne »verkündet ein ungeheures Getöse«, fügt Goethe hinzu als szenische Bemerkung. Die Elfen verbergen sich, und Ariel beschließt das Geschehen. Faust erwacht: »Des Lebens Pulse schlagen frisch lebendig«, jetzt im Jambenmaß in Terzinen. Die Elfen haben sich wieder erhoben, umringen Faust und begleiten mit ruhigen, fließend atmenden Gebärden seinen Monolog. Ein Reigen der Elfen beschließt dann die Szene. Anfangs rezitierte Marie Steiner die Chöre, später der von ihr geschaffene Sprech-chor.

In besonders schöner Weise, das Vorangehende zusammenfassend, äußerte sich Goethe Zelter gegenüber, dem er schrieb: »Man bedenke, daß mit jedem Atemzug ein ätherischer Lethestrom unser ganzes Wesen durchdringt, so daß wir uns der Freude nur mäßig, der Leiden kaum erinnern.«

Faust II, Schlußszene

Im gleichen Jahr studierte Rudolf Steiner in Zusammenarbeit mit Marie Steiner zu Mariä Himmelfahrt am 15. August 1915 die letzte Szene aus Faust II ein. Der Vortrag vom 14. August beginnt mit den Worten: »Es soll morgen von uns das Wagnis unternommen werden, die Schlußszene von Goethes ›Faust‹ eurythmisch darzustellen. Es wird begreiflich erscheinen, daß sich meine heutige und morgige Betrachtung in Anknüpfung an den Schluß des zweiten Teils von Goethes ›Faust‹ hält. Wir stehen ja mit Bezug auf den ganzen zweiten Teil des ›Faust‹, aber namentlich mit Bezug auf die Schlußszene, doch vor einem der allergrößten dichterischen Versuche der Weltenentwicklung, der zugrunde liegen hat die bedeutsamsten geistigen Wahrheiten. Dennoch, so wahr es auch ist, daß Goethes ›Faust‹ verschiedene Grade und Stufen des Verstehens zuläßt, so wahr ist es auch, daß man immer weiter und weiter wird gehen können in bezug auf das Aufsuchen desjenigen, was aus Goethes unendlich reichem Seelenleben in den ›Faust‹ und namentlich in den zweiten Teil des ›Faust‹ eingeflossen ist.«[9]

Die erste Darstellung von Fausts Himmelfahrt wurde chorisch und solistisch rein durch die Bewegung wiedergegeben. Auch hier beginnt die Szene mit einem musikalischen Vorspiel, und die Musik begleitet die einzelnen Vorgänge bis zu ihrem Höhepunkt, den Worten der Mater Gloriosa. Eine besondere Wirkung muß diese Szene ausgeübt haben durch den farblichen Zusammenklang von Kostüm und Dekoration nach Anregungen von Rudolf Steiner.

Innerhalb der Gesamtaufführung hat Marie Steiner später diese Szene nicht eurythmisch darstellen lassen, sondern durch Einzelsprecher und Sprechchor. Aber wiederum mit der Musik von Jan Stuten.

Faust I, Prolog im Himmel

Ein ganzes Jahr vergeht, ehe ein neues Bild aus »Faust« zur Aufführung gelangt. »Der Prolog im Himmel« am 19./20. August 1916. »Der Herr, die himmlischen Heerscharen, nachher Mephistopheles«. Mephistopheles schauspielerisch dargestellt.

Ein großes musikalisches Vorspiel führt in die Stimmung der nun folgenden Szene ein; komponiert wurde es von Jan Stuten, der auch hierfür Anregungen von Rudolf Steiner bekommen hat.

Der Vorhang öffnet sich. Der Bühnenraum ist erfüllt von den Engelscharen. Im Vordergrund die drei Erzengel. Links Raphael in lila-violetten Farben, rechts Gabriel in gelb-orangen Farben und in der Mitte Michael in rötlichen und roten Farben. Die begleitenden Engel in helleren grün und lila Farbtönen.

»Der Herr«, dargestellt durch fünf Eurythmisten im Fünfeck auf einem hohen Podest, etwas links im Raum, in rosa-rötlichen Gewändern. Das alles vor einem leuchtend roten Hintergrund. Raphael beginnt, seine Worte vokalisch gestaltend, Gabriel konsonantiert

Faust I, Prolog im Himmel   Faust II, 5. Akt, Grablegung

seine Worte, und Michael bewegt sich, Vokale und Konsonanten verbindend. Alle drei führen »apollinische[10] Formen« aus.

Die begleitenden Engel bewegen sich entsprechend der geschilderten Lautangaben, nur stehend.

Bei den Worten des »Herrn« führen die Engel im Pentagramm stehend große ruhige Vokalbewegungen aus; vorher verharren sie in einer ehrfurchtsvollen E-Gebärde.

Mephistopheles erscheint aus der Versenkung rechts vor der Bühne.

Als Ausdruck ihrer Abwehr begleiten alle Engel seine Rede mit »Gegenlauten«: statt o ein e; statt a ein ü; statt i u; statt ei, au, eu ein o und umgekehrt.

Nur die fünf Engel, welche die Stimme des »Herrn« wiedergeben, schließen ihre Flügel als Zeichen ihrer Abwehr. Bei den Schlußworten des »Herrn« bewegen sich alle Engel in einem großen Unisono. Der Vorhang schließt sich. Nach seinen Schlußworten verschwindet Mephistopheles in der Versenkung.

Faust II, Mitternacht und Grablegung

Bald darauf, am 9. September 1916, sehen wir im weiteren Verlauf der Einstudierungen aus dem zweiten Teil »Mitternacht« und »Grablegung«. Die Ereignisse des letzten Aktes zeigen, wie Goethe immer mehr seelisch-geistige Erlebnisse des Faust bildhaft gestaltet. Was innerlich den Menschen im Alter erfüllt, sehen wir auf der Bühne. Not, Mangel, Schuld und Sorge erscheinen gespensterhaft, dem hundertjährigen Faust seinen nahen Tod ankündigend. Auch diese mehr dem Untersinnlichen zugehörenden Wesen werden eurythmisch wiedergegeben. »Es tönte hohl, gespensterhaft, gedämpft«, sagt Faust. So mußte die Sprache geführt werden. Und ebenso mußten die gespenstischen Erscheinungen das Wesenlose, Huschende, Unwirkliche, nicht Greifbare in ihrer Gestaltung zum Ausdruck bringen.

Vor allem gilt das für die sich anschließende eurythmisch-dramatische »Sorge-Szene«. Rudolf Steiner schuf eine große Raumform für die Partie der »Sorge«.

Diese Szene wurde im Jahre 1919 des öfteren auch in öffentliche Eurythmieprogramme aufgenommen. Vor einer dieser Aufführungen führt Rudolf Steiner aus: »Im zweiten Teil werden wir Ihnen aus Goethes Faust II die Szene ›Um Mitternacht‹ vorführen, die sogenannten ›vier grauen Weiber‹: Sorge, Schuld, Mangel, Not.

Es ist ja so, daß gerade diese Szene als eine Art Probe auf unsere eurythmische Kunst wird angesehen werden können. Es wird sich zeigen, daß man aus dem Faust, in den Goethe, wie er selbst sagte, so vieles hineingeheimnißt hat, gerade durch die Eurythmie manches wird herausholen können, was durch die gewöhnliche Bühnendarstellung eigentlich bis jetzt gar nicht hat herausgeholt werden können. Wenn man öfters die Darstellungen des ersten Teiles des Faust gesehen hat, ich will sagen: die Darstellung zum Beispiel auf der einen Seite, wie die Dingelstedt-Kraußsche, dann hat man das Gefühl, das stilisiert dasjenige, was Goethe

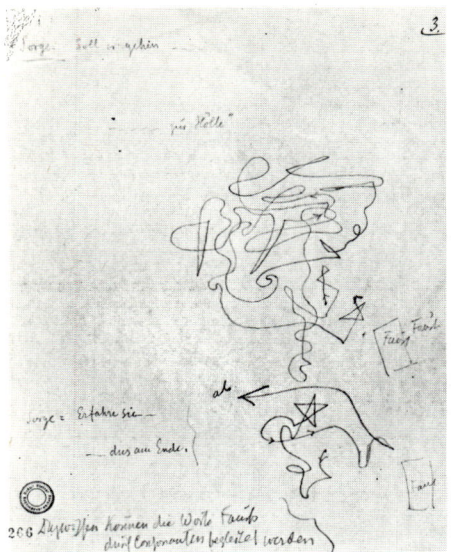

Eurythmieform Rudolf Steiners für ›Die Sorge‹
(Faust II)

nicht nur inhaltlich, sondern dem Stile nach der höheren Kunstform auch in den Faust hineingeheimnißt hat, das komme auf diese Art von Dingelstedt etwa heraus; dann wird die Sache sehr leicht opernhaft. Auf der anderen Seite: bleibt man bei der schauspielerischen Darstellung etwa – ich erinnere mich an die Wilbrandtsche Darstellung, oder an andere –, so kann sehr leicht das eintreten, daß gerade solche Szenen, die so tief in die menschliche Seele hineinleuchten, wie diese Sorge-Szene, leer und armselig bleiben.

Gerade die Art, wie durch Eurythmie dasjenige, was Goethe so stilvoll im zweiten Teil des Faust, in dieser Dichtung, als das Allerreifste eigentlich versucht hat, zum Ausdruck zu bringen, gerade diese Art der eurythmischen Darstellung wird sich am besten dazu eignen, vielleicht durch die Eurythmie das herausholen zu lassen, was Goethe gemeint hat. Und deshalb wird man an der Darstellung dieser Szene solch einen Versuch machen können, zu zeigen, wie mit Zuhilfenahme der Eurythmie neben dem Schauspielerischen, aus diesen Künsten ein zusammenhängendes Ganzes wird entstehen können.«[11]

Das Geschehen steigert sich nun in der »Grablegung«. Mephisto läßt durch die Lemuren Fausts Grab herrichten. Als »schlotternde Lemuren, aus Bändern, Sehnen und Gebein geflickte Halbnaturen« beschreibt Goethe sie. In dieser Weise müssen sie auch ihre eurythmischen Lautgebärden führen. Wir sehen dann Fausts Tod. Anschließend den Kampf zwischen Himmel und Hölle um sein Unsterbliches, seine Entelechie: Mephisto ruft die Höllengeister, um Fausts Seele zu gewinnen. Goethes szenarische Bemerkung lautet: »Der gräuliche Höllenrachen tut sich links auf«, und heraus kommen die Dick- und Dünnteufel.

Rudolf Steiner beschreibt sie: »Dickteufel, die als geistige Wesen eine gewisse Schwere haben, dickbäuchige Gäuche mit riesig dicken Leibern, plump. Sie müssen gewaltige Kräfte in ihrem untersetzten Körper haben. Daher haben sie diejenigen Gliedmaßen, welche mehr vergeistigt sind, klein. Sie würden in Wirklichkeit auch kleine Hände, Stumpfe, Armstumpfe haben. Die Nase, die zum Horn geworden ist bei den Teufeln, sie geht ins Schwere, sie ist also mit der Stirn zusammen zum schweren Organ, das den Menschen nicht mit der Luft verbindet, sondern das durch Eigenschwere wirkt, gestaltet.« Die Dürrteufel: »Die müssen ganz dünne Kerle sein, wiederum schwer darzustellen! Ganz dünn, und alles geistig geworden, also Nase und Stirn zu einem Horn vereinigt, welches die Materie möglichst überwindet, in teuflischer Art überwindet, also krumm und lang, weil sie es erreichen sollen, recht geistig zu werden, die Erdenschwere ganz zu überwinden. Daher sind sie ›Firlefanze‹, so wie Drehkreisel, bewegen sich rasch wie Drehkreisel.«[12]

In den größten Höllenlärm hinein erscheint eine Rosen streuende Engelschar. Wie im »Prolog« werden auch in dieser Szene bei Mephistos Worten von den Engeln die »Gegenlaute« ausgeführt. Durch die Rosen werden die Teufel vertrieben, und die Engel können mit Fausts Unsterblichem entschweben – der Sieg des Guten über das Böse, verkörpert durch die reine Liebeskraft in Gestalt der Rose.

Weitere Szenenbilder

Die Einstudierungen der Faust-Szenen nahmen ihren Fortgang. Die Auswahl der verschiedenen Bilder werden sich nach den äußeren Gegebenheiten gerichtet haben. Außer einigen Wiederholungen kam unter anderem die erste Szene aus dem 5. Akt.: »Philemon und Baucis« schauspielerisch zur Aufführung; ebenso der »Osterspaziergang« und das zweite Studierzimmer mit der Pudelszene und dem Geisterchor (2. Oktober 1916). Mit dem »Geisterchor« stellt sich für die Eurythmie wieder eine neue Aufgabe: »Schwindet ihr dunklen Wölbungen droben«, diesen streng nach dem Rhythmus (adonisches Versmaß) auszuführen.

Eine völlig neue Gestaltung überraschte, indem die Szene mit Gretchen vor dem Andachtsbild der »Mater dolorosa« und diejenige im »Dom« mit der Stimme des »Bösen Geistes« nicht als Sprechrolle, sondern in eurythmisch bewegter Weise wiedergegeben wurde; der »Böse Geist« hinter Gretchen erhöht auf einem Podest stehend (4. November). Am 27. November wurden beide Bilder aufgeführt. Marie Steiner rezitierte beide Szenen. In der Gesamtaufführung später wurden diese Szenen schauspielerisch dargestellt, außer der Gestalt des »Bösen Geistes«.

Die »Romantische Walpurgisnacht« (30. April: Tag der Walpurgisnacht) eröffnete wieder neue Charakterisierungsmöglichkeiten für die Eurythmie: die Irrlichter, Hexen und Hexeriche. Eine kleine Szene zu Beginn des zweiten Aktes ist noch zu erwähnen, der Chor der Insekten im »Studierzimmer« mit Mephistopheles: »Willkommen, willkommen du alter

Patron« mit genauen Angaben für die Lautgestaltung mit Armen und Fingern; außerdem Angaben für Kopfbewegungen und Sprünge.

In der nächsten Szene, im »Laboratorium«, ist Wagner im Begriff, dem Homunkulus in einer Phiole zur Menschwerdung zu verhelfen. Was die Figur des Homunkulus betrifft, erwähnen wir sie nur in ihrer Wichtigkeit, ohne auf sie einzugehen, da dies nicht unsere Aufgabe erfordert.

Höhepunkt in gewisser Weise war die Einstudierung der »Klassischen Walpurgisnacht« (2. Akt des zweiten Teiles). Die Szenen in den »Pharsalischen Feldern« und am »Peneios« kamen am 10. Dezember 1917, die übrigen erst ein Jahr später zur Aufführung.

Faust mit Mephisto auf der Suche nach Helena erlebt in der griechischen Welt ein entsprechendes Geschehen wie in der »Romantischen Walpurgisnacht«.

Erichtho, eine thessalische Zauberin, eröffnet die Vorgänge der »Klassischen Walpurgisnacht«. Fausts Weg führt vorbei an den Sphingen, den Greifen, den Sirenen, den Ameisen zum Peneios, umgeben von Gewässern und Nymphen. Dort begegnet er Chiron, der ihn zu der Seherin Manto geleitet.

In der nächsten Szene »Am obern Peneios« offenbaren sich Naturgewalten, vielgestaltig, wesenhaft. Ein Erdbeben erschüttert das Ganze. Es entsteht ein Kampf um die Schätze der Erde zwischen den Ameisen, Pygmäen, Arimaspen und Daktylen. Alle diese Gestalten hatten die Aufgabe, ihr Wesen durch die eurythmische Lautgebärde auszudrücken. Sie wurden von Kindern dargestellt.

Seit einigen Jahren liegen zwei Leseproben dieser Szenen vom 20. und 23. August 1918 vor, die Rudolf Steiner mit den Künstlern abgehalten hat. Er hatte diesmal, auf Bitten, ausdrücklich die Erlaubnis gegeben, die ganze Probe mitzuschreiben.

Es gehörte zu Rudolf Steiners Arbeitsweise, bei jeder Neueinstudierung die Rollen vorzulesen oder vorzuspielen; das ist bekannt. Andererseits gab er nicht nur für die eurythmische Gestaltung genaue Anweisungen, sondern auch für die Kostüme zeichnete er Skizzen. Besonderen Wert legte er auf die Farbgebung. Ja, bis zum Schminken der einzelnen Gestalten und Wesen machte er bestimmte Angaben.

Auch Mephisto durchwandert diese Welt. Er hat mit den Lamien und der Empuse seine Abenteuer zu bestehen. »Anmutigst« erscheinen sie; in vielfältigen Metamorphosen offenbaren sie ihre Häßlichkeit. Oreas, einer Felsennymphe, begegnet er, dann der Dryas, einer Baumnymphe, die ihn zu den Phorkyaden weist, den Urbildern der Häßlichkeit. Alles eurythmische Rollen!

Als Repräsentanten zweier Naturanschauungen treten die Philosophen Anaxagoras und Thales auf; auch sie wiederum eurythmisch dargestellt. Anaxagoras das feurige Element, Thales das wäßrige offenbarend.

Nach einigen Aufführungen im September 1918 und im Januar 1919 leitete Rudolf Steiner am 2. Februar die letzte Szene der »Klassischen Walpurgisnacht« vor geladenen Gästen durch folgende Worte ein: »Bevor wir mit der Aufführung der Goetheschen Szene beginnen, darf ich mir wohl erlauben, alle die verehrten Gäste, welche diesen unseren Versuch, eine – wie man wohl von einem gewissen Gesichtspunkte aus sagen kann –

bedeutungsvolle Dichtung dramatisch darzustellen, mit ihrem Interesse beehren wollen, herzlichst im Namen der Veranstalter willkommen zu heißen.

Dasjenige, was wir zur Darstellung bringen wollen, ist der Schluß des zweiten Aktes des Goetheschen zweiten Teiles des Faust, der Schluß der sogenannten Klassischen Walpurgisnacht. Von einem gewissen Gesichtspunkte aus, erlaubte ich mir schon zu bemerken, kann man gerade der Anschauung sein, daß diese Dichtung *Goethes* sowohl auf der einen Seite für die Erkenntnis des Goetheschen Geistes und der Goetheschen Geistesart, wie auch auf der anderen Seite für die Anschauung der dichterischen Kraft der Menschheit eine ganz besondere Rolle spielt. Wer sich tiefer einläßt auf die Betrachtung dieser Episode aus dem so nach allen möglichen Richtungen hin reichen zweiten Teil von Goethes Faust, der wird nur zu bestätigt finden, was Goethe zu seinem Freunde und Hausgenossen *Eckermann* über den zweiten Teil des Faust überhaupt sagte. Goethe sprach da einmal dasjenige, was mit Bezug auf diesen zweiten Teil des Faust so wichtig ist zu berücksichtigen, mit den folgenden Worten aus. Er sagte zu Eckermann, er habe in den zweiten Teil seines Faust viel, viel hineingeheimnißt, was der Eingeweihte, der nach den tieferen Gründen dieser Dichtung sucht, wohl finden und bemerken werde. Allein, er habe auch gesucht, durch die Ausgestaltung des Bildhaften für das naive Gemüt so zu wirken, daß man durchaus die tieferen Geheimnisse nicht braucht, wenn man die bloße Bilderfolge auf der Bühne rein gefühlsmäßig beobachten will.

Aber damit weist Goethe überhaupt auf eine Eigentümlichkeit einer solchen Szene hin, wie die nachher aufzuführende ist, und wie sie sich recht zahlreich gerade im zweiten Teil seines Faust finden. Wer versucht, nun wirklich das auch zu finden, was Goethe glaubte in diese Szene hineingeheimnißt zu haben, und wer auf der anderen Seite einen freien, offenen ästhetischen Sinn hat, um wirklich dramatisch und künstlerisch gegenständlich Gewordenes unmittelbar auf sich wirken zu lassen, der wird gerade vor einer solchen Szene so stehen, daß er sich sagt: Hier ist einmal in einer Dichtung grandios zum Ausdrucke gekommen höchstes menschliches Erkenntnisstreben, wahrhafteste menschliche Weisheitsanschauung, und nach der anderen Seite ganz unmittelbare Kunst. – Dadurch, daß man es zu tun hat mit der Ausgestaltung eines höchsten menschlichen Erkenntnisstrebens, wurde unter Goethes eindringlicher, dichterischer Kraft ein solches Gedicht nicht zum Lehrgedicht, nicht zum trockenen, nüchternen Lehrgedicht. Auf der anderen Seite aber fällt auch alles bloß ästhetisch Spielerische fort durch die Dichtung, die überall durchdrungen ist von menschlicher Einsicht, von ehrlichstem, aufrichtigstem Streben vor allen Dingen nach dem – das ist ja das Bedeutungsvolle im Faust –, was man nennen kann menschliche Selbsterkenntnis und Selbsterfassung.

Und das ist das Bedeutungsvolle einer solchen Schöpfung Goethes, daß man an ihr sieht, wie diese Goethe-Persönlichkeit im höchsten Sinne des Wortes durch und durch in ihrem Wahrheitsstreben und in ihrem künstlerischen Schaffen absolut ehrlich ist und absolut ehrlich, innerlichst ehrlich glaubt an die Möglichkeit, immer und immer neue Offenbarungen in der Seele zu empfangen, je weiter man im Leben vorrückt. Goethe gehörte zu denjenigen Persönlichkeiten, die tief innersten Glauben an das Leben hatten, die gewissermaßen überzeugt sind davon, daß, je älter sie werden, desto reichlicher und reichlicher in ihr Seelisches die Offenbarungen der Weltengeheimnisse fließen. Darum ist es so laut sprechend sowohl für Goethes Geist wie für den Geist der Menschheit überhaupt in ihrer Eigentümlichkeit, daß Goethe eine solche Szene, wie wir sie nun vorführen wollen, im Zustande seiner höchsten Reife, wenige Jahre vor seinem Tode, als einen Teil derjenigen Dichtung niedergeschrieben hat, die ihn damals bereits seit sechs Jahrzehnten beschäftigte.«[13]

Faust II, Felsbuchten des Ägäischen Meeres, Mond im Zenith verharrend

»*Sirenen* auf den Klippen umher gelagert, flötend und singend. *Nereiden* und *Tritonen* als Meerwunder.
Nereus; Telchinen von *Rhodus* auf Hippokampen und Meerdrachen, Neptunens Dreizack handhabend.
Psyllen und *Marsen* auf Meerestieren, Meerkälbern und Widdern.
Doriden im Chor am Nereus vorbeiziehend, sämtlich auf Delphinen [mit den Jünglingen, die vor ihnen gerettet wurden].
Galatee auf dem Muschelwagen nähert sich.
Proteus [sich ewig wandelnd], in Gestalt einer Riesenschildkröte [von einem Kind auf dem Bauche kriechend dargestellt und mit den Beinchen eurythmisierend]: ›Was leuchtet so anmutig schön?‹«

Diese ganze Szene war ein vollkommen eurythmisch bewegtes Bild. Die Vielgestaltigkeit der rhythmischen Sprache fordert unmittelbar zur Wiedergabe durch die Bewegung auf. Auch hier verlangte der eurythmisch-dramatische Ablauf seine Unterstützung durch Musik.

Goethe sagte am 24. Januar 1830 zu Eckermann: »Die mythologischen Figuren, die sich bei der »Klassischen Walpurgisnacht« zudrängen, sind eine Unzahl; aber ich hüte mich und nehme nur solche, die bildlich den gehörigen Eindruck machen. Wenn ich mich fleißig dazu halte, kann ich in ein paar Monaten mit der ›Walpurgisnacht‹ fertig sein . . .« – Vorher, am 6. Mai 1827, aber: »Je inkommensurabler und für den Verstand unfaßlicher eine poetische Produktion, desto besser.«

Faust II, Helena-Szene

Der noch nicht erwähnte 3. Akt des zweiten Teiles wurde zu Lebzeiten Rudolf Steiners weder einstudiert noch aufgeführt. Anzunehmen ist, daß für die Rolle der Helena zu jener Zeit keine geeignete Darstellerin zur Verfügung stand. Erst nach dem Dramatischen Kurs

Faust II, 2. Akt, Ägäisches Meer   Faust II, 3. Akt, Helena-Szene

1924 und als der Sprechchor gebildet war, konnte durch Marie Steiners Regie diese Aufgabe gelöst werden.

Szenarische Bemerkung: »Vor dem Palaste des Menelas zu Sparta. Helena tritt auf und Chor gefangener Trojanerinnen, Panthalis Chorführerin.« Als klassisch-romantische Phantasmagorie (Geisterbeschwörung) bezeichnet Goethe den 3. Akt. Schröer schreibt: »Faust ist von Sehnsucht nach der Antike, nach Helena getrieben, am Eingang zur Unterwelt verschwunden, und hier tritt nun Helena, wie sie aus der Dichtung uns vor dem Geiste steht, vor uns hin, wie in einer griechischen Tragödie, im Augenblicke ihrer Heimkehr von Troja. Das Versmaß ist der jambische Trimeter der griechischen Tragödie, den Goethe zuweilen anwendet.«

Rudolf Steiner hatte die erste Szene schon für die Bühne eingerichtet. Helena schauspielerisch, der Chor der gefangenen Trojanerinnen rein eurythmisch; auch die Gestalt der Phorkyas.

Wie aber hat er nun diese erste Szene gestaltet? Helena in einem leuchtend gelben Gewand in der Mitte des Bühnenraumes stehend, umgeben von dem Chor der gefangenen Trojanerinnen. Links von ihr ein Halbchor (fünf Eurythmistinnen) in blauen, auf der rechten Seite ein Halbchor (fünf Eurythmistinnen) in roten Gewändern. Die blauen bewegen sich in konsonantischen Gebärden, die roten in vokalischen.

Hier erwuchs für den Chor eine besondere Aufgabe: In die Führung der eurythmischen Gebärde mußte das klassisch-griechische Element aufgenommen werden. Das in der Bewegung gestaltete Versmaß bildete das Fundament für das Ganze. Man höre zum Beispiel: »Verschmähe nicht, o herrliche Frau...« jambisch, im Gegensatz zu der Schilderung in dem Chor: »Vieles erlebt ich, obgleich die Locke / jugendlich wallet mir um die Schläfe...« daktylisch. – Phorkyas (Mephisto) von Mephisto gesprochen, erscheint in eurythmischer Darstellung. – Phorkyas versucht Helena und deren Dienerinnen durch die Schilderung der zu erwartenden Hinrichtung in Angst zu versetzen. Doch weiß sie einen Ausweg.

Ein Zauber verwandelt die Szenerie in einen mittelalterlichen Burghof. Und dort endlich findet Faust Helena.

Die Phantasmagorie nimmt ihren Fortgang. »Der Schauplatz verwandelt sich durchaus. An eine Reihe von Felsenhöhlen lehnen sich geschlossene Lauben. Schattiger Hain bis an die rings umgebenden Felsenteile hinan. Faust und Helena werden nicht gesehen. Der Chor liegt schlafend verteilt umher« – Arkadien! – Phorkyas weckt die Mädchen und erzählt ihnen von der Verbindung Fausts mit Helena, der ein Knabe entsprossen ist: Euphorion, welcher gleich nach der Geburt zu einem geniushaften Wesen heranwächst.

Zu Eckermann äußerte sich Goethe über dieses Wesen: »Der Euphorion ist kein menschliches, sondern ein allegorisches Wesen. Es ist in ihm die Poesie personifiziert, die an keine Zeit, an keinen Ort und an keine Person gebunden ist.«

Diese so wunderbar phantasievolle Schöpfung Goethes kommt durch die Eurythmie wiederum zur lebendigen Anschauung. – Das dramatische Geschehen endet mit dem Todessturz Euphorions. In dem folgenden Trauergesang des Chores: »Nicht allein, wo du auch weilest...« verherrlicht Goethe den für Griechenland kämpfenden und dort gefallenen Dichter Lord Byron. – Der Zauber löst sich. Helena entschwindet wieder in die Unterwelt wie Euphorion. Fausts Gestalt wird von Wolken fortgetragen. Panthalis folgt ihrer Herrin. Die Trojanerinnen verwandeln sich in Elementarwesen. Ein Teil in Dryaden, ein anderer in Oreaden, wieder andere in Najaden und die letzten werden zu Nymphen des Weinstocks. Ein dionysisches Bacchanal beendet den Akt. Phorkyas gibt sich zuletzt als Mephistopheles zu erkennen.

Als Allerletztes entstand das »Intermezzo«: Der »Walpurgisnachtstraum« oder »Oberon und Titanias goldene Hochzeit«, angeschlossen an die »Romantische Walpurgisnacht« im I. Teil des Faust. Dieser wurde erst ein Jahr nach der Gesamtaufführung 1938 von Marie Steiner inszeniert, teils eurythmisch, teils schauspielerisch. Alles Elementare, wie Oberon und Titania, Puck, Elfen, Grillen, Mücken, Fliegen, Xenien, Dudelsack, Pärchen, Sternschnuppe, Irrlichter, Windfahne, war poetisch phantasievoll in Bewegung und Kostüm zu kreieren im Gegensatz zu den schauspielerisch agierenden Personen: Die Zeit Goethes in der Persiflage, getaucht in den liebenswürdig-poetischen Hauch einer Traumwelt.

Erwähnung fanden hier nur diejenigen Szenen, die eurythmisch-dramatisch zur Bühnengestaltung gelangten. Diese Einstudierungen bilden bis zum heutigen Tag die Grundlage der Faust-Festspiele im Goetheanum.

Szenen aus Shakespeares »Ein Sommernachtstraum«

Auch eine andere klassische Dichtung der Weltliteratur bot für die Eurythmie die poetischsten Szenen: Shakespeares »Sommernachtstraum«. Die Zauberwelt der Elementarwesen zur Hochsommerzeit, zu Johanni zu gestalten, gab der Eurythmie wieder neue Impulse. Am 24. Juni 1923 kam ein Programm zur Aufführung, das in seinem ganzen Aufbau »Johannistimmung« atmet. Rudolf Steiner führte dieses Programm mit einer langen Ansprache ein. Zum Schluß sagte er: »Es kann sonderbar erscheinen, daß gerade aus einem Künstlerischen auch ein Anlauf genommen wird zu einem solchen Experiment im Menschheitsfortschritt. Allein, immer war das Künstlerische etwas, was am intensivsten mitzuwirken hatte, die Menschheit epochenweise, Stück für Stück vorwärtszuschieben. So darf schon einmal Eurythmie auch versuchen, etwas dazu beizutragen, daß wir als gegenwärtige Menschheit über den Materialismus hinauskommen, aus ihm in eine spirituellere, geistigere Atmosphäre kommen. Dahin darf wirklich gerade die Johannistimmung zielen, jene Johannistimmung, durch welche immer, wo sie ursprünglich vorhanden war, das Ziel verfolgt wurde, den Menschen aus dem irdischen Leben herauszureißen durch jene Wärme, welche ausgegossen worden war wie aus dem Weltenall herein von der Sonne auf die Erde,

Dornach, 24. Juni 1923 (Johanni)
und 1. Juli 1923

PROGRAMM

Merkurauftakt	Musik: Leopold van der Pals
Aus « Die Pforte der Einweihung», 7. Bild	Rudolf Steiner
Nocturne, b-moll, Op. 9, Nr. 1	Fr. Chopin
Zueignung	Novalis
Davidsbündler Tanz, Op. 6, Nr. 11	Robert Schumann
Johannispruch	Rudolf Steiner
Davidsbündler Tanz, Op. 6, Nr. 2	Robert Schumann
Lebenslied	Robert Hamerling
Wanderers Sturmlied	J. W. v. Goethe
Aus « Ein Sommernachtstraum»	W. Shakespeare

Elfe, Droll, Oberon, Titania, Thisbe, Pyramus, Elfen

durch jenes Licht, das den höchsten Stand hatte innerhalb der Sommermitte, da wo der Mensch sich bewußt werden konnte, wie er als Menschenwesen eingeschlossen ist zwischen einem Kosmischen, einem Hereinströmenden, und nicht bloß einem von unten Heraufkommenden. Diese Johannistimmung, die immer dazu verwendet worden ist, dem Menschen das Bewußtsein zu geben, daß er ein kosmisches, nicht bloß ein irdisches Wesen ist, kann auch dazu verwendet werden in der heutigen Menschheit, hinauszustreben von der Erde. Und das kann am besten durch diejenigen Mittel geschehen, die von vornherein aus einer geistigen Vertiefung unseres gegenwärtigen Zivilisationslebens hervorgehen, und eines dieser Mittel will Eurythmie sein. Daher gestatten Sie es, daß wir gerade heute in der Eurythmie versuchen, Johannistimmung zu entwickeln...«[14]

Höhepunkt dieses Programmes bilden die Elfenszenen, verbunden mit einführenden und überführenden musikalischen Motiven, komponiert von Jan Stuten. Auch Pyramus und Thisbe treten neben den Elfen in Erscheinung. Man sieht auch hier: Rudolf Steiner legte besonderen Wert auf das Humoristische, diese Note durfte in keinem Programm fehlen. Elfe, Puck und die Elfengruppe bekamen neue Bewegungsaufgaben für ihre Elementargestalten. Die Elfen eine besondere Bewegung für den Kopf; die erste Elfe das graziöse rechts- und links-seitliche Biegen des Oberkörpers; der Puck Angaben für die Fingerhaltung, für eine Kopfbewegung und eine besondere Art von Sprüngen.

Marie Steiner stellte später alle Elfenszenen zusammen, so konnten diese am 2. November 1924 in Berlin im Lessing-Theater aufgeführt werden. Seitdem gehörten sie zum Repertoire des Eurythmie-Ensembles. Nicht nur in deutscher Übersetzung, auch im Originaltext kamen sie wiederholt zur Aufführung.

Aus einem anderen Shakespeare-Drama, »Der Sturm« (The Tempest), konnten die Lieder des Luftgeists Ariel ihrem Element entsprechend eurythmisiert werden. So wurden die drei Ariel-Songs »Come into these jellow sands...«, »Full fathom five...« und »Where the bee sucks...« in englischer und in deutscher Sprache aufgeführt.

> The Fairy Life
>
> Where the bee sucks, there suck I:
> In a cowlip's bell I lie;
> There I couch when owls do cry.
> On the bat's back I do fly
> After summer merrily:
> Merrily, merrily, shall I live now,
> Under the blossom that hangs on the bough.
>
> Aus »The Tempest«, V, 1, von Shakespeare

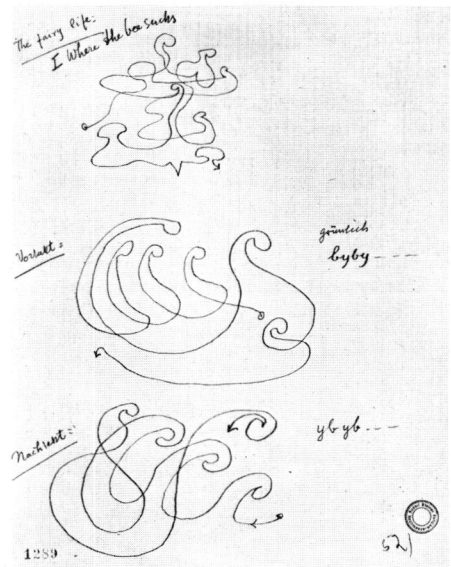

Eurythmieform Rudolf Steiners zu ›The fairy life‹
(The Tempest)

Dramatische Eurythmie

In den fast dreihundert Vorreden zu Eurythmie-Aufführungen äußert Rudolf Steiner seit dem Jahre 1920 des öfteren, daß er sich bemühe, die Eurythmie auch auf das rein Dramatische auszudehnen: »Seit längerer Zeit schon beschäftigt mich die Frage, wie man das Dramatische zum Beispiel zum Ausdrucke bringt. Wir können jetzt bloß das Epische und das Lyrische zum Ausdrucke bringen und das eigentlich Dramatische, wenn es Übersinnliches zum Ausdrucke bringt. Sie werden das heute gerade dargestellt finden, Dramatik, die Übersinnliches zum Ausdrucke bringt, in einem Stück eines meiner Mysteriendramen. Das Übersinnliche kann man auch im Drama adäquat eurythmisch darstellen. Aber das gewöhnliche Dramatische, das sozusagen auf dem Boden der Sinnenwelt spielt, ist etwas, was ich mir als Problem vorgesetzt habe, wozu wir auch noch die eurythmischen Formen finden werden. Sie sehen, es ist alles noch im Flusse.«[15] Später liegen für eine Szene aus »Agamemnon« von Aischylos Formen für »Drei Greise und Kassandra« vor. Doch nie hat Rudolf Steiner diese Szene auf die Bühne gebracht. Man könnte annehmen, es sei ein erster Versuch seines Bemühens um die rein dramatische Eurythmie, da es sich um eine in der realen Welt spielenden Szene handelt. – Das rein Dramatische der Eurythmie konnte so nicht mehr gegeben werden. Die Zeit ließ es nicht zu. Aber es kamen die Schauspieler nach Dornach, für die Rudolf Steiner mit Marie Steiner den Dramatischen Kurs von neunzehn Vorträgen gab.

Die erwähnte Szene wurde erst nach Rudolf Steiners Hinscheiden von Marie Steiner für eine Arbeit mit drei Eurythmisten aufgegriffen. Es sollte daran der Stil der »Männer-Eurythmie« ausgearbeitet werden.

Eurythmisch-dramatische Darstellungen im Goetheanum

Am 26. September 1920 konnte das erste Goetheanum eröffnet werden. »Die eurythmische Kunst schien im Goetheaum-Bau besonders zur Geltung zu kommen« – so Rudolf Steiner in seiner Schrift: »Das Goetheanum in seinen zehn Jahren«.[16] Die Ankündigungen der Programme bringen unter anderem »Dramatische Szenen«, »Mysterien-Bilder-Szenen«, »Impressionen«, »Imaginationen«.

Blicken wir zurück auf das Jahr 1913 in München, als die ersten eurythmischen Ergebnisse vorgeführt wurden und die Eurythmie schon 1912 mit einbezogen wurde in das dritte Mysteriendrama. Waren es damals die ersten Versuche, Übersinnliches zur Anschauung zu bringen, so wurden jetzt ganze Szenenbilder wie das achte, »Ahrimans Reich«, aus »Der Hüter der Schwelle« für die Bühne des Goetheanums eingerichtet. Ahriman und zwölf

Szene aus dem 4. Mysteriendrama: ›Der Seelen Erwachen‹, 4. Bild

Seelen, die im Schlafe Ahrimans Reich betreten: die sechs Bürger und Bürgerinnen des ersten Bildes. Wieder in der Formgebung etwas Neues. Rudolf Steiner: »Man wird in diesem Ahriman etwas finden wie eine Gestalt, die anklingt an Goethes Mephistopheles; aber die Ahrimangestalt geht durch alle Zeiten menschlicher Geistesentwicklung und kann auch durchaus in unserer Zeit lebendig empfunden werden.« (26. März 1922)

Aus dem letzten Drama »Der Seelen Erwachen« wird das zweite Bild weiter ausgestaltet. Zu den Elementarwesen kommen hinzu die Seelenkräfte Philia, Astrid, Luna und die andere Philia, Luzifer und der Geist von Johannes' Jugend. In der Einführung sagt Rudolf Steiner darüber:[17] »Es wird zuerst ein zweifacher Chor auftreten: ein Chor von gnomenartigen Gestalten und ein Chor von sylphenartigen Gestalten. Der Gnomenchor hat den Sinn, zu zeigen, wie in der Seele des Johannes Thomasius diejenigen Seelenkräfte wirksam sind, die mehr nach der Verstandesseite hin liegen; der Sylphenchor, wie diejenigen Seelenkräfte wirksam sind, die mehr nach der Gefühls- und Gemütsseite hin liegen ...

Wenn aber der Mensch in einer wirklichen Selbstschau darinnensteht, wie das bei Johannes Thomasius der Fall ist, dann kommt er auch in gewissen Momenten seines Lebens der Natur ganz besonders nahe; er fühlt sich dann der Natur gewissermaßen ganz besonders verbunden. Und diese Verbundenheit soll dargestellt werden durch den Gnomenchor, gerade durch das, was aus der Natur heraus sich offenbart wie ein Walten von rein verstandesmäßig, schlau-ironischen Mächten, und durch den Sylphenchor, der alles dasjenige offenbart, was an Seelenkräften, an Gemütskräften in die Natur hinein sich denken läßt, wenn man an das Innere der Natur sich erinnert: die Seelenhaftigkeit.«

Und weiter über die Seelenkräfte: »Dann treten drei Gestalten auf, die durch eine vierte ergänzt werden: Philia, Astrid, Luna und die andere Philia. Diese Gestalten treten aus dem Grunde auf, weil vor Augen geführt werden soll, wiederum nicht in symbolischer Weise, sondern eben so, wie sich so etwas vor dem erkennenden, übersinnlichen Schauen ausnimmt. Vor Augen geführt werden soll, was durch Johannes Thomasius bei der Selbstschau wirkt. Was, ich möchte sagen, Erlebtes für die Menschenseele ist, drückt sich aus durch dasjenige, was in der Gestalt der Philia wirkt. In der Gestalt der Astrid drückt sich dasjenige aus, was weisheitsvoll die Seele durchglüht. Und in der Gestalt der Luna alles dasjenige, was Charakterfestigkeit darstellt, was an die Charakterfestigkeit appelliert. In der anderen Philia drückt sich schon etwas luziferisch aus, was den Menschen aus seinen Seelenkräften heraus, ich möchte sagen, über seinen eigenen Kopf in ein mystisches Schwelgen hineinzuführen droht. Alle diese Seelenwesen kommen in Betracht, wenn der Mensch vor einer wahren Selbstschau steht.

Wiederum ... steht vor uns der Geist von Johannes' Jugend, das heißt, der jugendliche Johannes selber, aber für Johannes so objektiv geworden wie eine äußere Wesenheit, so daß sie für ihn, diese Jugend, besondere Schicksale hat. Sie kommt in ein Verhältnis zu der luziferischen Welt, die durch Luzifer repräsentiert auftritt. So wird das Seelenleben des Johannes in einem bestimmten Momente festgehalten, bühnenmäßig dramatisch vorgeführt.«

In einer nächsten Szene aus »Der Seelen Erwachen« (4. Bild), der Doppelgängerszene, gab Rudolf Steiner für die Gestalten, die Johannes Thomasius in seiner Selbstschau erlebt, strenge Stilisierungen. »Nun zeigt die Szene, wie dem Johannes Thomasius, weil in seinem Gedächtnis alles dasjenige aufsteigt, was er erlebt hat mit lieben Freunden, Capesius, Strader und so weiter, dieses in seiner Seele sich so vertieft, daß es ihm in der Gestalt des Doppelgängers erscheint, daß seine eigene Jugend vor ihm auftritt, daß dasjenige, was man den Hüter der Schwelle nennt, jenen Hüter, vor dem der Mensch steht, wenn er in die geistige Welt eintritt, erscheint, daß die andere Gestalt, die Gestalt des Ahriman, die Verkörperung des Schlauen, des Bösen auftritt. Es sind innere Vorgänge, die in der Seele des Johannes Thomasius selber erlebt werden. Alles dasjenige, was ins Übersinnliche hinaufweist, wird in Eurythmie dargestellt und von Frau Dr. Steiner deklamiert. Der Johannes Thomasius selbst aber als naturalistische Figur wird bühnenmäßig gespielt werden, denn alles dasjenige, was naturalistisch gefaßt ist, muß auch bühnenmäßig zum Ausdrucke kommen. Dagegen alles dasjenige, was ins Übersinnliche spielt, kann gerade durch die Eurythmie in einer höheren Weise zur Vorführung kommen.«[18]

Der Menschheitsrepräsentant zwischen Luzifer und Ahriman. Holzplastik Rudolf Steiners
(Höhe 9 m – unvollendet) im noch nicht ausgebauten Goetheanumbau

Überraschend finden wir innerhalb dieser Dramen eine Form der Dichtung, der wir auch sonst im Leben begegnen, die in poetischen Bildern einen Übergang schafft aus dem Alltäglichen zu der Geistwelt. Es sind *Märchen*, die sonst als Erzählung in Dichtungen zu finden sind, aber hier in den Dramen an entscheidenden Stellen den Fortgang der Handlung bewirken; Märchen, die Felicia Balde erzählt: »Das Märchen vom Lieben und Hassen« (»Die Pforte der Einweihung«, 4. Bild), »Das Märchen vom Quellenwunder« (»Die Prüfung der Seele«, 5. Bild), »Woher kommt das Böse?« (»Die Prüfung der Seele«, 9. Bild), »Das Märchen von der Phantasie« (»Der Hüter der Schwelle«, 6. Bild).

Diese vier Märchen erstanden in eurythmisch bewegten Bildern. »Sie werden zwar sehen, daß Dichtungen, die selbst schon als Impressionen gedacht sind, wie das ›Quellenwunder‹, die also schon Eurythmisches in sich haben, sich besonders, ich möchte sagen, wie selbstverständlich in Eurythmie umsetzen lassen.«[19]

Als in der Silvesternacht 1922 auf 1923 das Goetheanum in Flammen aufging, konnten die bereits für den Sommer 1923 angekündigten Aufführungen der Mysteriendramen nicht stattfinden. Erst nach Rudolf Steiners Tod wurden diese zur Eröffnung des zweiten Goetheanums im Herbst 1928 aufgeführt.

Die letzte Eurythmieveranstaltung am 31. Dezember 1922 begann mit dem »Prolog im Himmel«. Merkwürdig, im wahrsten Sinne des Wortes, mutet es einen im Rückblick auf das

Das zweite Goetheanum kurz vor seiner Fertigstellung im Frühjahr 1928

nicht in Worte zu fassende Unglück an, wenn man zu Beginn des zweiten Programmteiles das Gedicht »Zum neuen Jahr« von Wladimir Solowjow stehen sieht: »Neuem Jahr begegnen immer neue Gräber...«

Zusammenfassend, was hier in Einzelheiten beschrieben worden ist, spricht sich Rudolf Steiner in Folgendem über die künstlerische Arbeit aus: »Wenn nun diese eurythmische Kunst auf der Bühne des Goetheanums auftrat, so sollte man das Gefühl haben, daß die ruhenden Formen der Innenarchitektur und der Plastik sich auf ganz naturgemäße Art zu den bewegten Menschen verhielten. Die erstern sollten die letztern gewissermaßen wohlgefällig in sich aufnehmen. Bau und eurythmische Bewegung sollten zu einem Ganzen verwachsen. Dieser Eindruck konnte noch erhöht werden, indem die Folge der eurythmischen Gestaltungen begleitet wurden von Lichtwirkungen, die im harmonischen Zusammenstrahlen und harmonischer Folge den Bühnenraum durchfluteten. Was da versucht wird, ist Licht-Eurythmie.

Und wenn die Bauformen der Bühne die eurythmischen Gestaltungen gleichsam als etwas zu ihnen Gehöriges aufnahmen, so diejenigen des Zuschauerraumes die parallel mit der Eurythmie auftretende Rezitation oder Deklamation, die von einem Sitze an der Seite der Bühne, da wo diese mit dem Zuschauerraum zusammenstößt, durch Marie Steiner erklangen. Vielleicht ist es nicht unzutreffend, zu sagen, der Zuhörer sollte in dem Bau selbst einen Genossen im Verstehen des gehörten Wortes oder Tones empfinden. Wenn man nicht mehr behaupten will, als daß eine solche Einheit von Bauform und Wort oder Musik *erstrebt* worden ist, so wird das Gesagte nicht allzu unbescheiden klingen. Denn keiner kann mehr überzeugt davon sein, daß dieses alles nur höchst unvollkommen erreicht worden ist, als ich selbst. Aber ich *habe* versucht, so zu gestalten, daß man fühlen konnte, wie die Bewegung des Wortes längs den Formen der Kapitäle und Architrave naturgemäß dahinlief.

Ich möchte damit nur andeuten, was man für einen solchen Bau *versuchen* kann: daß seine Formen das darin Dargestellte nicht bloß äußerlich umschließen, sondern es in lebendiger Einheit in sich im unmittelbaren Eindrucke *enthalten*.

Und würde ich damit *nur meine* Meinung aussprechen: ich hielte sie doch zurück. Aber ich habe das Gesagte von Andern gehört.

Ich weiß ja auch, daß ich die Formen des Baues aus der Seelenverfassung heraus empfindend gestaltet habe, aus der mir auch die Eurythmiebilder kommen.

Daß die Formen der Eurythmie fortlaufend im Erleben dessen gestaltet wurden, was im Zustandekommen der Bauformen erlebt werden konnte, wird nicht als ein Widerspruch gegen das Gesagte empfunden werden können. Denn so ist das Zusammenstimmen beider nicht durch eine verstandesmäßige Absicht erstrebt worden, sondern durch einen gleichgearteten künstlerischen Impuls entstanden. Wahrscheinlich hätte die Eurythmie nicht ohne die Arbeit am Bau gefunden werden können. Vor dem Baugedanken war sie nur in ihren ersten Anfängen vorhanden.

Die Unterweisungen für die seelische Gestaltung der bewegten Sprachformen wurde den Schülern zuerst in dem Saal gegeben, der in den Südflügel des Goetheanums eingebaut war. Die Innenarchitektur besonders dieses Saales sollte eine ruhende Eurythmie sein, wie die eurythmischen Bewegungen darinnen bewegte plastische Formen, aus dem gleichen Geiste gestaltet wie diese ruhenden Formen selbst.

In diesem Saale wurde am 31. Dezember zuerst der Rauch entdeckt, welcher von dem Feuerkeim herrührte, der in seinem Erwachsen das ganze Goetheanum zerstörte. Man fühlt, wenn man mit dem Bau in Liebe verbunden war, die unbarmherzigen Flammen schmerzend durch die Empfindungen dringen, die in die ruhenden Formen und in die darin versuchte Arbeit sich ergossen haben.«[20]

III Grundelemente der Eurythmie

Im Urbeginne war das Wort

Aus Rudolf Steiners erstem Vortrag[1] aus dem Zyklus über das Johannesevangelium, gehalten in Hamburg am 18. Mai 1908.

»Mit stummen Wesen beginnt unsere Welt, und nach und nach erst zeigen sich Wesen und erscheinen auf unserem Wohnplatz, welche die innersten Erlebnisse nach außen tönen lassen können, die des Wortes mächtig sind. Aber das, was vom Menschen heraus am spätesten erscheint, sagten sich die Bekenner der Logoslehre, war in der Welt selbst am frühesten da. Wir denken uns, der Mensch war in seiner heutigen Gestalt in früheren Erdzuständen noch nicht da, aber in unvollkommener, stummer Gestalt war er da und hat sich nach und nach bis zum logos- oder wortbegabten Wesen heraufentwickelt. Daß er das konnte, rührt davon her, daß das, was bei ihm zuletzt erscheint, das schöpferische Prinzip, in einer höheren Wirklichkeit von Anfang an da war. Was sich losringt aus der Seele, das war das göttliche schöpferische Prinzip im Anfang.

Das Wort, das aus der Seele tönt, der Logos, war im Anfang da, und der Logos hat die Entwicklung so gelenkt, daß zuletzt ein Wesen entstand, in dem er auch erscheinen konnte. Was zuletzt in der Zeit und im Raume erscheint, war im Geiste zuerst da. Wenn Sie einen Vergleich nehmen wollen, um sich das klarzumachen, so können Sie ungefähr sagen:

Hier habe ich diese Blume vor mir. Diese Blumenkrone, diese Blumenglocke, was war sie vor einiger Zeit? Es war ein kleines Samenkorn. Darinnen war der Möglichkeit nach diese weiße Blumenglocke. Wäre sie nicht der Möglichkeit nach darinnen gewesen, diese Blumenglocke hätte nicht entstehen können. Und woher kommt das Samenkorn? Es kommt wieder von einer solchen Blumenglocke her. Dem Samenkorn geht die Blüte voran, und so, wie die Blüte der Frucht vorangeht, so hat sich das Samenkorn, aus dem diese Blüte entstanden ist, herausentwickelt aus einer gleichen Pflanze. So betrachtete der Bekenner der Logoslehre den Menschen und sagte sich: Gehen wir zurück in der Entwicklung, so finden wir in früheren Zuständen den noch stummen Menschen, der nicht des Wortes fähig war. Aber wie der Same von der Blüte herkommt, so kommt der stumme Menschensame von dem sprechenden, wortbegabten Gotte im Urbeginn her. Wie das Maiglöckchen den Samen und der Same wieder das Maiglöckchen erzeugt, so erzeugt das göttliche Schöpferwort den stummen Menschensamen, und als das göttliche Schöpferwort hineinschlüpft in den stummen Menschensamen, um darin wieder aufzugehen, tönt aus dem Menschensamen das ursprüngliche göttliche Schöpferwort hervor. Gehen wir zurück in der Menschheitsent-wicklung, so treffen wir ein unvollkommenes Wesen, und die Entwicklung hat den Sinn, daß zuletzt als Blüte der Logos oder das Wort, welches das Innere der Seele enthüllt, erscheint. Es erscheint im Anfange der stumme Mensch als Samen des logosbegabten Menschen, und dieser geht hervor aus dem logosbegabten Gotte. Es entspringt der Mensch aus dem nicht wortbegabten, stummen Menschen, aber zuletzt ist *im Urbeginn der Logos oder das Wort.*

So dringt derjenige, der die Logoslehre im alten Sinne erkennt, vor zu dem göttlichen Schöpferwort, das der Urbeginn des Daseins ist, worauf der Schreiber des Johannesevangeliums im Anfange hinweist.«

»Könnten Sie das tanzen ...«

> Über ihr Gespräch mit Rudolf Steiner unmittelbar nach dem Vortrag
> gibt die Malerin *Margarita Woloschin* in ihren Lebenserinnerungen
> »Die grüne Schlange«[2] die folgende Schilderung:

»Im Mai dieses Jahres 1908 fuhren wir, mein Bruder und ich, nach Hamburg, wo Rudolf Steiner über das Johannesevangelium sprechen wollte... Die Vorträge fanden in dem kleinen weißen Saal eines bürgerlichen Hauses statt. Rudolf Steiner sprach an diesem ersten Abend über den Prolog des Johannesevangliums...

Nach dem Vortrag trat er zu mir und fragte: ›Könnten Sie das tanzen?‹ Ich war über diese Frage nicht erstaunt, weil ich von meiner Kindheit an das Bedürfnis hatte, jedes tiefere Erlebnis zu tanzen; und daß Rudolf Steiner »alles weiß«, davon war ich überzeugt. Ich antwortete ihm: ›Ich glaube, man könnte alles tanzen, was man fühlt.‹ – ›Aber auf das Gefühl kam es doch heute an!‹ Diesen Satz wiederholte er und blieb eine Weile vor mir stehen, indem er mich anschaute, als wenn er auf eine Frage wartete. Ich fragte ihn aber nicht. – Im Herbst desselben Jahres, es war in Berlin nach einem Vortrag über die Entsprechungen der Rhythmen im Kosmos und im Menschen, sagte er mir: ›Der Tanz ist ein selbständiger Rhythmus, eine Bewegung, deren Zentrum außerhalb des Menschen ist. Der Rhythmus des Tanzes führt zu den Urzeiten der Welt. Die Tänze unserer Zeit sind eine Degeneration der uralten Tempeltänze, durch welche die tiefsten Weltgeheimnisse erkannt wurden.‹ Und wieder stand er wartend vor mir, und wieder fragte ich nichts. Ich wußte damals nicht, daß die Worte eines Lehrers immer ein Hinweis sein wollen, ohne die Freiheit des Schülers anzutasten.

Worauf er wartete, verstand ich erst vier Jahre später, als er auf die Frage einer seiner Schülerinnen die Grundlage einer neuen Bewegungskunst darlegte. Die Frage mußte von einem Menschen gestellt werden, dann erst antwortete er... Jetzt begriff ich, was Rudolf Steiner damals meinte, als er mich nach dem Vortrag über den Prolog des Johannesevangliums fragte: ›Könnten Sie das tanzen?‹«

Dionysische Formelemente

Wovon im Wesen des Künstlerischen die Tanzkunst einmal ihren Ausgangspunkt genommen hat, wovon sie aber im Laufe der Zeit sich weit entfernt hat, dahin soll die Eurythmie wieder zurückführen.

Als Rudolf Steiner im Jahre 1908 in Hamburg nach dem ersten Vortrag über das Johannesevanglium einer jungen Künstlerpersönlichkeit die Frage gestellt hatte: »Könnten Sie das tanzen?«, lag in dieser Frage eine ganz bestimmte Erwartung. So auch etwas später in Berlin, als er, zu derselben Persönlichkeit gewandt, während des Vortragszyklus »Entsprechungen der Rhythmen im Kosmos und im Menschen« sagte: »Der Tanz ist ein selbständiger Rhythmus, eine Bewegung, deren Zentrum außerhalb des Menschen ist . . .«[3] Aber noch war es nicht an der Zeit, einen neuen Impuls für den Tanz verwirklichen zu können.

Erst einige Jahre später trat von einer anderen Seite an ihn die Frage heran, auf die er schon lange wartete. »Auf geisteswissenschaftlicher Grundlage«, so sagte Rudolf Steiner, »könnte man eine ganz neue Bewegungskunst inaugurieren« und »es würde sich aber um das *Wort* handeln, nicht um Musik.«[4] Die Erkenntnis des Menschenbildes aus der Anthroposophie heraus ist die Grundlage für die Eurythmie. Dieses ist es, das in sich einen unversiegbaren, lebendigen Quell birgt. Eine Übung, gegeben vor den ersten Unterweisungen, kann richtungweisend sein: »Stellen Sie sich aufrecht hin und vesuchen Sie, eine Säule zu empfinden, deren Fußpunkt der Ballen Ihrer Füße ist, und der Kopfpunkt Ihr eigener Kopf, Ihre Stirn ist. Und diese Säule lernen Sie empfinden als I. Das Gewicht ruht auf den Ballen, nicht auf dem ganzen Fuß. – Nun verlegen Sie den Kopfpunkt der Säule hinter den Fußpunkt, und das lernen Sie empfinden als A. – Neigen Sie den Kopfpunkt der Säule vor den Fußpunkt und lernen Sie so das O empfinden.«[5]

Im September 1912, als in Basel Vorträge über das Markusevangelium stattfanden, konnte Rudolf Steiner in einem Privathaus in der Nähe Basels einem kleinen Kreis von Menschen die ersten Anfangsgründe vermitteln. Marie von Sivers, die spätere Frau Dr. Steiner, war ebenfalls anwesend. Sie war es auch, die auf die Frage Rudolf Steiners am Schluß dieser Stunden den Namen *Eurythmie* für die neue Bewegungskunst vorschlug. Der Kursus hatte als Inhalt das sogenannte dionysische Element. Marie Steiner berichtet:[6] »Ich wurde aufgefordert, an diesen Stunden teilzunehmen; sie enthielten die ersten Elemente der Lautbildung und einige Übungen, die im wesentlichen dem pädagogischen Teil der eurythmischen Ausbildung eingereiht worden sind; die Grundlagen für Stehen, Schreiten, Laufen, einige besondere Haltungen und Stellungen, viele Stabübungen, das Taktieren und Rhythmus-Halten. Aus diesen Grundlagen heraus entwickelten einige junge Damen, die Schülerinnen der ersten Eurythmistin wurden, den pädagogischen Teil der Eurythmie; sie gingen dann über zur lautlichen Ausarbeitung von Gedichten. Das war die erste Phase der eurythmischen Ausbildung. Hin und wieder, wenn ihm etwas gezeigt wurde, gab Rudolf Steiner Ermahnungen und Korrekturen, antwortete auf Fragen.«

Skizzen Rudolf Steiners für die Eurythmiefiguren ›B‹ und ›S‹

zuerst ///// grau. Bewegung

dann ///// braun. Gefühl

gestellt ||||| schwarz Charakter

S

Die erste Lektion begann mit folgendem Satz: »Diese Bewegungskunst kann nur jemand ausführen, der anerkennt und in der Überzeugung lebt, daß der Mensch aus Leib, Seele und Geist besteht.«[7]

Welch eine Offenbarung muß es gewesen sein, die Gebärden für den Ausdruck der Laute zu erleben! Der Vokal drückt immer ein innerliches, seelisches Erlebnis aus, während der Konsonant in seiner Plastik Abbild von etwas Äußerem oder äußerem Geschehen ist. »Lernen Sie *empfinden . . .*!«

Mit aller Eindringlichkeit rief Rudolf Steiner immer wieder diesen wichtigsten Moment für das Eurythmisieren ins Bewußtsein, zuerst innerlich das zu *empfinden,* was ein Laut ausdrücken will. Erinnern wir uns an die erste Übung I A O: Die aufrechte Haltung als Säule zu empfinden und diese als I. Nun nehmen wir die Bewegung des rechten Armes nach oben dazu, so daß der Arm gestreckt ist, der linke nach unten. »Jedes Strecken« ist ein I, eine »Selbstbehauptung«, das A ein »Staunen«, eine sich öffnende Gebärde der Arme; O ein Runden der Arme zu einem »liebevollen Umfassen«, U Zusammenziehen der Arme zu einer Parallele. E ist ein sich Abschließen von der Außenwelt, Sich-Wehren, im Kreuzen der Arme übereinander. – In strömenden, atmenden Bewegungen müssen nun diese Laute gebildet werden. Nicht in der fertigen Endgebärde liegt ihr Wesen, sondern in der Bewegung, die zur Gebärde hinführt. Das ist besonders schön, wenn man sich bemüht, einen Laut in den anderen überzuführen. Auf die Bewegung von einem Vokal zum nächsten kommt es an.

Die Konsonanten unterscheiden sich in Stoßlaute: d t b p g k m n, Blaselaute: h ch j sch s f w, den Wellenlaut l und den Zitterlaut r. Das »b« zum Beispiel, als einhüllende, Schutz gebende Gebärde, muß zum Schluß festgehalten werden im Gegensatz zu dem »sch« als etwas Vorbeiblasendes, Vorüberhuschendes.

Der Seelengehalt eines Gedichtes kann in dreifacher Weise erlebt werden: in einem gefühlsmäßigen, einem willensmäßigen und einem mehr dem Denken zugeordneten Element. In der Bewegung im Raum unterscheiden sich diese durch gerade Linien beim Denken und »nach unten gerichtetem Antlitz«; bei dem Willenshaften durch krumme Linien und »gerade gerichtetem Antlitz« und bei dem Gefühlsmäßigen durch Verbindung von geraden und krummen Linien und »nach oben gerichtetem Antlitz«.

Gemütsstimmungen innerhalb eines Gedichtes wie »feierlich«, »Erkenntnis«, »Trauer«, »ernst«, »klug«, »leicht«, »innig«, »lieblich« und weitere können besonders im Dramatischen durch Seelengesten herausgestaltet werden.

Naturgemäß ist die rechte Körperseite des Menschen stärker als die linke. Links – das Herz. Alles Gefühlsmäßige, Passive kommt links zum Ausdruck, alles Willensmäßige, Aktive rechts. Diese innere Gesetzmäßigkeit ist mit hineinverwoben in die Seelengesten. Man findet sie auch bei den Kopfstellungen. Bei einer Wendung des Kopfes nach rechts ist das Erlebnis ein anderes als bei einer Wendung nach links. Nach rechts: »Ich will mich«, nach links: »ich fühle mich«. Eine Neigung des Kopfes nach rechts: »ich will nicht, daß etwas so ist . . .«, eine Neigung nach links: »ich fühle nicht, daß etwas so ist . . .«. Geradeaus gerichtetes Antlitz: »größte Abhängigkeit vom All und zugleich größte Geschlossenheit«;

›Schreitende‹, Fragment eines antiken Reliefs, Museo Vaticano, Rom

Wendung nach oben: »ich begreife mich«, Wendung nach unten: »ich begreife dich«. Senkt man den Kopf mit einem Ruck, so bedeutet das: »ich begeife dich nicht...«

Alle Bewegung im Raum setzt das Schreiten, das Gehen, das Laufen voraus. Die Füße verbinden den Menschen mit der Erde, und jeder Schritt, den wir tun, erfordert einen Willensentschluß, sich für einen Moment aus der Erdenschwere zu lösen. Das geschieht durch das Heben des Fußes, und zwar von der Ferse aus. Der Fuß wird bis zur Zehenspitze abgehoben, die wieder hinführt zum neuerlichen Ergreifen der Erde; dann wird der Fuß wieder bis auf die Ferse gesenkt. Es sind drei Phasen: 1. das Heben von der Ferse aus, 2. das Tragen des Fußes und 3. das Stellen des Fußes (mit der Fußspitze zuerst). Das Tragen muß besonders beachtet werden, es darf nie flüchtig werden. Dieses Schreiten muß nun geübt werden, bis es flüssig und selbstverständlich geworden ist. Auch das Rückwärtsschreiten, das seitliche nach rechts und nach links, muß erarbeitet werden wie das Schreiten im Kreis, bei dem die Körperhaltung und das Antlitz immer zum Kreismittelpunkt gewendet bleiben müssen.

An den Gestalten zweier Krieger (Abbildung einer Corybantentanzes) zeigt Rudolf Steiner die Beziehungen zur Umwelt in dreifacher Weise; das Haupt: in »Beziehung zur ganzen Welt«, der mittlere Mensch: »Beziehungen der Menschen untereinander«, die Füße:

Corybantentanz (mit handschriftlichen Anmerkungen von Rudolf Steiner)

»Beziehung zur Erde«, dazu »leises inneres Revoltieren«, wodurch der Impuls des Hebens bei einem Schritt ausgelöst wird. So steht der Mensch vor uns; als Abglanz des *Kosmos* in seiner Hauptesbildung, in der Verbindung zu den *Menschen* durch sein Empfindungsleben, mit der *Erde* verbunden durch die Gliedmaßen.

Stabübungen

»Gegen Ungezogenheiten in der körperlichen Haltung«
Um Ungeschicklichkeiten zu korrigieren und den Körper, die Hände, die Handgelenke, die Finger geschickt und geschmeidig werden zu lassen, gab Rudolf Steiner Übungen, die mit einem Kupferstab ausgeführt werden. Sie sind aus der Gesetzmäßigkeit der körperlichen Organisation heraus erarbeitet und wollen den Menschen bewußt in seinem Stehen, Gehen und Bewegen in Beziehung zu den Raumesrichtungen bringen; sich zu erleben im Unten und Oben, im Rechts und Links, im Vorne und Hinten. Diese Übungen werden zuerst im Stehen in größter Genauigkeit geübt. Man geht dann über zum Gehen und kommt zu immer schwierigeren Varianten: zum Beispiel Spiralformen – einwickelnde und auswickelnde – mit dem Stab um den Körper im Stehen ausgeführt, bei denen der Stab immer in horizontaler Lage gehalten werden muß; diese werden dann verbunden mit im Raum gelaufenen ein- und auswickelnden Spiralformen. – Auch das Stabwerfen und wieder Auffangen gehört zu denjenigen Übungen, die Mut und Geistesgegenwart verlangen.

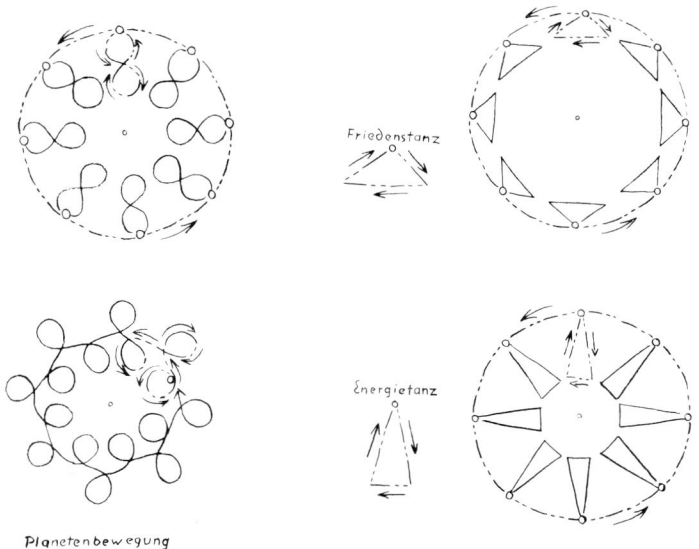

Friedenstanz

Energietanz

Planetenbewegung

Pädagogische Übungen

Zu den pädagogischen Übungen gehören noch der *Energie-* und der *Friedenstanz*. »Kraft zu gemeinsamer Arbeit« würde der Energietanz geben können, und der Friedenstanz würde die »streitsüchtigsten Kinder wieder friedlich und vergnügt werden lassen«, erklärte Rudolf Steiner. Es sind Reigentänze, die um einen Mittelpunkt – in früheren Zeiten erlebte man so den Gott Dionysos – im anapästischen Schritt ausgeführt werden. Dabei bleibt das Antlitz, ja die ganze Gestalt, immer dem Zentrum zugewandt. Man stelle sich zwei verschiedenartige gleichseitige Dreiecke vor: ein spitzwinkliges mit zwei langen Seiten und einer kurzen Grundlinie; ein stumpfwinkliges mit einer breiten Grundlinie und zwei kürzeren Seiten.

Um die Grundlinie des Dreiecks zu markieren, legen alle Ausführenden einen Stab vor sich auf den Boden, so daß ein Kreis entsteht. In der Mitte eine Gestalt, die mit einem Stab auf dem Boden den Rhythmus ∪∪ – angibt, dabei die Laute I E U, ebenfalls im Rhythmus, intoniert; das U jeweils eine kleine Terz höher. Jeder der Ausführenden tritt zwei Schritte zurück. Er steht dadurch auf der Spitze des Dreiecks, von welcher der Energietanz beginnt. Mit zwei Anapästen strebt die Bewegung zum linken Winkel des Dreiecks in einem I, führt vorsichtig mit einem Anapäst, in E horizontal in Schulterhöhe, an dem Stab vorbei und schräg rückwärts, in U, einer in die Höhe führenden Gebärde, mit zwei Anapästen zum Anfangsplatz zurück. Als Übergang zum nächsten Dreieck führen zwei weitere Anapäste im Kreisrund. – Der Friedenstanz wird in gleicher Weise ausgeführt; nur sind bei dem stumpfen Dreieck die beiden Seiten mit einem Anapäst, die Grundlinie hingegen mit zwei Anapästen abzuschreiten. Die Spitze des Dreiecks liegt dadurch etwas näher. Das anapästische Schreiten und die Lautgebärden passen sich dem Charakter der Übung an. Begonnen werden diese Übungen in einem langsamen, dann allmählich übergehenden schnellen und wieder zurückkehrenden langsamen Tempo.

Eine Übung »gegen Neid und falschen Ehrgeiz«, deren Worte von den Kindern selbst gesprochen werden, ist die »Ich-und-Du-Übung«. Auch hier stehen alle in einem großen Kreis, je zwei und zwei etwas zueinander gewandt. Indem sie »Ich und Du« aussprechen, gehen sie im Anapäst, etwas schräg nach vorne, aufeinander zu, gehen im Anapäst »Du und Ich« wieder zurück und wiederholen noch einmal mit »Ich und Du« den ersten Weg. Mit den Worten »sind Wir« kreuzen sie aneinander vorbei – und finden sich, an den Händen haltend, in einem kleineren Kreis wieder zusammen. Mit den Worten »Du und Ich, Du und Ich« kommen alle wieder, in einer Diagonale schräg nach rückwärts, auf ihre Anfangsplätze. Ein Übergang mit zwei Anapästen, der links Stehende nach rechts, der rechts Stehende nach links, bringt ein neues Paar zusammen. Die Worte »*I*ch und D*u*« werden mit den Lauten I und U eurythmisiert.

Für die persönlichen Fürwörter gab Rudolf Steiner als Ausdruck dessen, wie ein einzelner sich selbst als Form im Raum erlebt, eine Gerade: »Ich, jede Form, die auf dem Rückweg alle Punkte wieder berührt.« Für die innere Beziehung zu einem »Du« die Lemniskate: »jede Form, die auf dem Rückweg auch nur einen Punkt des Hinwegs wieder berührt.« Für den

Ausdruck des »Er« einen Kreis: »jede Form, die keinen Punkt des Hinwegs wieder berührt, aber doch zum Ausgangspunkt zurückkehrt«. Ein Spruch von Rudolf Steiner, von mehreren um einen Mittelpunkt ausgeführt, gibt die feierliche Stimmung des »Er« wieder.[8]

> Der Wolkendurchleuchter
> Er durchleuchte
> Er durchsonne
> Er durchglühe
> Er durchwärme
> Auch uns.

Zurückkommend auf die Ich-Form, kann das »Wir« durch viele Ich-Formen in einem Kreise in »freudiger Gemeinsamkeit« erlebt werden. Indem man miteinander »Wir« spricht, nähert man sich in zwei Schritten – es entsteht ein kleinerer Kreis –, entfernt sich mit zwei Schritten, entfernt sich noch weiter und kommt mit zwei Schritten zum ersten Kreis zurück.

Viele kleine Lemniskaten von mehreren in einem Kreis, geben den Ausdruck von »Ihr«, viele kleine Kreise den für »Sie« (Mehrzahl) wieder. Die Lemniskatenformen führten zu Reigentänzen, die wie der Energie- und der Friedenstanz im anapästischen Rhythmus gelaufen werden. Die »Planetenbewegung«, wie Rudolf Steiner sie nannte, wurde zur »heiteren Acht«; sie verlangt viel Beweglichkeit in der Formführung. Alle diese Übungen rufen eine seelisch harmonisierende, gesundende und freudige Stimmung unter den Menschen hervor. Hier soll in diesem Zusammenhang noch eine Übung hervorgehoben werden: *Ballen und Spreizen*. Eine Wechselbeziehung von Innen und Außen, wie das Einatmen und Ausatmen. Ein In-sich-Hineingehen und wieder Aus-sich-Herausgehen im Zusammenballen aller Kräfte und Sich-wieder-Entfalten bis zur Leichtigkeit.

Apollinische Formelemente

Im Sommer 1915 wurden, wie erwähnt, die ersten Szenen aus Goethes »Faust« II angelegt. Die Eurythmie konnte nun durch einen zweiten Kursus, der vom 18. August bis 11. September 1915 in Dornach stattgefunden hat, weiterentwickelt werden.

Marie Steiner berichtet:[9] »Eine zweite Phase der eurythmischen Entwicklung begann, als die junge Kunst Fuß faßte in Dornach am Goetheanum. Die erste Gruppe junger Lehrerinnen erbat und erhielt einen weiteren Kursus, in dem hauptsächlich Wortgliederung, Wortzusammenhänge, die Gestaltung der Rede, der Strophen-Aufbau, neue Gruppenformungen und so weiter gegeben wurden. Sie zogen damit hinaus, aber der Krieg legte ihre Tätigkeit bald lahm. Um die junge Kunst zu retten und die Ausübenden der auferlegten Untätigkeit zu entreißen, wurde es nötig, daß ich mich ihrer annahm. Diese Aufgabe trat wie schicksalsgemäß, mit Selbstverständlichkeit an mich heran, denn eine neue Art der Rezitation wurde für die Eurythmie notwendig, zu der ich die Wege finden und die ich ausgestalten mußte. Ich erkannte die hohe Bedeutung der Eurythmie als Wiederbelebungsquell für alle Künste; mich jammerte der Umstand, daß der Eifer der jungen Damen während der Kriegsjahre brachgelegt werden sollte. Den Geschmacksverirrungen der Gegenwart gegenüber gab es kein besseres Heilmittel als diese neue Kunst, die zu den Urkräften, den schöpferischen Kräften der Welt zurückführte. Sie bedeutete eine ungeheure Wohltat für die Menschheit: so arbeitete ich denn das eine Halbjahr in Deutschland mit einer Reihe von jungen Damen, das andere am Goetheanum in Dornach, immer unterstützt und gefördert von Rudolf Steiner, an den wir mit all unsern Fragen herantreten durften...

Die Eurythmie war eines der liebsten Geisteskinder Rudolf Steiners. Aus kleinen Anfängen heraus entwickelte sie sich ganz organisch, Trieb an Trieb ansetzend, zu einem kräftigen Stamm, dank der ihr eigenen gesunden Lebensfülle und dem Arbeitseifer ihrer Vertreter. Sie veredelte denjenigen, der sich ihr hingab, sie zwang ihn, immer mehr das Persönliche abzulegen; zur Willkür war in ihr kein Raum. Die ihr innewohnende Gesetzmäßigkeit entsprang geistigen Notwendigkeiten; man erkannte diese willig an, denn in ihnen erlebte man Notwendigkeit, erlebte man Gott. Dadurch konnte sie die Begeisterung so stark entfachen; dadurch verbanden sich selbstlos mit ihr so viele hingebende Arbeitshilfskräfte, so daß ihr Wirkungsfeld sich immer mehr ausdehnen konnte. Neben der Rezitation griff sie befruchtend ein in die Musik und eröffnete ihr neue Wege und Ausdrucksmöglichkeiten; eine neue Beleuchtungskunst entstand, eurythmischen Stilgesetzen folgend, eine vereinfachte, veredelte und der Willkür enthobene Bekleidungskunst, auf Grund von Farbenstimmungen, Farbeneurythmie. In der Verbindung mit dem Drama führte sie dazu, demjenigen Wesensausdruck verleihen zu können, das sich sonst einer sinngemäßen Ausdrucksweise entziehen muß. Die Darstellung des Hereinwirkens vom Übersinnlichen und Untersinnlichen in das Erdenleben wurde nun möglich. So hatten wir im Laufe der Jahre auf der Bühne, die in der großen Schreinerei des Goetheanums entstanden war, alle Szenen aus ›Faust‹ durcharbeiten können, in die das Übersinnliche hereinspielt und die sonst gestrichen oder verstümmelt werden: die Romantische Walpurgisnacht erstand zu ungeahnt krausem Leben und auch die Klassische Walpurgisnacht mit ihrem Reichtum an gespenstischem Geschehen. Elfen, Engel und himmlische Heerscharen wirkten in dieser Darstellung einfach, erhaben und überzeugend. Je mehr wir arbeiteten und schufen, desto mehr erhielten wir; jedes in Tat umgesetzte Streben bewirkte neue Gaben von seiten des gütigen Spenders. Der Arbeitsmöglichkeiten gab es so viele, daß die zu Gebote stehende Zeit damit nicht Schritt halten konnte.

Nach mehreren Jahren unentwegter Trainierung und des Bühnenauftretens unter Gesinnungsgenossen hatten die Darsteller der Eurythmie sie in die breite Öffentlichkeit hinaustragen dürfen. Die Wirkung war eine starke: sie fand begeisterten Anklang oder leidenschaftliche Bekämpfung. Gleichgültig blieb niemand...«

»Kunst und Schönheit in der Eurythmie
entstehen dadurch, daß Gesetzmäßigkeit hineinkommt«,
war das Motto der neuen Unterweisungen. Ihnen lag das Gestaltende, ordnende Prinzip des

Grammatikalischen der Sprache zugrunde. Es wurden die »apollinischen« Formen, auch »Sinnformen« genannt – im Gegensatz zu den »dionysischen«, die das in der Seele Erlebte ausdrücken –, ausgearbeitet. Hier knüpft Rudolf Steiner an bekannte Begriffe aus der Antike an. Stilmäßig werden diese Formen streng in frontaler Körperhaltung zum Publikum ausgeführt. Das bedeutet auch, den Unterschied zwischen dem Raum zu erleben, der hinter uns liegt, und dem, der vor uns liegt. Vor uns das Sichtbare. Hinter uns das Unsichtbare. Unsere Kräfte müssen zur *Aktivität* gesteigert werden, wenn wir uns in den Raum nach hinten bewegen. Dabei fühlen wir die den Raum ausfüllende Luft als einen leisen Widerstand. Bewegen wir uns dagegen nach vorne, schwindet dieser. Ein mehr *Passives* entsteht. – Die Verben werden schreitend als Bewegung im Raum dargestellt. – Man unterscheidet daher *aktive, passive* und *dauernde*. Zum Beispiel »laufen« durch eine aktive Bewegung – eine Gerade nach hinten –, »scheinen«, passiv, durch eine Gerade nach vorne, »sein«, Dauer, durch eine Horizontale hin- und herschreitend. Götternamen oder Geistig-Anschaubares finden in runden Formen ihren Ausdruck. Erstere in einem Halbbogen nach hinten. Geistig-Anschaubares, wie »Weisheit«, in einem Halbbogen nach vorne. Gegen-ständliches durch einen Winkel, bildhaft spitz oder breit, nach hinten. Zustände wie »Wärme« durch eine Winkelbewegung nach vorne, Seelisches wie »Freude« durch eine Schlangenlinie.

Das Neigen und Heben des Kopfes bei den Konjunktionen »und«, »auch«, »doch« und so weiter, wie das Beugen des Oberkörpers (von der Taille aus) bei den Präpositionen, diagonal nach vorne rechts oder links (Dativ), seitlich rechts oder links (Akkusativ), und beim Genitiv durch eine Wendung des Kopfes und der Schulter nach rechts oder links oben hinten, erfordern nicht nur äußere Beweglichkeit. Strenge Disziplin und Bewußtheit und stetiges Üben kann hier nur zu einer selbstverständlich gewordenen Beherrschung des Körpers führen, bis seelische Durchlässigkeit erreicht wird. Rudolf Steiner forderte stets »Grazie« bei allem Eurythmisieren.

Auch die Füße drücken Seelisches aus. Ähnlich wie bei den Kopfstellungen und Seelengesten erleben wir hier die Gesetzmäßigkeit von Rechts und Links; von Vorne und Hinten. Setze ich zum Beispiel den rechten Fuß nach »vorne auf die Zehenspitze«, entsteht »Sympathie«. Bewege ich den rechten Fuß nach hinten und setze ihn auf die Zehenspitze, so ist das »Antipathie«. Der rechte Fuß nach rechts vorne in die Diagonale aufgesetzt bedeutet »Mut«, »Tätigkeit«. Dasselbe mit dem linken Fuß nach links vorne »Leiden«, »Schwäche«.

In Rudolf Steiners Ansprache vom 2. Februar 1924 heißt es hierzu:[10] »Wir haben in der Sprache die Verstärkung des Lautes, die Betonung des Lautes. Diese Betonung des Lautes tritt ein, wenn wir aus unserem Charakter heraus, aus dem, wie wir eine Sache wichtig nehmen, Gewicht darauf legen, wenn wir ein Wort, einen Teil eines Satzes ganz besonders betonen. Das, was so die Betonung ist, drückt sich insbesondere aus in dem, was unsere Beine und Füße machen. Und man kann durch die Art der Aufstellung der Füße, durch die Bewegung der Beine dasjenige, was in die Sprache hineingeheimnißt ist, ich möchte sagen als eine geheime Eurythmie, in der Bewegung in dieser sichtbaren Sprache zum Ausdrucke bringen.

Man kann in Bewegungen des Kopfes dasjenige zum Ausdrucke bringen, was insbesondere in die Sprache hineingeheimnißt wird, sagen wir als Ironie der Sprache, als Lachen der Sprache oder auch als Ernst der Sprache.

Das tiefe Seelische aber, es wird in der taktmäßigen, in der rhythmischen Bewegung zum Ausdrucke kommen.«

Vergangenes kann durch eine Beugung, tief in die Knie, Ausdruck erhalten, Zukünftiges durch eine Streckung nach oben und auf die Zehen. Gegenwärtiges in der normalen Haltung; dazu die Lautbewegung in der Horizontalen. Zukünftiges: Lautbewegungen ganz oben; Vergangenheit: Lautbewegungen in der unteren Zone bei sonst gewöhnlicher Körperhaltung.

»Liebe« und »Haß« finden ihren Ausdruck in dem Gegensatz von »Vorne« und »Hinten«. Liebe: große Armbewegung nach vorne von außen nach innen. Haß: abstoßende Armbewegung nach außen hinten. Ähnlich der Gegensatz von »Schmerz« und »Freude«. Ersteres: Bewegung von außen nach innen, nach unten etwas zusammenziehend. Freude: schmale Bewegung nach oben und hinten. »Erwartung«: breite Bewegung nach vorne; »Erfüllung«: Bewegung breit nach hinten, Mitte. »Spannung«: Bewegung schmal nach vorne. »Entspannung«: Bewegung breit nach hinten und unten. Interjektionen erhalten ihren Ausdruck durch einen Sprung: »Oh!« – »Ah!«

Fuß-Stellungen

R L

Linker Fuß steht, rechter Fuß in die Diagonale nach vorn, drückt aus: Mut, Tätigkeit;
auf die Zehenspitze: erregende Gefühle;
mit zwei Schritten in die Stellung von Mut, Tätigkeit: Befehl.

Rechter Fuß steht, linker Fuß in die Diagonale nach vorn, drückt aus: Leiden, Schwäche;
Gewicht vorne auf dem linken Fuß, rechter Fuß hinten auf die Zehenspitze: beruhigende Gefühle.

Linker Fuß steht, rechter Fuß seitwärts heraus, drückt aus: ruhige Stärke, Beharren.

Linker Fuß steht, rechter Fuß gerade nach vorn, drückt aus: Zufriedenheit, Heiterkeit;
auf die Zehenspitze: alles, was Sympathie einflößt.

Linker Fuß steht, rechter Fuß gerade nach hinten, drückt aus: Unzufriedenheit, Ernst;
auf die Zehenspitze: Antipathie.

Linker Fuß steht, rechter Fuß seitwärts im Viertelkreis nach hinten, drückt
aus: Abscheu, Haßgefühle, nicht Verstehen von etwas;
dasselbe mit dem Fuß stark auftretend: Verneinung;
auf die Zehenspitze: Spannung.

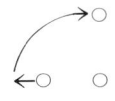

Rechter Fuß steht, linker Fuß seitwärts im Viertelkreise nach vorn, drückt
aus: ich verstehe etwas;
dasselbe mit dem Fuß stark auftretend: ich begründe;
auf die Zehenspitze: Lösung in Gefühlen.

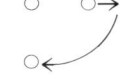

Jede Kniebeuge: alles, was Erinnerung ist.

Vorne

Auch durch Fußstellungen kann Seelisches ausgedrückt werden. Sie können zum Beispiel im
Gehen angewendet werden, wenn ein Gefühl ins andere übergeht. Bei Gedichten im
trochäischen Versmaß eignen sich mehr die Fußstellungen; bei Gedichten im jambischen
Versmaß hingegen die Stellungen, welche in der Bewegung des Körpers liegen, die
Seelengesten.

Die Einbeziehung des farblichen Elementes in die Bewegung eröffnet nun neue künstlerische Gestaltungsmöglichkeiten. In der Polarität von Licht und Finsternis, Helligkeit und
Dunkelheit vollzieht sich das Farbenspektrum. »Man versuche jedes Strecken als hell zu
empfinden.« »Man versuche jedes Zusammenziehen als dunkel zu empfinden.« Der
gestreckte Arm drückt Helligkeit aus, eine Beugung Dunkelheit. Öffnet sich die zusammen-
geballte Hand bis zur Streckung, so liegen in dieser Bewegung alle Nuancen der passiven
Farben von Schwarz, Violett, Indigo, Blau. Die horizontal gestreckte Hand drückt das

---

Eurythmieaufführung

Sonntag, 29. August 1915

Zwei Gedichte Rudolf Steiners, eurythmisiert:

Planetentanz

Zwölf Stimmungen

Grün in seiner objektiven, beruhigenden Eigenschaft aus. Wird die Handfläche nun nach außen gehoben, so gehen die Farbnuancen von Grün zu den aktiven Farben Gelb, Orange und Rot über. Über das innere Erleben der »Farbenfluten« heißt es bei Rudolf Steiner: »Farbe ist Seele der Natur und des ganzen Kosmos, und wir nehmen Anteil an dieser Seele, indem wir das Farbige miterleben.«[11]

Höhepunkt dieser Unterweisungen war eine dichterische Neuschöpfung[12] von Rudolf Steiner für eine bühnenmäßige Darstellung des Tierkreises mit den Planeten:

Zwölf Stimmungen

Erstehe, o Lichtesschein,
Erfasse das Werdewesen,
Ergreife das Kräfteweben,
Erstrahle dich Sein-erweckend.
Am Widerstand gewinne,
Im Zeitenstrom zerrinne.
O Lichtesschein, verbleibe!   WIDDER

Erhelle dich, Wesensglanz,
Erfühle die Werdekraft,
Verwebe den Lebensfaden
In wesendes Weltensein,
In sinniges Offenbaren,
In leuchtendes Seins-Gewahren.
O Wesensglanz, erscheine!   STIER

Erschließe dich, Sonnesein,
Bewege den Ruhetrieb,
Umschließe die Strebelust
Zu mächtigem Lebewalten,
Zu seligem Weltbegreifen,
Zu fruchtendem Werdereifen.
O Sonnesein, verharre!   ZWILLINGE

Du ruhender Leuchteglanz,
Erzeuge Lebenswärme,
Erwärme Seelenleben
Zu kräftigem Sich-Bewähren,
Zu geistigem Sich-Durchdringen,
In ruhigem Lichterbringen.
Du Leuchteglanz, erstarke!   KREBS

Durchströme mit Sinngewalt
Gewordenes Weltensein,
Erfühlende Wesenschaft
Zu wollendem Seinentschluß.
In strömendem Lebensschein,
In waltender Werdepein,
Mit Sinngewalt erstehe!   LÖWE

Die Welten erschaue, Seele!
Die Seele ergreife Welten,
Der Geist erfasse Wesen,
Aus Lebensgewalten wirke,
Im Willenserleben baue,
Dem Weltenerblüh'n vertraue.
O Seele, erkenne die Wesen!   JUNGFRAU

Die Welten erhalten Welten,
In Wesen erlebt sich Wesen,
Im Sein umschließt sich Sein.
Und Wesen erwirket Wesen
Zu werdendem Tatergießen,
In ruhendem Weltgenießen.
O Welten, traget Welten!   WAAGE

Das Sein, es verzehrt das Wesen,
Im Wesen doch hält sich Sein.
Im Wirken entschwindet Werden,
Im Werden verharret Wirken.
In strafendem Weltenwalten,
Im ahndenden Sich-Gestalten.
Das Wesen erhält die Wesen.   SKORPION

Das Werden erreicht die Seinsgewalt,
Im Seienden erstirbt die Werdemacht.
Erreichtes beschließt die Strebelust
In waltender Lebenswillenskraft.
Im Sterben erreift das Weltenwalten,
Gestalten verschwinden in Gestalten.
Das Seiende fühle das Seiende!   SCHÜTZE

Das Künftige ruhe auf Vergangenem.
Vergangenes erfühle Künftiges
Zu kräftigem Gegenwartsein.

Im inneren Lebenswiderstand
Erstarke die Weltenwesenwacht,
Erblühe die Lebenswirkensmacht.
Vergangenes ertrage Künftiges! STEINBOCK

Begrenztes sich opfere Grenzenlosem.
Was Grenzen vermißt, es gründe
In Tiefen sich selber Grenzen;
Es hebe im Strome sich,
Als Welle verfließend sich haltend,
Im Werden zum Sein sich gestaltend.
Begrenze dich, o Grenzenloses. WASSERMANN

Im Verlorenen finde sich Verlust,
Im Gewinn verliere sich Gewinn,
Im Begriffenen suche sich das Greifen
Und erhalte sich im Erhalten.
Durch Werden zum Sein erhoben,
Durch Sein zu dem Werden verwoben,
Der Verlust sei Gewinn für sich! FISCHE

An den Sonntagen wurde das in der Eurythmie neu Erarbeitete auf der provisorischen Bühne der Schreinerei vorgeführt. Im Anschluß an die Darbietung der »Zwölf Stimmungen« führte Rudolf Steiner aus:[13]

»In der zweiten Vorführung haben Sie gesehen, wie gewissermaßen nachgebildet ist ein Bewegt-Ruhiges, das im Universum ist: die Zwölfheit, die im Universum als der Tierkreis vorhanden ist; die Siebenheit, die im Universum als Planetenfolge vorhanden ist. Sie haben auch gesehen, wie das Ruhende der Tierkreisbilder im Verhältnis zum Bewegten des planetarischen Seins Ihnen aus der Darbietung der Figuren hervorgetreten ist. Solche Dinge sind natürlich nur möglich, wenn in dem Ganzen dieser Geist des Sich-eins-Fühlens mit dem Universum vorhanden ist. Und so ist denn einmal versucht, etwas zu machen, bei dem ein ganz inniger Einklang ist zwischen dem gesprochenen Worte, und nicht nur dem gesprochenen Worte, sondern den sich offenbarenden Empfindungen und jeder einzelnen Bewegung. Man wird nach und nach verstehen, daß man im Ganzen dieser Darstellung nur als eine Hilfe das gesprochene Wort haben wird. Man wird nach und nach verstehen, daß, wenn die Bewegung in ihrer Fülle gemacht wird, man dasjenige, was gesagt wird, ebenso wird aus der Bewegung absehen können, wie man, wenn man die Buchstaben vor sich hat, den Sinn ablesen kann. Man braucht nichts anderes, als Lesen gelernt zu haben, dann wird man nach und nach, wenn eben das ganze System entwickelt ist, auch dasjenige lesen können, was dargeboten wird. Aber man wird nicht nur lesen können buchstabengemäß, lautgemäß, sondern auch sinngemäß.

Dazu ist allerdings notwendig, daß man einen Begriff hat von dem sinngemäßen inneren Erleben. Der Mensch muß ja selbstverständlich als Erdenmensch, da er mit den Wesen, die in den Abgrund gestoßen sind, eben im Abgrund der Erde herumirrt, in der Regel während seines Erdenseins auch irren mit seinen Gedanken und Empfindungen. Aber er kann sich emporschwingen aus diesem irrenden Denken und Empfinden zu dem, was regelmäßig aus der ruhigen Bewegung ihm dann festes Denken und Empfinden ist. Denn, sehen Sie, der Kosmos, wie er uns zunächst als unser Sonnensystem vorliegt, der ist ja nur ein Spezialfall. ›Im Urbeginne war das Wort, und das Wort war bei Gott, und ein Göttliches war das Wort.‹ Und im Kosmos sehen wir gleichsam erstarrt das Wort, das Wort in seiner Ruhe und das Wort in seiner Bewegung. Aber man muß es eben fühlen im Kosmos. Ich möchte nicht, daß man verwechsle, was hier vorgebracht wird, mit mancherlei verworrenem Mystizismus der Gegenwart. Nicht um Nachahmung der Methoden etwa derjenigen modernen Astrologen, die in ihren Methoden jeden Materialismus überbieten und die zur materialistischen Unwissenheit nur den unwissenden Aberglauben hinzufügen, handelt es sich hier, sondern um das Eingehen auf die gesetzmäßigen Zusammenhänge einer geistigen Welt, die ihre Offenbarung im Menschen ebenso hat wie im Kosmos. Wahre Geisteswissenschaft sucht nicht aus Sternen-Konstellationen Menschengesetze, sondern aus dem Geistigen sowohl Menschengesetze wie Naturgesetze. Obgleich diese Geisteswissenschaft mit den unsinnigen mystischen Bestrebungen der modernen Zeit immer wieder zusammengeworfen wird, hat sie doch damit gar nichts zu tun. Hier, wo in gewissen Äußerungen des Menschen Analogien mit kosmischen Verhältnissen als Grundlage einer Ausdrucksweise angewendet werden, muß besonders betont werden, daß Geisteswissenschaft nichts mit dem Dilettantismus moderner Astrologen und deren plumpen Offenbarungen zu tun haben will.

Und so wurde denn einmal versucht, eine solche Aufeinanderfolge des Fühlens, Empfindens und Sprechens zu machen, die so, wie sie dargeboten wird, gleichsam einen anderen Fall, einen Fall inneren Seelenerfühlens gibt gegenüber dem, was ausgeflossen ist in die Bewegung unseres Sonnensystems. Der Bau nach zwölf Strophen, die je siebenzeilig sind, entspricht, ich möchte sagen, dem äußeren Gerippe. Aber Sie werden, wenn Sie gerade dieses zwölf-siebengliedrig versuchte Gedicht nehmen, sehen, daß in allen Einzelheiten festgehalten ist dasjenige, was sich da offenbaren will. Sie werden, wenn Sie die Stimmung nehmen – ich will als Beispiel es erwähnen – im Krebs, wo, nachdem der Aufstieg vollzogen ist, wiederum der Abstieg erfolgt, wo man gewissermaßen das Gefühl hat, daß die Sonne für einen Augenblick ruhig steht – um nur dies Bild zu gebrauchen, es könnten viele Bilder gebraucht werden –, da werden Sie etwas durchfühlen aus der Art und Weise, wie die Worte in der betreffenden, wenn wir sagen wollen ›Krebs-Strophe‹ gerade liegen.

Und vergleichen Sie dies meinetwillen mit der Strophe des Skorpions. Es ist in jeder Strophe genau die Stimmung, die dem betreffenden Planeten am Himmel entspricht. Aber nicht nur das ist versucht, sondern, wenn immer Sie gewisse Strophen nehmen, werden Sie noch anderes empfinden können. Ich will eine Zeile aus jeder Strophe herausgreifen, die Zeile des Mars [Reihenfolge der Zeilen in jeder Strophe: Sonne, Venus, Merkur, Mars, Jupiter, Saturn, Mond]:

Im Widder:	Erstrahle dich Sein-erweckend.
Im Stier:	In wesendes Weltensein.
In den Zwillingen:	Zu mächtigem Lebewalten.
Im Krebs:	Zu kräftigem Sich-Bewähren.
Im Löwen:	Zu wollendem Seinentschluß.
In der Jungfrau:	Aus Lebensgewalten wirke.
In der Waage:	Und Wesen erwirket Wesen.
Im Skorpion:	Im Werden verharret Wirken.
Im Schützen:	In waltender Lebenswillenskraft.
Im Steinbock:	Im inneren Lebenswiderstand.
Im Wassermann:	Es hebe im Strome sich.
In den Fischen:	Und erhalte sich im Erhalten.

Trotzdem in jedem einzelnen festgehalten ist die allgemeine Stimmung der Strophe, werden Sie aus jeder dieser Zeilen da, in der Aufeinanderfolge der sieben Zeilen, dem Mars immer entsprechend, die Mars-Stimmung heraushören aus der Zeile. So daß eigentlich das Ideal ist, daß, wenn jemand aufgeweckt werden könnte aus dem Schlaf und es würde ihm eine Zeile vorgelesen: ›Im Werden verharret Wirken‹, – er sagen müßte: ›Nun ja, Mars im Skorpion!‹ Bei der anderen Zeile: ›Jupiter in der Waage‹ und so weiter. Sie sehen, das ist das Gegenteil jeder subjektiven Willkür. Es ist wirklich das Einssein mit den Gesetzen des Universums ernst genommen. Es ist nicht bloß deklamiert: Man soll eins sein mit dem All! Sondern es *ist* dies Einssein. Es ist versucht wenigstens, dieses Einssein im Konkreten durchzuführen. Sie werden auch bemerkt haben, daß zum Beispiel die Geste in gewissem Falle gehalten wird, werden bemerkt haben, wie bei dem Herumgehen der Sonne die Waage-Stimmung auch in der Geste schön festgehalten war, ohne daß das gesucht war, sondern nur dadurch, daß der betreffende Buchstabe eben da ist. Sie haben gesehen bei der Waage-Stimmung überall das Gleichmaß der Waage! Es hat sich von selbst gemacht, daß die Waage-Haltung gerade da festgehalten worden ist. Die Dinge ergeben sich ganz von selbst dann, wenn sie richtig gemacht sind.«

Geometrische Formen

Aus den Aufzeichnungen der ersten Eurythmistin, Lory Mayer-Smits.[14]

»Gut für Kinder, um sie aufgeweckt zu machen. Die geometrischen Formen wurden als musikalische Auftakte und Textformen für Gedichte mit drei-, vier-, fünf-, sechs-, sieben- und achtzeiligem Strophenaufbau gegeben. Für die Auftakte, der Zahl der Zeilen entsprechend, drei Dreiecke, vier Vierecke, fünf Fünfecke und so weiter in einen großen Kreis eingeordnet.

Zuerst wird die einzelne Form, im Hintergrund beginnend, mit allen etwa möglichen Diagonalen und Außen-Umfangslinien – Umgängen – dargestellt, und zwar sollten alle diese Wege ursprünglich so schnell wie möglich ausgeführt werden. Rudolf Steiner rief uns damals befeuernd zu: ›Jetzt schüttele ich Sie alle durcheinander!‹, klatschte rasch in die Hände, und nacheinander lief jeder wie ein blitzender Strahl von seinem Ausgangspunkt zu dem nächsten Platz, den dort Stehenden zu seiner Bewegung impulsierend. Bei Formen, bei denen Diagonalen möglich sind, also vom Fünfeck an, werden diese zuerst und dann die Umgänge ausgeführt. Der Zuschauer sollte das Bild eines Kristalls mit all seinen Kraftlinien erleben. Werden diese Kristallformen nun in einen Kreis eingeordnet, wiederholen sie sich entsprechend oft, bis sich die Anfangsaufstellung wieder hergestellt hat. Die Bewegungen der einzelnen Formen im Kreis verlaufen entgegengesetzt dem Uhrzeiger, und zwar jeweils auf einem großen äußeren, auf dem sich die Spitze der Form bewegt, und mehreren, bis zu vier kleineren inneren Kreisen, wie zum Beispiel beim Achteck. Bei dem Fünf-, Sechs- und Siebeneck bleiben jeweils die angrenzenden Plätze auf dem dritten Kreisbogen stehen, bei dem Achteck auf dem vierten Kreisbogen.

Als das Wesentliche bei diesen Übergängen von der einen Form in die nächste, betonte Rudolf Steiner, daß weder durch die alte Form noch durch die neu zu bildende gelaufen werden darf. Die alte Form zerfällt nach außen und aus dem Umkreis bildet sich, kristallisiert sich von außen die neue Form.

Außer beim Dreieck, welches sich als geschlossene Form weiterbewegt, müssen die einzelnen Punkte der Formen also nach rechts und nach links auf ihren Kreisbögen auseinander- und in die neue Form wieder zusammenlaufen. Da alle gleichzeitig ihre neuen Plätze erreichen sollen, muß das Tempo der sehr verschieden langen Wege untereinander harmonisch abgestimmt werden.

Beim Text richtet man sich nach der Anzahl der Strophen, muß aber immer an einer zentralen Stelle, entweder bei der Ausgangsaufstellung oder in der vorderen Mitte enden. Haben die Strophen einen Refrain, so steht eine Person für diesen Refrain in der Mitte der Form.«

APOLLINISCHE FORMELEMENTE

Für Gedichte mit dreizeiligen Strophen

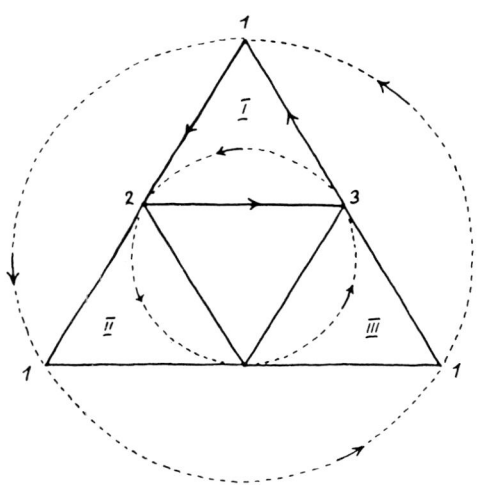

1. Abschreiten der Dreieck-
   seiten nacheinander

2. Übergang gleichzeitig
   in gleicher Richtung
   zum nächsten Dreieck

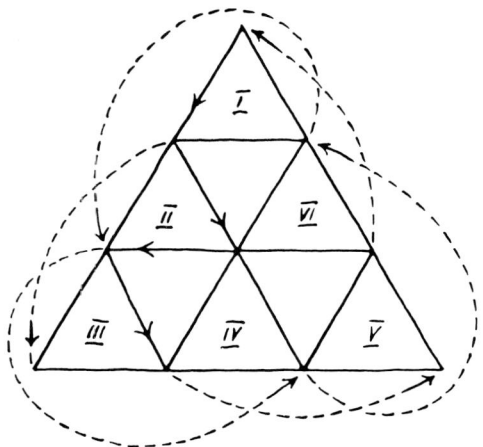

1. Abschreiten der Dreieck-
   seiten nacheinander

2. Übergang gleichzeitig
   zum nächsten Dreieck

Für Gedichte mit vierzeiligen Strophen

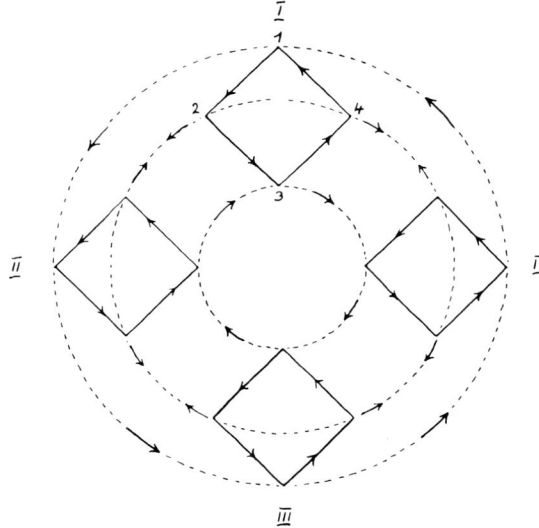

1. Abschreiten der Viereck-
   seiten nacheinander

2. Übergang zur nächsten Form
   gemeinsam in verschiedenen
   Richtungen

Für Gedichte mit fünfzeiligen Strophen

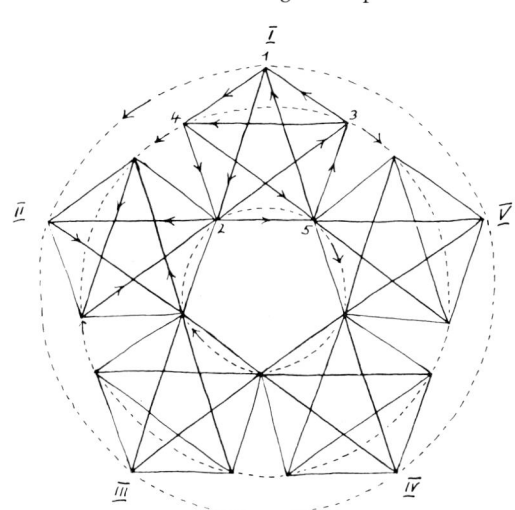

1. Innere Bewegung
   nacheinander

2. Umgang der äußeren Seiten
   nacheinander

3. Übergang zur nächsten Form
   gemeinsam

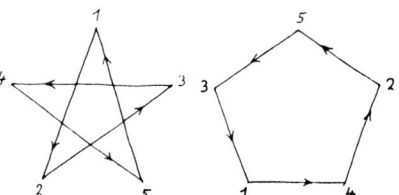

Formen, die gut sind für Kinder und junge Leute

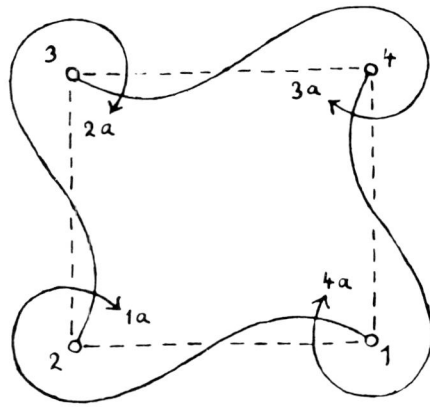

Schau in dich! Schau um dich!

Schau in dich!   (Hinweg einwickelnd)
vokalisch

Schau um dich!   (Rückweg auswickelnd)
konsonantisch

1 geht zu 1 a und wieder zurück;
2 geht zu 2 a und wieder zurück, usw.
Die Form ist frontal zu laufen.

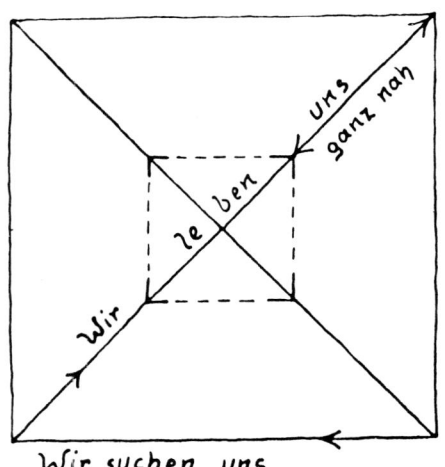

Wir suchen uns

Wir suchen uns, wir leben uns, ganz nah.

1. Jeder im Viereck läuft zum Platz des nächsten von rechts nach links: Wir suchen uns.

2. In der Diagonale die Plätze wechseln: Wir leben uns.

3. Zur Mitte im kleinen Quadrat, auch A mit den Händen, sich beinahe berührend: ganz nah.

Den letzten Weg rasch und leicht zurückschwingen, ohne sich umzudrehen. Dann Wiederholung der drei Wege.

Bei diesem Auftakt folgt man in der Körperwendung der Form.

Das Innere hat gesiegt – das Äußere hat gesiegt

Aus Rudolf Steiners Vortrag »Der neue baukünstlerische Gedanke«,[15] gehalten in Dornach am 28. Juni 1914.

»Können Formen sprechen aus der geistigen Welt? Formen können vielerlei sprechen aus der geistigen Welt heraus. Nehmen wir einen Gedanken, der uns gerade besonders naheliegt, weil er auf der einen Seite der Ausdruck des Höchsten ist und auf der anderen Seite in seiner luziferischen Prägung in das Niedrigste eintaucht: den Gedanken des Ich, den Gedanken der Selbstheit.

Es ist ja nicht zu leugnen, daß beim bloßen Ausdruck des Wortes Ich, unser Selbst, der Mensch eigentlich noch nicht besonders viel denken kann. Es werden noch mancherlei Zeitepochen hinunterfließen müssen in der Menschheitsgeschichte, bis eine vollbewußte Vorstellung in der Seele auflebt, wenn das Wort Ich oder das Wort Selbst ausgesprochen wird. Aber in der Form kann die Selbstheit, die Ichheit empfunden werden, und zwar, wenn man vom rein mathematischen Formwissen zum Formfühlen übergeht, wird man stets bei dem völligen Kreis die Ichheit, die Selbstheit empfinden. Kreis fühlen würde heißen Selbstheit fühlen. Kreis fühlen in der Ebene, Kugel fühlen im Raum, ist Selbstheit fühlen, Ich fühlen. Wenn Sie sich das klarmachen, werden Sie auch das Weitere leicht verstehen. Wenn Sie sich klarmachen, daß im Grunde genommen der wirklich lebendig empfindende Mensch, wenn er einem Kreise gegenübersteht, in seiner Seele das Gefühl der Ichheit, das Gefühl der Selbstheit auftauchen fühlt, so daß, indem er das Kreisrund sieht, oder nur ein Stück von dem Kreis sieht, oder wenn er ein kleines Stück Kugelschale sieht, er fühlt, daß das hindeutet auf das Sich-selbständig-Fühlen. Wenn der Mensch so fühlt, dann lernt er in Formen leben. Und es ist gewissermaßen das Charakteristische des lebendigen Fühlens, in den Formen leben zu können. Nun werden Sie, wenn Sie dieses in Betracht ziehen, zu dem weiteren leicht übergehen können.

So wie ich die Kreislinie hier gezeichnet habe, ist sie zunächst ganz ungegliedert (1). Sie kann aber in zweifacher Weise gegliedert sein, so, daß sie aussendet solche Vorsprünge (2). Das wäre eine Gliederung. Eine andere charakteristische Gliederung wäre diese (3). Beide Formen sind eigentlich nur gegliederte Kreise.

Was bedeuten diese Gliederungen? Diese Gliederung (2) bedeutet, daß das Selbst, das Ich, in Beziehung getreten ist zur Außenwelt. Wenn wir dem bloßen Kreis gegenüberstehen, können wir das Gefühl haben, daß die ganze übrige Welt nicht da sei, daß nur das sich im Kreise Abschließende da sei. Wenn wir den gegliederten Kreis betrachten, dann können wir nicht mehr das Gefühl haben, daß das, was durch den Kreis ausgedrückt ist, allein in der Welt ist. Die Gliederung der Kreislinie drückt aus einen Kampf, gewissermaßen eine Wechselbeziehung mit der Außenwelt.

Es ist charakteristisch, daß derjenige, der sich lebendig hineinfühlt in die Form bei dem gegliederten Kreis (2), fühlt: das Innere ist stärker als das Äußere. Und beim zackig ausgebildeten Kreis (3): das Äußere hat sich eingebohrt und ist stärker als das, was im Kreise liegt. Und geht man nun durch irgendeinen Raum, der irgendwie Stücke von Kreislinien oder Kugelflächen hat, und merkt man daran solche Gliederungen, so kann man, indem man einfach die Linien verfolgt, von der Zackenlinie das Gefühl haben: Ah, hier siegt das Äußere! und bei der Wellenlinie: Ah, hier siegt das Innere! Und es beginnt unsere Seele mit der Form mitzuerleben. Wir schauen sie nicht bloß an, sondern wir haben das lebendige, auf und ab wogende Gefühl Überwindung und Übergriff, Überwindung und Besiegung in der Seele, das heißt, unsere Seele gerät in Lebendigkeit, sie lebt mit der Form mit. Und das ist das Wesen des künstlerischen Empfindens, dieses Einswerden mit der Form, dieses Miterleben mit der Form.

Aber wir können weitergehen. Denken Sie sich die Gliederung nicht so einfach, wie sie hier ist, sondern so (4). Das heißt, die Form bewegt sich nach der einen Richtung hin, und sie ist Tat. Wer einigermaßen sich in diese Form hineinlebt, hat unmittelbar das Gefühl: sie geht weiter, sie bewegt sich.

So finden wir in den Formen selbst das Charakteristikum der Bewegung.

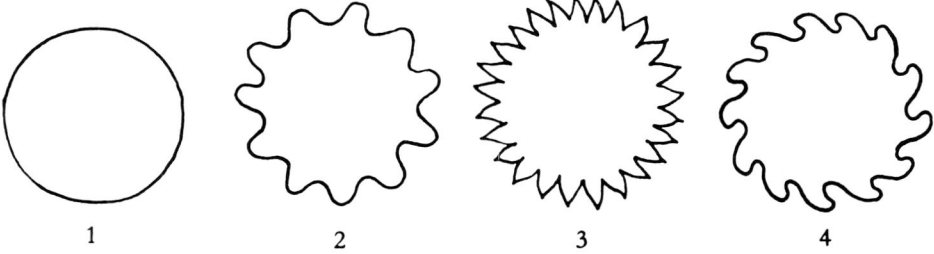

1   2   3   4

Goethes Metamorphosenlehre und die Eurythmie

Aus einer Ansprache Rudolf Steiners[16] anläßlich der Eurythmie-Aufführung in Dornach vom 14. Dezember 1919.

»Eine Probe von dem, was wir hier eurythmische Kunst nennen, möchten wir uns erlauben, Ihnen vorzuführen. Diese Kunst ist allerdings, so wie wir sie hier treiben können, erst im Anfange. Und so wie alles dasjenige, was hier im Zusammenhange mit diesem Bau angestrebt wird, der unsere Bestrebungen in gewissem Sinne repräsentieren soll, anknüpfen will an das, was ich Goetheanismus nennen möchte, so will auch diese eurythmische Kunst anknüpfen an Goethesche Kunstgesinnung, Goethesche Weltanschauungsgesinnung. Allein indem ich das ausspreche, bitte ich, mich nicht mißzuverstehen. Nicht soll gewissermaßen an dasjenige angeknüpft werden, was durch den Goethe schon zum Vorschein gekommen ist, der 1832 gestorben ist, sondern der Goetheanismus wird hier betrachtet wie ein Keim, der in die Evolution der Menschheit hineingeworfen worden ist und der die mannigfaltigsten Blüten und Früchte treiben kann. Wir reden hier niemals von dem Goethe von 1832, wir reden hier von dem Goethe von 1919, von einem fortgebildeten Goetheanismus.

Und es ist versucht worden, aus jenen bedeutungsvollen, tiefen Quellen, aus denen Goethe seine Weltanschauung, seine Kunstbestrebungen geschöpft hat, nun auch entsprechend den Fortschritten, die der menschliche Geist seither gemacht hat, diese eurythmische Kunst auszubilden. Und nicht um diese Kunst zu erklären, möchte ich diese Einleitungsworte sprechen, denn das, was Kunst ist, muß sich selbst erkären, muß im unmittelbaren Anblicke für den ästhetischen Eindruck alles dasjenige offenbaren, was in ihm ist. Aber über die Quellen dessen, was wir hier eurythmische Kunst nennen, möchte ich zu Ihnen sprechen.

Diese eurythmische Kunst bedient sich als Ausdrucksmittel des ganzen Menschen. Es wird versucht, alle diejenigen Bewegungsmöglichkeiten, die im menschlichen Organismus veranlagt sind, zum Ausdrucke zu bringen. Sie werden auf der Bühne hier vor sich bewegte Menschen und in Bewegung begriffene Menschengruppen sehen. Was ist dasjenige, was durch diese Menschen zur Darstellung kommen soll? Es ist auch eine Sprache, eine nicht hörbare, eine stumme Sprache. Aber es ist nicht bloß ein Vergleich, den ich gebrauche, wenn ich sage: Eurythmie soll eine Sprache sein, sondern es ist der Ausdruck einer Wirklichkeit. Wenn die Menschen so sprechen, daß unser Gesprochenes hörbar wird, fließen zusammen – jetzt seelisch gesprochen – in dem, was wir sprechen, zwei Elemente des menschlichen Wesens: von der einen Seite her, ich möchte sagen, von der Kopfseite her das Gedankenelement, und von dem ganzen Menschen aus begegnet sich in der Sprache mit diesem Gedankenelement, das durch seine Organe wirkt – man kann das heute schon physiologisch auch nachweisen –, das Willenselement. In jedem einzelnen Worte, das wir hervorbringen,

Eurythmie-Aufführung

Dornach, 14. Dezember 1919

PROGRAMM

Einleitende Worte von Rudolf Steiner
über eurythmische Kunst

Evoe	Musik von Max Schuurman
Der Mensch	Worte von Rudolf Steiner
Aus den 52 Jahressprüchen	Rudolf Steiner
Howards Ehrengedächtnis	J. W. v. Goethe

Stratus   *(dargestellt durch*
Cumulus   *Tatiana Kisseleff)*
Cirrus
Nimbus

Der Spaziergang	Martin Opitz Musik von Max Schuurman
Aus den «Galgenliedern» Die Beichte des Wurms	Christian Morgenstern
Die Metamorphose der Pflanzen	J. W. Goethe

ist eine Offenbarung enthalten eines Zusammenflusses des Gedankenelementes mit dem Willenselement ...

Auch in der Ausbildung dieser Eurythmie ist man – wenn ich so sagen darf – goethisch zu Werke gegangen. Sie kennen – ich will nicht theoretisieren, aber ich will nur in kurzem ein wichtiges Erkenntnis- und Kunstprinzip Goethes anführen – das, was man die Goethesche Metamorphosenlehre nennt. Sie ist heute noch nicht genügend gewürdigt, denn wenn sie einmal in ihren Grundlagen erkannt sein wird, wird sie die Pforte sein zu einer bedeutungsvollen Weltanschauung, die in das Lebendige hineinführt.

Goethe ist der Anschauung, wenn ich mich populär ausdrücken soll, daß bei jedem Lebendigen, zum Beispiel bei der Pflanze, ein einzelnes Organ, das grüne Pflanzenblatt, der einfachere Ausdruck, die einfachere Offenbarung der ganzen Pflanze ist. Und wiederum die ganze Pflanze ist nur die komplizierte Ausgestaltung des einzelnen Blattes. Und was Goethe nur auf die Form angewendet hat, kann man auf die Bewegungen anwenden, die in einem Organismus zum Ausdrucke kommen. Und es wird besonders bedeutungsvoll, wenn man diese Anschauung so anwendet, daß man künstlerisch aus dem Menschen herausholt, was in dem ganzen Menschen an Bewegungsanlagen vorhanden ist. Da stellt sich nämlich etwas sehr Interessantes heraus. Es stellt sich heraus, daß man die Bewegungen, welche durch das charakterisierte sinnlich-übersinnliche Schauen als zugrunde liegend unserer Sprache wahrgenommen werden können, auf den ganzen Menschen übertragen kann. So wie die ganze Pflanze morphologisch, formell, eine komplizierte Ausgestaltung des einzelnen Blattes ist, so kann man den ganzen Menschen in seinen Gliedern sich so bewegen lassen, daß er ein lebendiger Kehlkopf wird. Dann führt der ganze Mensch das aus, was uns sonst unsichtbar, unbeachtet bleibt, wenn wir dem Sprechen zuhören.

Sehen Sie, auf der einen Seite schafft man ein Werkzeug für eine Kunst. Den ganzen Menschen schafft man zum Werkzeuge für diese eurythmische Kunst. Und da aus dem ganzen Menschen herausgeholt werden können dieselben Bewegungen, die das Organ des Kehlkopfes und seine Nachbarorgane machen, so wird der ganze Mensch zu einem sichtbaren Sprachausdruck. Wenn man bedenkt, daß der Mensch, so wie er in seiner Organisation vor uns steht – in der Tat, man muß ihn nur durchschauen, um das zu erkennen –, eine Zusammenfassung ist von all dem, was sonst in dem ganzen Universum, das uns zugänglich ist, ausgebreitet ist, dann erkennt man, daß sich die Eurythmie als ihres Ausdrucksinstrumentes des kompliziertesten Werkzeuges bedient, das am meisten Geheimnisse des Universums enthält. Man kommt da wirklich, wenn man so den ganzen Menschen zum Kehlkopfe macht, nahe dem, was Goethe so schön charakterisiert als seine Anschauung von der Beziehung des Menschen zur Natur und zur Kunst, indem er sagt: Wenn der Mensch an den Gipfel der Natur gestellt ist und sich selber als diesen Gipfel fühlt, so bringt er in sich wiederum eine höhere Natur hervor, so daß er sich endlich, indem er zusammennimmt Maß, Ordnung, Harmonie und Bedeutung, zur Produktion des Kunstwerkes erhebt. – Man erhebt sich aber insbesondere zur Produktion des Kunstwerkes, wenn man nun den Menschen selbst als Ausdrucksinstrument für diese Kunst benützt ...

Ich glaube, es zeigt sich insbesondere gerade an Goetheschen Gedichten die Berechtigung dieser eurythmischen Kunst. Wir werden Ihnen heute zum Beispiel eurythmische Darstellungen für Goethes Wolken-Gedichte vorführen. Goethe hat seine Metamorphosenanschauung auch mehr sie veräußerlichend, aber dadurch eben gerade ins Künstlerische übertragend, auf die sich verwandelnden Wolkengebilde Stratus, Cumulus, Cirrus, Nimbus angewendet. Wie sich diese Wolkengebilde ineinander verwandeln, hat Goethe in wunderschönen Versen zur Anschauung gebracht, eine Anschauung, die ihm aufgegangen ist, als er den Wolkenbeobachter Howard gelesen hat. Er hat ein sehr schönes Gedicht zu Howards Ehrengedächtnis verfaßt, das wir ebenfalls Ihnen heute eurythmisch zur Darstellung bringen werden. Aber gerade wenn man solche Dichtungen Goethes hat, in denen es so recht darauf ankommt, ein in der Natur sich Gestaltendes in der Dichtung mit solchen Formen zu verfolgen, daß das sich in der Natur Gestaltende nachquellt und nachwallt in dem Rhythmus und in der Formgebung des Sprachlichen, dann kann man auch mit den Formen der Eurythmie der Dichtung nachfolgen. Und deshalb glaube ich, daß gerade an diesen Wolken-Dichtungen Goethes schön zum Ausdrucke gebracht werden kann, wie völlig adäquat der eurythmische Ausdruck für das gefunden werden kann, was auf der anderen Seite auch dichterisch zum Ausdrucke gebracht werden kann.

Nun gibt es ein Gedicht Goethes, in dem Goethe selber die ganze Art seines Metamorphosengedankens, seiner Metamorphosenempfindung zum Ausdrucke gebracht hat, in dem Gedicht ›Die Metamorphose der Pflanzen‹. Das ganze Gedicht lebt in der Darstellung von Formanschauung. Von Zeile zu Zeile haben wir eigentlich das Gefühl, daß wir nicht haften bleiben dürfen an der abstrakten Idee, sondern daß wir uns mit unserer ganzen Seele folgsam zeigen müssen den Formen, die in des Dichters Phantasie wogen und wallen. Und daher kann man gerade diesem Metamorphosengedichte Goethes die eurythmische Darstellung voll anpassen. Und wir haben versucht, für die heutige Aufführung auch dieses Gedicht Goethes über die Metamorphose der Pflanzen in eurythmische Formen umzugießen. Gerade da, wo die Dichtung selber wie ein unmittelbar durch die Seele geschaffener Abdruck der in der Natur waltenden Geheimnisse wird, offenbart sich auf der einen Seite das Künstlerischwerden des menschlichen Empfindens selber, auf der anderen Seite die Möglichkeit, dieses Künstlerische auch so zur Darstellung zu bringen, wie es gebracht werden kann, wenn der ganze Mensch, wie ich es angedeutet habe, als gewissermaßen musikalisch-sprachliches Instrument benützt wird. So dringen wir wohl in Naturgeheimnisse tief hinein, wenn wir in dieser Formsprache diese Geheimnisse suchen, die wir in der Eurythmie zur Offenbarung zu bringen bestrebt sind.«

Eurythmie als sichtbarer Gesang: Toneurythmie

> Die Sprache ist immer ein Verhältnis des Menschen zur Welt.
> Musik ist ein Verhältnis des Menschen als seelisch-geistiger Mensch
> zu sich selbst.
> In der Toneurythmie wird anschaulich, was in der Musik im
> Unanschaulich-Hörbaren lebt.

Der Ausgangspunkt für die Entwicklung der Toneurythmie

Die ersten Ausgangspunkte für das Musikalische finden wir bereits innerhalb des zweiten Eurythmiekurses 1915.[17] Es handelte sich zunächst um Armstellungen in streng geometrischen Winkeln in bestimmten Abständen für die Dur-Skala. Aus diesen Stellungen heraus ließ sich das gesamte Tonsystem für das Sichtbarmachen der Töne, der Tonskalen entwickeln. Grundstellung war die aufrechte Gestalt. Es begann in Kinderkursen mit einfachen Liedern; die Töne wurden im Stehen, Laufen und Hüpfen geübt. Die ersten Formen für die Toneurythmie erbat eine Eurythmie- und Musiklehrerin der Fortbildungsschule in Dornach für ihre jungen Schülerinnen (1920): »Trauermarsch« von Felix Mendelssohn-Bartholdy und »Pastorale« aus dem Weihnachtsoratorium von J. S. Bach. Bald danach (1921) kam das erste Toneurythmie-Solo mit einer Form von Rudolf Steiner auf die Bühne: »Schmetterling« von Edward Grieg, interpretiert durch eine junge Eurythmistin. In überraschend schneller Weise entfaltete sich nun von Jahr zu Jahr die Toneurythmie. Als der Toneurythmiekurs 1924 abgehalten wurde, waren schon über hundert von Rudolf Steiner eingerichtete Musiken aufgeführt worden: Klassisches und Romantisches, wie Bach, Händel, Beethoven, Mozart im Gegensatz zu Brahms, Schumann, Chopin; für Klavier-, Streich- und Blasinstrumente in Solo-, Duo- und Gruppenformen. Sogar zwei Sätze aus dem »Septett« von Beethoven. Für bestimmte Musikstücke waren Fingerhaltungen, Kopf- und Blickrichtungen vorgeschrieben. Phantasievolle Kostüme und manchmal auch Kopfbedeckungen vervollständigten mit den Beleuchtungen das Bühnenbild. Nichts äußerlich ästhetisch Wirkungsvolles! Aber aus dem absoluten Verständnis für eine musikalische oder poetische Schöpfung entstand Kongeniales durch den Zusammenklang von Bewegung, Form, Farbe, Kostüm und Beleuchtung. Die Formen, »technisch« (um das eigentlich nicht passende Wort zu gebrauchen) meistens sehr schwierig zu bewältigen, haben ihren Schwerpunkt nicht in den Füßen. Der Ansatzpunkt zum Toneurythmisieren liegt im Schlüsselbein. Die Formführung geht vom Schlüsselbein und Schulterblatt aus. Die Schwere des Körpers muß umgewandelt werden in ätherisch atmende, fließende, gleitende, schwungvolle Bewegung. Also vom rhythmischen Menschen aus wird die Bewegung impulsiert.

Oft ist allerdings auch die Schwere zur plastischen Gestaltung notwendig.

Takt, Rhythmus, Melos, Phrasierungen, Motivschwünge, Pausenschwung! Differenzierung von *forte* und *piano*, Tempowechsel nach rechts: steigernd; nach links: verlangsamend; das Freudige des Dur im Kontrast zum Schmerzlichen des Moll, Konsonanz und Dissonanz müssen vollkommen von dem Instrument unseres Körpers beherrscht werden. So, wie der Musiker sein Instrument zum Spielen beherrscht. An dieser Stelle müssen wir uns auf die Darstellung einiger wesentlicher Grundelemente beschränken.

Rudolf Steiner wollte dem Kursus, für Eurythmisten und Musiker gehalten, noch weitere folgen lassen. Im Vortrag am 27. Februar 1924 äußert er sich folgendermaßen: »Es soll zunächst eine Anregung nach Verinnerlichung der Toneurythmie und der Eurythmie überhaupt sein.«

In den folgenden Jahren konnten eurythmisch große Orchesterwerke von Bach, Beethoven und Bruckner ausgearbeitet werden. Aufführungen von Sinfoniesätzen, wie auch die »Unvollendete« von Schubert gehörten in die festlichen Tagungsprogramme und großen Gastspielreisen.

Hier nun die Angaben Rudolf Steiners für die Dur-Skala[18] und die entsprechenden Winkelstellungen der Arme und Beine. Dabei gilt es zu beachten, daß es bei den Armbewegungen auf das Überführen von einem Winkel zum anderen ankommt.

Die Dur-Skala

Arme nach oben tragen
und parallel strecken: Prima

Ein Winkel von 30 Grad: Sekunda

Ein Winkel von 60 Grad: Terza

Im Kreuz stehen, 90 Grad: Quarta

Arme bleiben im Kreuz, 90 Grad
Beine im Winkel von 30 Grad: Quinta

Arme im Winkel von 60 Grad,
auch Beine: Sexta

Arme im Winkel von 30 Grad,
auch Beine: Septima

Später wurde die Dur-Skala durch die Differenzierung von ganzen und halben Stufen folgendermaßen ausgedrückt:

Prim	0° = das musikalische Bild von U
Sekund	Arme im Winkel von 36°
Terz	Arme im Winkel von 72°
Quart	Arme im Winkel von 90°
Quint	Arme bleiben im Winkel von 90°
	Beine im Winkel von 30° (Sprung)
Sext	Arme im Winkel von 54°
	Beine im Winkel von 60° (Sprung)
Septim	Arme im Winkel von 18°
	Beine im Winkel von 30° (Sprung)
Oktave	0° wie U

Die Moll-Skala

Bei der Moll-Skala ist die Prim (a) entgegengesetzt wie bei der Dur-Skala. Die Arme werden nach unten gesenkt, so daß sie am Körper anliegen. In Intervallen von je 18° oder 36° heben sich die Arme, bis sie bei der Quart in Schulterhöhe einen Winkel in der vorderen Ebene bilden. Bei der Quinte springen die Füße in einen Winkel von 30° nach vorne, die Arme bleiben wie bei der Quarte. Bei der Sext springen die Füße in einen Winkel von 60° nach vorn, bei der Septim wieder zurück in einen Winkel von 30° nach hinten und bei der Oktave in 0°. Die Arme gehen von der Sexte ab wieder zurück in Richtung Prim (Oktave).

Takt – Rhythmus – Tonhöhe

»Wo liegt denn eigentlich das Musikalische? Heute wird gar keiner zweifeln, daß das Musikalische in den Tönen liegt, weil er sich so furchtbar anstrengen muß in den Schulen, diese Töne richtig zu setzen, diese Töne in der richtigen Weise anzuordnen. Nicht wahr, es kommt darauf an, daß er die Töne beherrscht. Aber die Töne sind nicht die Musik! So wie der menschliche Körper nicht die Seele ist, so sind die Töne nicht die Musik. Und das ist sehr interessant, denn die Musik liegt zwischen den Tönen! Wir brauchen nur die Töne, damit wir etwas dazwischen haben können. Wir müssen natürlich die Töne haben, aber die Musik liegt zwischen den Tönen. Dasjenige, worauf es ankommt, ist nicht das c und nicht das e, sondern dasjenige, was zwischen beiden liegt... Dasjenige, was man hört, ist niemals musikalisch... aber das, was Sie nicht hörend erleben zwischen den Tönen, das ist die Musik in Wirklichkeit, denn das ist das Geistige in der Sache; während das andere der sinnliche Ausdruck davon ist.

Denken Sie, dadurch bringen Sie in das Musikalische im eminentesten Sinne die menschliche Persönlichkeit hinein, die menschliche Persönlichkeit der Seele. Die Musik wird nämlich um so beseelter, je mehr Sie das Nichthörbare in ihr zur Geltung bringen können, je mehr Sie das Hörbare nur benutzen, um das Unhörbare zur Geltung zu bringen. Dies zu fühlen am Musikalischen, das ist geradezu die Aufgabe des Eurythmisten. Daher muß der Eurythmist bei den Gesten von der Art, wie wir sie im Anfange gesehen haben, oder wie wir sie sonst schon gesehen haben, oder noch uns vorführen werden, bei diesen Gesten muß er seine Freude haben nicht in der Stellung, sondern in der Hervorrufung der Stellungen: in der Bewegung. Eurythmie liegt ihrer ganzen Ausdehnung nach nicht im Figurenmachen, sondern in der Bewegung.

Sie dürfen niemals sagen – ich habe das sehr häufig betont, ich sehe aber sehr häufig die gegenteilige Auffassung im praktischen Betriebe der Eurythmie –, Sie dürfen niemals sagen: das ist ein *i* (Armstrecken). Jetzt ist es kein *i* mehr. Ein *i* ist es so lange, so lange es gemacht wird, und so lange der Arm in Bewegung ist; so lange ist es *i*. Es gibt in der Eurythmie niemals etwas, was, nachdem es entstanden ist, noch seine Bedeutung hat. In der Eurythmie hat alles nur seine Bedeutung im Entstehen.

Daher soll der Eurythmist sorgfältig sein in dem Formen der Bewegung, alle Sorgfalt hineinlegen in jene Bewegung, durch die eine Form entsteht. Und er soll darauf bedacht sein, wenn die Form entstanden ist, sie so schnell wie möglich zur Verwandlung zu bringen, in die nächste Form überzuführen. So daß eigentlich der Eurythmist die Bewegung als sein Element betrachtet, nicht das Stehen in der Form oder das Festhalten der Form...

Nun gibt es am Menschen dreierlei. Der Mensch ist natürlich im Raume. Dasjenige, was an ihm räumlich ist, gehört nicht zur Eurythmie; aber dasjenige, was im Raume als Bewegung erscheinen kann, gehört eben zur Eurythmie. Nun, der Mensch ist deutlich im Raume auf eine dreifache Weise. Er ist erstens im Raume von oben nach unten und von unten nach oben. Der Mensch weiß, daß er oben den Kopf und unten die Füße hat und daß sich das unterscheidet voneinander, und wer den Menschen wirklich studiert, der wird das ebenso wichtig finden, wie man, sagen wir, in der Anatomie beschreibt ziemlich äußerlich: am Fuß sind die Fersenknochen, am Fuß sind die Zehenknochen, die Mittelfußknochen und so weiter, am Haupte ist das Scheitelbein, das Stirnbein, das Hinterhauptbein und so weiter. Dann beschreibt man, indem man weiter nach innen geht, das Gehirn. Man beschreibt die Muskeln des Fußes. Das alles beschreibt man so, wie wenn es irgend jemand beliebig zusammengelegt hätte und da die zufällige Menschengestalt entstanden wäre. In Wirklichkeit ist der Kopf die Oktave des Fußes. Und das ist eine ebensolche Wahrheit, daß der Kopf die Oktave des Fußes ist, wie das andere, was sonst in den Anatomiebüchern steht. Denn wenn Sie die Fußtätigkeit nehmen, von ihr ausgehen und dasjenige nehmen, was der Kopf dazu getan hat – der Kopf hat nämlich etwas dazu zu tun, daß Sie mit den Füßen gehen können –, und Sie können wirklich auffassen die Kopftätigkeit und die Fußtätigkeit, dann bekommen Sie die Kopftätigkeit im Verhältnis ganz genau in der Empfindung der Oktave zur Prim. Es ist nicht anders.

So kann man den ganzen Menschen durchgehen. Er ist eine musikalische Skala. Wir haben also den Menschen ausgedehnt von oben nach unten, von unten nach oben. Wir haben den Menschen aber auch ausgedehnt in der Richtung rechts – links, und wir haben den Menschen ausgedehnt in der Richtung vorne – hinten, hinten – vorne. Die anderen Richtungen liegen dazwischen und können auf diese drei Richtungen, die sich deutlich am Menschen unterscheiden, zurückgeführt werden.

Indem der Mensch das musikalische Erleben überführt in Eurythmie, führt er es in Bewegung über. Er kann aber eigentlich gar nicht anders, als in irgendeiner Weise bei seinen Bewegungen hineinkommen in diese drei verschiedenen Richtungen. In irgendeiner Weise muß er diese drei Richtungen zur Hilfe nehmen, wenn er das Musikalische in Bewegung bringen will, denn diese drei Richtungen stellen ihn und seine Bewegungsmöglichkeiten dar. Die menschlichen Bewegungsmöglichkeiten sollen ja in der Eurythmie zum Vorschein kommen.

Wenn Sie Oben – Unten, Unten – Oben nehmen ... und aus dem, was ich Ihnen über den Dur-Dreiklang, Moll-Dreiklang und so weiter gesagt habe, auch aus dem, was ich eben gesagt habe in bezug auf Fuß und Kopf, werden Sie fühlen können: in der Höhe des Menschen, in Oben und Unten, Unten und Oben liegt die Tonhöhe, und wir haben kein anderes Mittel, die Tonhöhe auszudrücken, als mit dem Arm nach oben und unten, mit der Hand nach oben und unten, meinetwillen auch mit den Beinen nach oben und unten zu gehen, mit dem Kopf nach oben und unten zu gehen.

Wir bewegen uns, indem wir die Tonhöhe zum Vorschein bringen, in der vertikalen Richtung (s. Zeichnung S. 114). Nehmen wir Rechts – Links. Rechts – Links geht unmittelbar in die gebärdenhafte Bewegung über. Wobei kommt denn das Rechts – Links ganz besonders zum Vorschein? Das Rechts – Links kommt ganz besonders beim Menschen im Schreiten zum Vorschein. Das Schreiten ist eigentlich das In-Bewegung-Bringen des Rechts – Links: rechtes Bein – linkes Bein – rechtes Bein – linkes Bein. Und so lange hat das Rechts – Links kein Leben in sich, als Sie nur philiströs im Leben gehen; so lange ist kein Leben in dem Rechts – Links drinnen. Es kommt aber sogleich Leben, wenn Sie irgend etwas differenzieren in dem Rechts – Links, so wie schon die Natur differenziert den rechten Arm als denjenigen, mit dem wir schreiben, den linken Arm als denjenigen, mit dem wir gewöhnlich das Schreiben nicht lernen. Sie können aber auch einfach differenzieren, indem Sie mit dem rechten Bein stark auftreten, das linke Bein zurückziehen, und dann erst wieder aufstellen. Alles dasjenige, was in dieser Weise durch die Differenzierung von rechts und links zustande kommt, das ist dasjenige, was mit dem Takt zusammenhängt (s. Zeichnung S. 114) Der musikalische Takt geht durch das Rechts – Links in die eurythmische Bewegung über.

Nun bleibt noch das Vorne und Hinten. Es handelt sich darum, daß man innerlich dieses Vorne – Hinten auffaßt. Und da ist es nötig, ein wenig auf den Menschen zu sehen.

Nicht wahr, das Vorne – Hinten ist nicht nur so, daß, ich möchte sagen, irgendein Zeichen geschrieben ist an der einen Seite, daß es vorne ist, an der anderen Seite, daß es hinten ist. Es ist so, daß Vorne – Hinten, daß wir nach vorne sehen, nach rückwärts nicht sehen, daß wir

Skizzen Rudolf Steiners für die Eurythmiefiguren ›Dur-Dreiklang‹ und ›Moll-Dreiklang‹

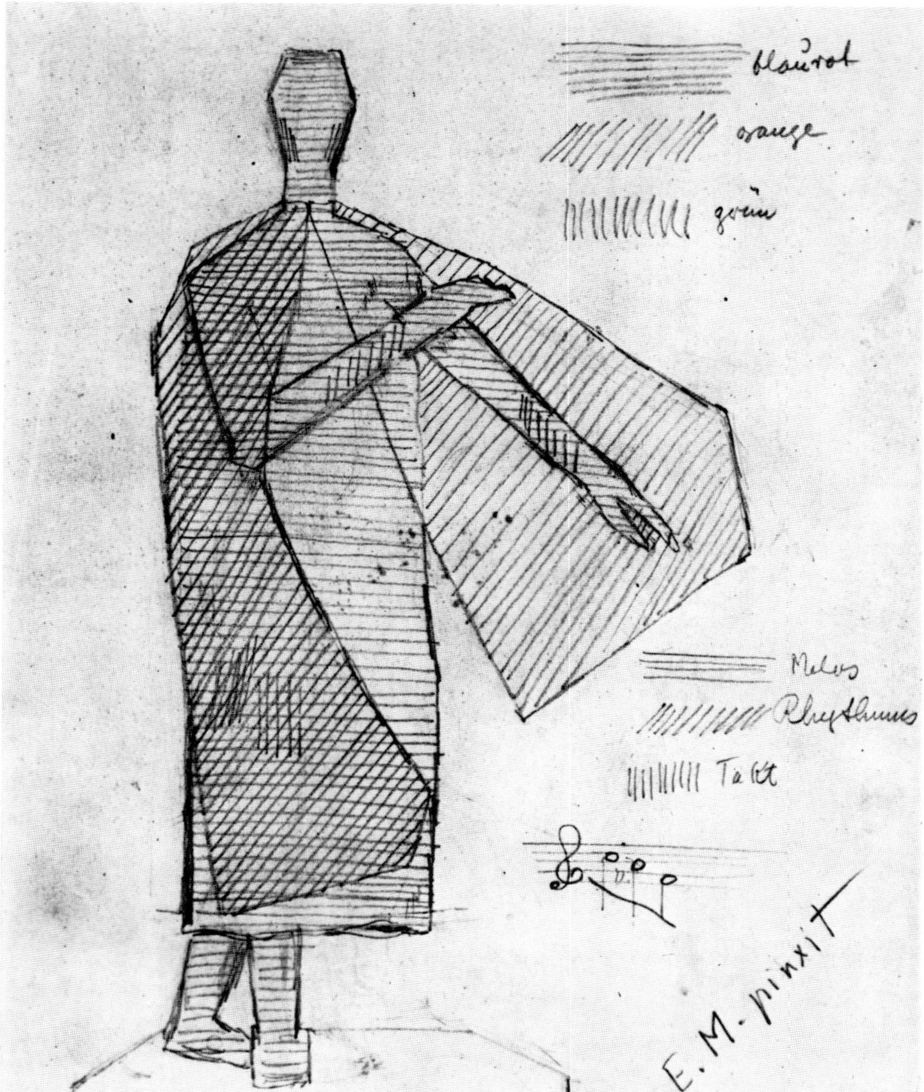

blaurot

orange

grün

Melos

Rhythmus

Takt

E.M. pinxit

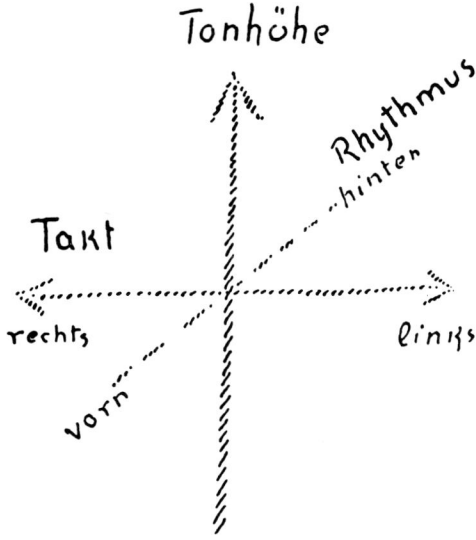

tatsächlich hinter uns die finstere Welt haben, die wir nicht einmal zu ahnen brauchen; vor uns haben wir die ganze sichtbare Welt, die sich da ausbreitet. Und wir können entweder dieser ganzen sichtbaren Welt in unserer Bewegung das Vorne zuwenden, dann rechnen wir mit dem Vorne. Wenn wir in der Bewegung das Vorne zuwenden, heißt das, wir machen eine Bewegung kurz. Wir sind drinnen in der Welt. Wir machen sie kurz. Wenn wir nicht hineinkönnen, wenn wir an dem festhalten, gewissermaßen an der Finsternis hinten kleben, nicht herauskönnen, machen wir sie lang, so daß wir einfach nach dem Verhältnis von vorne und hinten ›kurz – lang‹ unterscheiden. Und wir haben dann ∪ – oder – ∪: Jambus, Trochäus. (Siehe vorhergehendes Schema: Rhythmus.) Das heißt, wir haben den Rhythmus; das Vorne – Hinten gibt den Rhythmus.

Und nun haben Sie eigentlich drei Elemente des Musikalischen, die Sie in Ihren musikalischen Formen gebrauchen können. Sie treten, wenn ich so sagen darf, den Takt; Sie drücken den Rhythmus aus im Schnell – Langsam, und Sie drücken das eigentlich Musikalische, das Melos aus, indem Sie die Bewegungen entsprechend oben oder unten ausführen. Dadurch aber haben Sie in Takt, Rhythmus, Melos den ganzen Menschen in das Eurythmische eingeschaltet.

Die Musik ist im Grunde genommen der Mensch. Und gerade an der Musik ist richtig zu lernen, wie man von der Materie loskommt. Denn wenn die Musik materialistisch werden will, lügt sie eigentlich: sie ist ja nicht ›da‹! Alles übrige Materielle ist da in der Welt, drängt sich auf. Die musikalischen Töne sind ursprünglich gar nicht da, die müssen wir erst künstlich erzeugen; die müssen wir erst machen. Das Seelische, das zwischen den Tönen liegt, das lebt im Menschen; nur beachtet man es heute wenig, weil eben die Welt so unmusikalisch geworden ist.«[19]

Das Sich-Fortbewegen der musikalischen Motive in der Zeit

»Die eigentliche eurythmische Darstellung muß, wie Sie namentlich aus den gestrigen Auseinandersetzungen entnehmen können, ausgehen vom Melos, vom Melodiösen, von dem Motiv, wie man auch sagen könnte. Das Fortlaufen der Motive, der musikalischen Motive in der Zeit, das bedeutet eigentlich auch den Gang, den das Eurythmische an der Hand des Musikalischen nehmen muß.

Nun wollen wir gerade heute auf dieses einmal mehr eingehen. Sie werden auch da sehen, wie es notwendig ist, dabei auf das eigentliche Musikalische besonderes Augenmerk zu richten. Nicht wahr, in dem Fortlaufen der Motive liegt es, daß das Musikalische als Musikalisches, nicht als Ausdruck, sondern als Musikalisches sinnvoll wird. Und dieses Sinnvolle muß nun auch in der eurythmischen Darstellung durchaus herauskommen. Und so wird es sich darum handeln, wie eigentlich ein Fortlaufen eines musikalischen Motives in der eurythmischen Darstellung behandelt werden muß.

Gewöhnlich sieht man in der Musik selbst, sogar im Hören oftmals nicht darauf, wie innerhalb des Motives selbst fortläuft der Sinn des Musikalischen. Sie wissen, daß innerhalb des Motives sehr häufig der Taktstrich liegt, oder überhaupt innerhalb des Motives liegt der Taktstrich. Nun, der Takt also, der Taktwechsel, unterbricht damit das Motiv. Und wenn man dann von dem einen eingeschlossenen Motiv zu der nächsten Gestaltung des Motives übergeht, so hat man sehr häufig das Gefühl, daß zwischen den verschiedenen Gestaltungen der Motive eigentlich so etwas liegt ... wie ein totes Intervall ...

Und wenn man vom toten Intervall spricht und es vergleicht mit dem, was zwischen zwei Worten der Sprache ist, so vergleicht man nicht richtig. Denn derjenige, der kunstgemäß sprechen will, sollte gerade zwischen zwei Worten nicht davon sprechen, daß da ein totes Intervall ist, sondern im Gegenteil, er sollte den größten Wert darauf legen, wie der Übergang von einem Worte zum anderen ist.

Denken sie doch, daß in der Sprache, in der Sprachbehandlung im Grunde genommen folgender Unterschied zwischen schlechter und guter Sprachbehandlung ist. Behandeln Sie in der Sprache jedes Wort für sich, so ist das etwas anderes, als wenn Sie gerade ein sehr deutliches Gefühl davon haben: ein Wort schließt in einer bestimmten Weise, das nächste beginnt in einer bestimmten Weise – und Sie suchen Sinn darinnen, daß zwischen dem eigentlich Sinnlichen, womit das eine Wort schließt und das andere Wort beginnt, der Geist liegt, den Sie zum Ausdruck bringen wollen. Der liegt ja auch zwischen den Worten. Auch in den Worten hören wir mit dem Laute nur das Sinnliche. Der Geist liegt auch beim Sprechen in dem Unhörbaren. Es ist ja traurig, daß die gegenwärtigen Menschen so wenig Gefühl für das Unhörbare haben und gar nichts mehr zwischen den Worten hören. Einen geisteswissenschaftlichen Vortrag kann man überhaupt nicht verstehen, wenn man nur die Worte versteht, sondern da muß man zwischen den Worten, sogar in den Worten hören – in den Worten nämlich dasjenige, was hinter ihnen liegt. Da sind die Worte überall im Grunde genommen nur die Hilfen, um dasjenige auszudrücken, was nicht gehört werden kann.

Und so handelt es sich darum, daß wir die Möglichkeit finden, innerhalb eines Motives, da, wo der Taktstrich steht, und zwischen den Motiven, auch in der eurythmischen Bewegung zu unterscheiden. Und wir werden so unterscheiden, daß die Bewegung beim Taktstrich in sich gehalten ist; daß also der Betreffende, der die Bewegung macht, gewissermaßen in sich die Bewegungen macht, womöglich auch andeutet durch die Lage der Arme und Hände, daß er sich zusammenschiebt, und vor allen Dingen, wenn er eine Form macht, in der Form sich zusammenschiebt, daß heißt in der Form stecken bleibt. Dagegen beim Übergang von einer Motivmetamorphose zur anderen handelt es sich darum, daß wir uns hinüberschwingen, daß wir uns geistvoll hinüberschwingen von einer Motivmetamorphose zur anderen, daß wir also tatsächlich auch in der Körperbewegung selber eine Art Hinaufschwingen haben, während wir ein steifes Sich-Geradestellen versuchen werden innerhalb des Motives da, wo der Taktstrich steht...

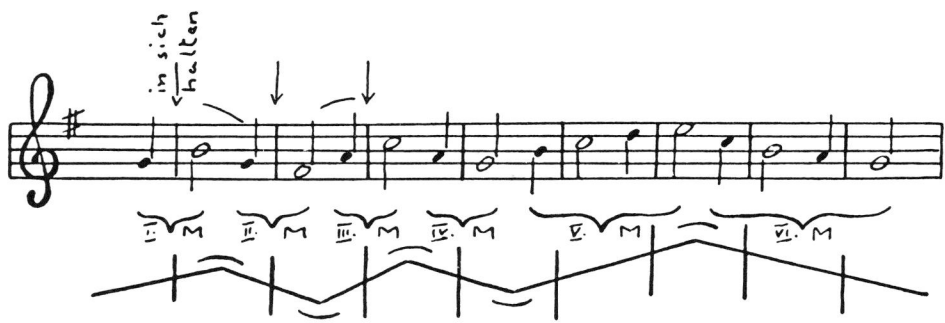

Nun wollen wir, um uns die wirkliche Bedeutung dessen, was ich gesagt habe, klarzumachen, ein möglichst einfaches Motiv wählen und an diesem einfachen Motiv dann sehen, was eigentlich mit dem, was ich gesagt habe, gemeint ist. Wir gehen also aus von einem g und gehen im Motiv über zu einem h, kommen dann wiederum zurück zu einem g, gehen im Motiv über zu einem fis und so weiter. Nun haben wir also: erstes Motiv, zweites, drittes, viertes, fünftes, sechstes Motiv, und nun handelt es sich darum, wie wir diese Motivfolgen eurythmisch durchführen. Wir werden also hier (1) ein In-sich-Halten haben, bei 2 ein kühnes Sich-Hinüberschwingen; nicht wahr, jetzt sind wir auf-, jetzt sind wir abgestiegen, dazwischen haben wir die Taktstriche. Jetzt haben wir wiederum hier (s. Notenbeispiel S. 116) In-sich-Halten, kühnes Hinüberschwingen, In-sich-Halten. Also wenn ich das Ganze zeichne: auf, ab, auf, ab, auf, ab, haben wir hier überall Taktstriche dazwischen, bei dem 5. und 6. Motiv je zwei Taktstriche, und wir haben also eine Folge von 1, 2, 3, 4, 5, 6, 7, 8 In-sich-Halten und 1, 2, 3, 4, 5 Sich-Hinüberschwingen. Versuchen Sie einfach gerade zu sein, aber die ganze Bewegung anzupassen; gerade zu sein beim Taktstrich und sich kühn hinüberzuschwingen bei dem Übergang von der einen Motivmetamorphose zu der anderen Motivmetamorphose. Der Taktstrich muß stark angedeutet werden, ein starkes In-sich-Halten. Wir dürfen nur nie auf die Note kommen, es ist immer zwischen der Note...

Sie sehen, daß in der eurythmischen Darstellung sich ganz besonders das ergibt, daß in der Musik den eigentlichen Geist die Melodie aufnimmt und fortleitet. Im Grunde genommen bringt alles übrige nicht den Geist des Musikalischen hinzu, sondern ist unter allen Umständen eine Art illustrativen Elementes. Aber damit Sie dieses in sich befestigen können, möchte ich Sie bitten, erstens einmal den ganzen Menschen im Musikalischen wirklich zu suchen. Der Eurythmist ist genötigt, auf dieses hinzuschauen, wie der ganze Mensch ins Musikalische gewissermaßen ausfließt.«[20]

Die beharrende Note und die Pause

»Für den Eurythmisten ist die beharrende Note, der Orgelpunkt, und die Pause von ganz besonderer Wichtigkeit. Und es ist schon eine ernste Frage, ob dasjenige, was Orgelpunkt, oder dasjenige, was nur in irgendeiner Weise erinnert an die beharrende Note – es ist schon von einer großen Wichtigkeit –, daß dies ordentlich berücksichtigt wird. Und es wird ordentlich berücksichtigt, wenn der Eurythmist jedesmal, wenn er an eine beharrende Note kommt oder an irgend etwas, was entweder im Keime ein Orgelpunkt ist oder ein Orgelpunkt werden könnte, wenn er das in möglichster Ruhe, mit Herauskehrung des ruhigen Stehens eurythmisiert, wenn er also nicht weitergeht im Raume, während er die beharrende Note hört.

Dagegen ist es andererseits von Wichtigkeit, daß er sich innerlich in den musikalischen Sinn vertieft für alles dasjenige, was mit der Pause zusammenhängt. Da ist es gerade gut, auf so etwas zu sehen. Sie haben hier Gelegenheit (siehe Notenbeispiel), aus der niedergehenden Stimmung hoch heraufzugehen mit einer entsprechenden Pause, die sogar, was für den Eurythmisten ein Widerspruch scheinen könnte, mit einem Taktstrich ausgefüllt ist.

Ich erwähne das gerade aus dem Grunde, weil es für den Eurythmisten nach dem, was ich gesagt habe, wie ein Widerspruch in sich aussieht. Ich habe Ihnen gesagt: Taktstrich bedeutet Anhalten, in sich die Bewegung machen; Übergang von einem Motiv zum anderen bedeutet möglichst fortschreiten im Raume, mit einer schwungvollen Bewegung, die

Aus der Klaviersonate in F-Dur von W. A. Mozart

natürlich den entsprechenden Noten angepaßt ist, fortschreiten im Raume. Hier haben Sie das, daß Sie als Eurythmist zunächst sagen können: Nun weiß ich wirklich nicht, was ich machen soll; ich soll fortschreiten, und ich soll zugleich stehenbleiben. Und das sollen Sie nämlich auch. Sie sollen nämlich in zwei Schritten fortschreiten und dazwischen stehenbleiben. Sie sollen es also zuwege bringen, wenn so etwas hier vorliegt wie dieses Beispiel, das entlehnt ist aus der F-Dur-Sonate von Mozart, wo Sie eine gewisse große Pause haben können, auf die aber sogar der Taktstrich fällt, daß Sie mit einer schwungvollen Bewegung von der einen Note zur anderen hinüberkommen, aber in der Mitte der schwungvollen Bewegung, in der Pause, in sich ruhend stehenbleiben. Da werden Sie sehen, wie Sie gerade durch die Eurythmie radikal andeuten, daß das Musikalische *zwischen* den Noten liegt, denn Sie eurythmisieren in einem solchen Fall ganz eminent die Pause. Das ist es, was wirklich von ganz besonderer Wichtigkeit ist.

Und nun vergleichen Sie, wie ich auf der einen Seite sagte: Wenn die Note beharrt, versuche man möglichst stehenzubleiben, in sich zu sein. Das wird natürlich ästhetisch dadurch zum Ausdrucke kommen, daß man den Orgelpunkt, die beharrende Note, in der Regel in der zweiten Stimme haben wird, und man wird dasjenige, was zwei Stimmen hat, eigentlich immer mit zwei Personen und mit zwei Formen geben müssen. So daß also die sehr schöne Variation herauskommen kann zwischen den beiden Personen, daß die eine Person fortgeht in der Bewegung, die andere Person bei der beharrenden Note stehenbleibt, und man dann die Bewegungen so ausführt, daß diejenige Person, welche stehenzubleiben hat, einen kürzeren Bogen auszuführen hat, diejenige Person, welche mittlerweile fortzuschreiten hat, einen ausführlichen Bogen zu gehen hat – und sie finden sich wiederum. Dadurch wird das eine Bewegung sein, eine gute Bewegung, die sich einerseits zwischen dem Hinüberschwung, zwischen dem Intervall, das bis zur Pause gehen kann, und andererseits in dem Orgelpunkt oder überhaupt in der beharrenden Note geltend machen kann.

Auf diese Weise muß allmählich das eigentlich Toneurythmische herauskommen. Denn nur, wenn Sie in dieser Art fühlen, werden Sie das eigentlich Toneurythmische herausbringen. Sie sehen daraus zu gleicher Zeit, daß man im wesentlichen wird Vielstimmiges durch eine Anzahl von Personen zum Ausdrucke bringen und auch in einer Anzahl von Formen.

Die Formen müssen dann so ausgeführt werden, daß sie einander wirklich entsprechen, so wie die einzelnen Stimmen im Tonbilde selbst einander entsprechen.

Wenn Sie das nun in der Empfindung weiter ausführen, wovon ich gesprochen habe, daß das Musikalische in den Spannungen liegt, in den Lösungen, in der Auf- und Abbewegung,

Eurythmieform von Rudolf Steiner

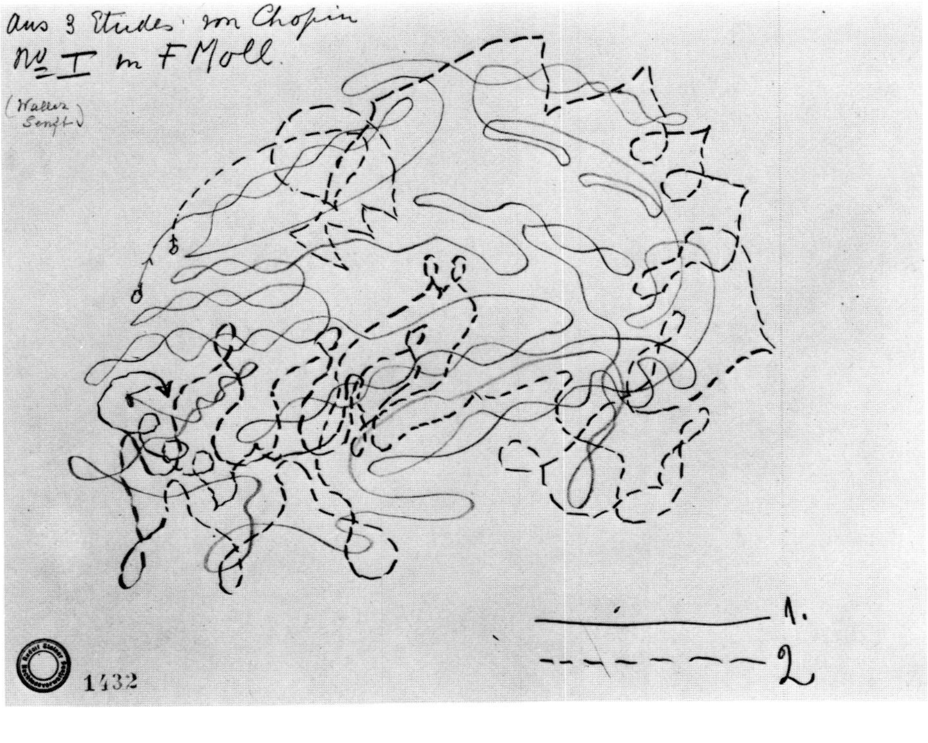

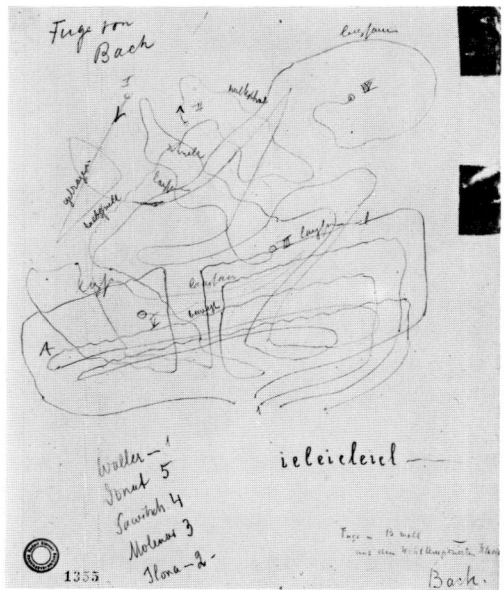

Eurythmieform von Rudolf Steiner

dann haben Sie etwas, was die Musik ausdrückt. Aber sie drückt nicht dasjenige aus, was den Sinn der Worte bildet, sondern sie drückt dasjenige aus, was das Geistige in der Tonbewegung selber ist. Und deshalb wird es für den Eurythmisten von ganz besonderer Wichtigkeit sein, daß er auf so etwas, was die Bewegung im eminentesten Sinne ganz innerlich ausdrückt, auch eine besondere Rücksicht nimmt, das ist: die Dissonanz und die Konsonanz. Nicht wahr, der Komponist wird niemals ohne Absicht eine Dissonanz gebrauchen; aber eine Musik ohne Dissonanz ist eigentlich keine Musik, weil sie nichts innerlich Bewegtes ist. Der Komponist, der Musiker überhaupt, gebraucht die Dissonanz. Er hat eigentlich die Konsonanz dazu, um die Dissonanzen wiederum zu beruhigen, um die Dissonanzen zu irgendeinem Abschlusse zu bringen. Aber in demjenigen, was an der Dissonanz und Konsonanz erlebt wird, wird überhaupt etwas zum Vorscheine gebracht, was mehr, als man in Worten sagen kann, an das Weltgeheimnis herantrifft.

Nehmen Sie an, es erklingt ein dissonierendes Motiv, das dann in eine Konsonanz übergeht. Betrachten wir den Eurythmisierenden dabei. Er kann durchaus alles dasjenige an Formen berücksichtigen, was ich angeführt habe, was wir vielleicht noch anführen werden; er wird zur Konsonanz übergehen und wiederum an Form dasjenige für die einzelnen Intervalle brauchen, was wir angeführt haben. Aber er solllte den Übergang von einer Dissonanz zu einer Konsonanz, oder umgekehrt, in seiner Darstellung zum Ausdrucke

120

bringen. Und es sollte so sein, daß der Eurythmisierende, indem er in einer Dissonanz fortschreitet, in dem Augenblicke, wo er zu einer Konsonanz übergeht, einen Ruck in die Bewegung selber hinein macht.

Dadurch wird etwas sehr Bedeutsames zum Ausdruck gebracht. Dadurch wird zum Ausdruck gebracht, daß jetzt etwas eintritt beim Übergang der Dissonanz in die Konsonanz oder umgekehrt, was man eigentlich aus sich herausstellt. Ich könnte das, was ich da aufgezeichnet habe, auch so zeichnen:

Beachten Sie, ich lösche ein Stückchen aus. Das ist, wo man zurückgeht. Dieses Gefühl werden Sie haben: Sie haben ein Stückchen ausgelöscht. Das ist das Hineingehen ins Geistige. Wenn Sie ein Stückchen auslöschen von Ihrem Wege, da annullieren Sie allen Ton in der Bewegung, und Sie deuten an: Jetzt ist etwas da, was man nicht mehr in der Sinneswelt zum Ausdrucke bringen kann, sondern jetzt gebe ich dir nur die Grenze an von demjenigen, was du eigentlich vorstellen sollst.«[21]

Der Ansatz zum musikalischen Eurythmisieren liegt im Schlüsselbein

»Ich habe des öfteren betont, wie Eurythmie herausgeholt ist aus dem Wesen der menschlichen Organisation, aus den Bewegungsmöglichkeiten, die im menschlichen Organismus vorgebildet sind. Der menschliche Organismus enthält tatsächlich in sich veranlagt auf der einen Seite das Musikalische, auf der anderen Seite aber – für die Toneurythmie sei das besonders gesagt – die in Bewegung umgesetzte Musik. Es ist Ihnen ohne weiteres klar, daß das Musikalische seinen Sitz sozusagen in dem menschlichen Brustorganismus, oberhalb desselben hat. Wenn wir nun fragen: Wie finden wir im menschlichen Organismus selber den Übergang von dem Singen, von der inneren musikalischen Organisation, die dem Menschen zugrunde liegt, zu demjenigen, was uns in dem Bewegungsorganismus der Eurythmie vorliegt –, dann müssen wir ja natürlich – das ist unmittelbar anschaulich – uns an dasjenige halten, was sich an den Brustorganismus an Bewegungsgliedern anlehnt, was sich aus dem Brustorganismus an Bewegungsgliedern heraus ergibt ...

Der Mensch hat ein eigentümliches Organ, das gewissermaßen den Ansatz anatomisch-physiologisch bildet zwischen der Brust und dem Arm: das Schlüsselbein. Es ist S-förmig. Das Schlüsselbein ist wirklich ein ganz wunderbarer Knochen. Es ist derjenige Knochen, der an seinem einen Ende in Verbindung steht auch mit der menschlichen Mitte und der ausläuft mit seinem anderen Ende, nachdem er sein S gebildet hat, nach der Peripherie, nach dem Dirigieren der Arme und Hände ... Sehen Sie, im Schlüsselbein können Sie den Ansatz zum musikalischen Eurythmisieren fühlen; da liegt er. Und werden Sie sich bewußt, daß eine Kraft in Ihre Arme und Hände geht vom Schlüsselbein und seinen Ansatzmuskeln, dann werden Sie in Lebendigkeit toneurythmisieren. Dann haben Sie den Ansatz. Es handelt sich wirklich darum, daß man seine Glieder lebendig fühlt, um sie dann zu solchen Bewegungen, wie wir sie durchgemacht haben, zu benützen. Wer nicht hinfühlen kann an eine bestimmte Stelle, der wird auch nicht den rechten Ansatz finden.«[22]

Intervalle

»Es ist also notwendig, daß Sie sich vor allen Dingen dadurch für die Toneurythmie vorbereiten, daß Sie geradezu Ihr Bewußtsein konzentrieren auf das linke und das rechte Schlüsselbein. Und wenn Sie beginnen zu toneurythmisieren, dann verlegen Sie Ihr Bewußtsein zunächst beim Auftreten in das linke und in das rechte Schlüsselbein. Haben Sie das Gefühl: dasjenige, was Sie an feinen Bewegungsmöglichkeiten in Arme und Hände hineingießen, das geht von Ihrem Schlüsselbein aus, so wie die Stimme von ihrer Ansatzstelle ausgeht. Und haben Sie dann das Gefühl, Sie gießen dieses Gefühl, das Sie da bewußt erregen im Schlüsselbein, zunächst in die Gelenkpfanne des Oberarmes hinein. Und haben Sie das Gefühl, wenn Sie auch mit den Beinen durch Schreiten den Grundton ausdrücken: schon indem Sie den Arm nur entfalten, gehe die Kraft, die den Arm entfaltet, zum Grundton, von ganz oben, von der Ansatzstelle des Armes aus. Fühlen Sie, als wenn der ganze Unterarm, sogar noch der Oberarm, als wenn der ganze Unterarm und Hand und Finger leicht wären, wie wenn die keine Schwere hätten, wie wenn sie gar nicht da wären, wie wenn Sie sie ganz lässig behandeln würden; aber fühlen sie eine starke Kraftentfaltung hier in der Ansatzstelle: dann haben Sie im Arm den Grundton festgehalten. Und fühlen Sie das Heben oder das Wenden Ihres Oberarmes, fühlen Sie das im Zusammenhang mit der

Bewegung, die ich Ihnen gezeigt habe für die Sekund. Fühlen Sie die Sekund selbst, wenn Sie die Hand in einer bestimmten Weise dabei halten müssen, so, als wenn die Kraft zu dieser Handhaltung vom Oberarm ausginge, dann haben Sie die richtige Entfaltung der Sekund, dann ist es eine Sekund.

Und wenn nun dasjenige, was gewissermaßen vom Schlüsselbein aus flutet, über den Oberarm geht, weiterflutet nach dem Unterarm, dann erst wird es beim Weiterfluten nach dem Unterarm zur Terz. Aber da stellt sich etwas höchst Merkwürdiges ein. Sie entfalten, um die Terz zu bilden, die Bewegung – ich habe sie in der ersten Stunde angegeben – für die Terz. Sie brauchen den Unterarm dazu, bei beiden Händen, bei der rechten oder linken Hand, je nachdem Sie die Terz bilden. Wenn Sie nun das Gefühl, das Sie im Oberarm gebraucht haben, weiterfluten lassen, so können Sie es über den Ellenbogen in den hinteren Teil des Unterarmes fluten lassen. Das geht. Sie kommen, indem Sie über den Ellenbogen gehen, zu der Ansatzstelle der Terz. Sie können sich fragen: Kann ich auch das Gefühl hierher fluten lassen (den Arm entlang innen nach vorne zur Hand)? Da werden Sie, wenn sie gesund fühlen, sagen: das geht nicht. Hier hinten, da kann ich das Gefühl hervorfluten lassen bis zur hinteren Handfläche. Wenn ich es hier (Innenarm) herunterfluten lasse, das geht nicht. Da muß ich mir vorstellen: es kommt mir entgegen, es kommt von unten herauf. Ich muß mir vorstellen, ich greife irgendwo mit der Hand hin und das Gefühl flutet hier herüber. – Es gibt also zwei Möglichkeiten: Wenn hier die Ansatzstelle des Oberarmes ist (s. Zeichnung S. 124), kann das Gefühl hier fortfluten (nach unten). Wir kommen von der Sekund zur Terz. Wir können auch das entgegenkommende Gefühl entfalten; da müssen wir es von der Hand hereinkommend denken (Pfeil).

Nun, sehen Sie, das ist doch etwas Wunderbares! Der menschliche Arm hat einen Oberarmknochen für die Sekund, und er hat zwei Unterarmknochen, die Speiche und die Elle, weil es zwei Terzen gibt. Der hintere Unterarmknochen [Elle] stellt die große Terz, der vordere Unterarmknochen [Speiche] stellt die kleine Terz dar. Es ist in einer ganz wunderbaren Weise die Skala lebendig in Knochen und Muskeln des Armes. Kommen Sie nun zu den Ansatzstellen der Hand, wo die kleinen Knochen hier sind, so fühlen Sie noch genau so, als ob Sie in Ihrem eigenen Inneren wären. Heraus geht man erst, wenn man zur vollen Hand kommt. Die Quarte ist noch im Innern. Sie ist hier an der Ansatzstelle (der Hand). Hier müssen Sie fühlen die Bewegung, die Ihnen die Quarte gibt. Die Quinte ist hier an der Hand selber. Die Sexte fühlen Sie hier in den Oberfingern, und die Septime, ich habe es Ihnen gezeigt, können Sie insbesondere mit den Unterfingern machen. Da müssen Sie das Gefühl bis in die Unterfinger schicken.

Sie sehen, es ist nicht eine Redensart, wenn man sagt, es wird das Eurythmische aus der Organisation des Menschen herausgeholt. Es wird so stark herausgeholt, daß man ganz sich an den Bau des Menschen halten kann, daß man die zwei Unterarmknochen für die große und kleine Terze hat, so daß Sie auch darinnen nun das entsprechende Gefühl zu entwickeln haben für eine Dur- und für eine Moll-Tonart. Die Dur-Tonart empfinden Sie in dem hinunterflutenden Gefühl, das über den Ellenbogen in die Elle geht und dann nach dem Handrücken. Und wenn Sie es nach dem Handrücken hin fühlen, so ist dieses Gefühl Dur.

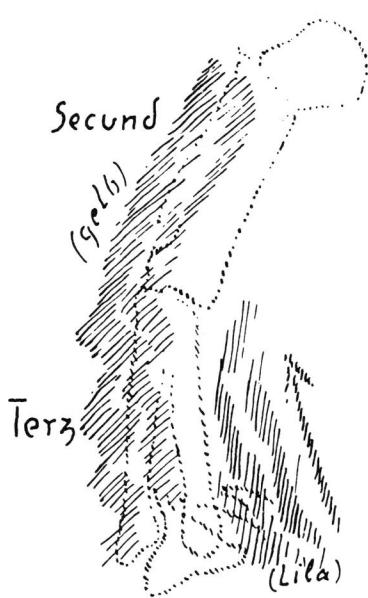

Wenn sie aber einen kleinen Luftzug oder ein Gefühl, das Ihnen entgegenkommt, fühlen, das durch die Hohlhand geht und hier an dem unteren Arm in den inneren Knochen hineingeht, da haben Sie das Moll-Gefühl. Eignen Sie sich nur ein Gefühl an für solche Gefühlsversetzungen in den menschlichen Organismus, dann werden Sie schon finden, daß Sie ganz innerlich musikalisch werden, denn Sie leben die Skala aus.

Versuchen Sie es einmal, zwei Eurythmisierende anzuschauen, von denen der eine so die Bewegung formt, wie sie etwa auch ein aus Papiermaché künstlich nachgemachter Maschinenmensch formen würde, und ein solcher, der nun wirklich den Ansatz im Schlüsselbein fühlt, den Grundton in der Ansatzstelle des Oberarmes, die Sekund von hier ausgehend (Oberarm), die Terz im Unterarm, und was weiter ist, Quarte, Quinte, Sexte, Septime, in der Hand selber. In den Händen müssen wir aus uns heraus. Wir sind am meisten aus uns heraus in den Unterfingern. Da entsteht die Septime. Es kommt bei der Eurythmie wirklich nicht darauf an, daß man künstlich Bewegungen erfindet, sondern daß man die Bewegungsmöglichkeiten, die in der menschlichen Form veranlagt liegen, aus dem Menschen herausholt. Dadurch unterscheidet sich die Eurythmie von allen anderen heutigen Versuchen an Bewegungskünsten. Sehen sie sich irgendwelche solche Versuche an Bewegungskünsten an, so werden Sie nirgends finden, daß in dieser Weise dasjenige aus dem Menschen herausgeholt ist, was gemacht wird. Aber man muß zuerst wissen, daß der menschliche Arm mit der menschlichen Hand im Ansatz durch das Schlüsselbein eben die Skala ist ...

Alles dasjenige, was im Anhang aus Lunge, Kehlkopf und so weiter kommt, das ist nach außen hin entsprechend metamorphosiert, abgebildet in dem Zusammenhange von Schlüsselbein – zum Abschluß dient dann noch das Schulterblatt –, Schlüsselbein, Schulterblatt, Oberarm, Unterarm, Fingerknochen.

Nun werden Sie ja unbedingt das Gefühl haben, wenn die Töne angeschlagen werden oder eurythmisiert werden bis etwa zur Quarte hin: das ist ein Weiterschreiten. Schlagen Sie die Skala bis zur Quarte an, Prim, Sekund, Terz, Quarte, es ist ein Weiterschreiten. Bei der Quinte bekommen Sie das Gefühl: da wird es anders. Und bei Sexte und Septime bekommen Sie das deutliche Gefühl: da ist zugleich eine Ausbreitung vorhanden. Da verbreitert sich die ganze Skala. Auch das haben Sie nachgebildet in der Hand. Und wenn Sie bedenken, wie einfach der Oberarm und die beiden Unterarmknochen gebildet sind, so haben Sie darinnen ganz das Tonbild der ersten Schritte der Skala. Da, wo es sich verbreitert, da liegt ja alles in der Hand selbst, von der Quarte an; da haben Sie 27 Knochen zur inneren Beweglichkeit. Sie können also viel Ausdrucksfähigkeit entwickeln gerade in der Hand, wenn Sie zu den höheren Tönen der Skala hinaufkommen.

Nun wissen Sie aber, daß anatomisch ähnlich dem Arm mit der Hand gebildet ist, wenn auch nicht solche Ansatzstellen da sind, das Bein mit dem Fuß. Und es ist möglich, daß Sie diejenigen Bewegungen, wenn es auch schwieriger ist und in der Andeutung verbleiben muß, die Sie vernommen haben als Bewegungen für die Tonbilder, daß Sie diese auch auf die Beine und Füße übertragen. Wenn Sie die Tonbilder auf die Beine und Füße übertragen, es wird weniger schön sein, aber es kann der Mensch sich eine vom Tanzen verschiedene Ausdrucksfähigkeit, wie wir sie auch schon in der verschiedensten Weise für die Lauteurythmie und dergleichen versucht haben, für die Beine und Füße erwerben. Nun werden Sie auch für die Beine und Füße herausbekommen, daß der Oberschenkel an seinem Ansatz, der ganze Oberschenkel, dem Grundton entspricht, wenn Sie ihn spannen in seinen Muskeln. Wenn Sie versuchen, eine Bewegung hervorzurufen, daß das Unterbein gewissermaßen hängt und das Oberbein starke stramme Bewegungen macht, bleiben Sie im Gebiete von Grundton und Sekund. Gehen Sie auf die Unterschenkel, auf Waden und Schienbein über: Sie haben wiederum die große und kleine Terz – die große Terz im Schienbein, die kleine Terz im Wadenbein. Gehen Sie da über, so können sie wiederum das Terz-Intervall durch das Bein ausdrücken. Aber Sie werden sich doch im wesentlichen unterscheiden von den ausdrucksvollsten Bewegungen, deren der Mensch fähig ist, sie werden sich stark unterscheiden von den Bewegungen der Arme und Hände, gerade so, wie sich der Kontrabaß von der Violine unterscheidet.

Nun, wenn ein Mensch die tieferen Töne, Kontratöne, Subkontratöne andeuten will und während er sie mit den Füßen und Beinen so stark macht, als man sie da machen kann, während dieser Zeit nur ganz schwach andeutend denselben Ton mit den Armen, so wird es auch wohl schön. Das ist eine Möglichkeit.

Die andere Möglichkeit ist diese, daß Sie, während Sie mit den Füßen und mit den Beinen eurythmisieren, die Arme in einer gewissermaßen das Ganze einhüllenden, bekräftigenden Bewegung halten, je nachdem es sich um Lebendigeres oder weniger Lebendiges handelt in einer solchen Bewegung (a), oder wenn es lebendiger wird in einer solchen Bewegung (b), wenn es besonders lebendig ist in einer solchen Bewegung (c).

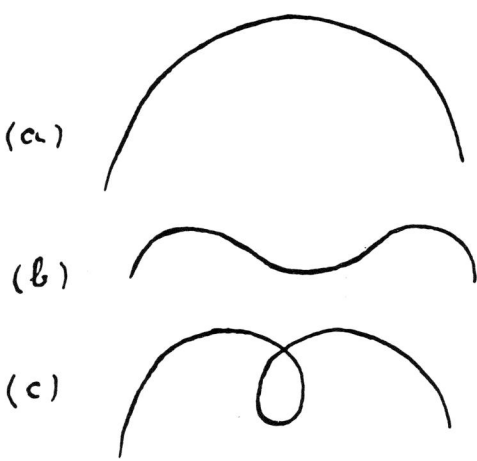

Sehen Sie, es kann durchaus vorkommen, daß Sie sich sagen: Ja, da gibt es verschiedene Möglichkeiten dann, die Töne auszudrücken. Das ist auch der Fall. Eurythmie wird niemanden zur Pedanterie anleiten.

Und wenn Sie nun diese Dinge durchüben, die besprochen worden sind, so werden Sie die verschiedensten Varianten, die verschiedensten Möglichkeiten finden, die Dinge auszudrücken; aber nur, wenn Sie aus diesem Bewußtsein heraus wirken, daß es tatsächlich auf das Bewußtsein des Ansatzes ankommt, wenn Sie das Bewußtsein entwickeln: Sekunden sind im Oberarm, Terzen sind im Unterarm, und dann, wie man sagt, das Bewußtsein entsprechend in Oberarm, Unterarm hinein verlegen, dann werden Sie ästhetisch schön die Bewegung zustande bringen. Dann wirkt eben Ihre Seele mit.

Denken Sie einmal, es würde irgend jemand von Ihnen eurythmisieren, und eurythmisieren heißt ja durch Bewegungen singen: es ist ein Gesang. Es ist kein Tanz, es ist keine Mimik, es ist ein Singen; daher kann man nicht zu gleicher Zeit singen und eurythmisieren. Man kann zum Instrumental-Musikalischen eurythmisieren in Toneurythmie, nicht aber zum Gesang. Wer glaubt, daß man das kann, der hat Eurythmie noch nicht begriffen. Er betrachtet sie dann nur als Illustration, nicht als selbständige Kunst.

Wenn Sie einmal Gelegenheit haben, ein Schlüsselbein zu betrachten, vielleicht auch sich Kenntnis zu verschaffen von den Ansatzstellen der Muskeln, die in der Nähe sind, überhaupt von dem Verlauf der Muskeln, die in der Nähe sind, dann werden sie an dem S-förmigen Schlüsselbein etwas sehr Merkwürdiges sehen. Da, wo das Schlüsselbein nach außen geht, da haben Sie an seiner Form das Gefühl: es nimmt auf, es läßt von außen die Dinge herankommen. Und wo es von der Mitte ausgeht, da haben Sie das Gefühl, das strömt

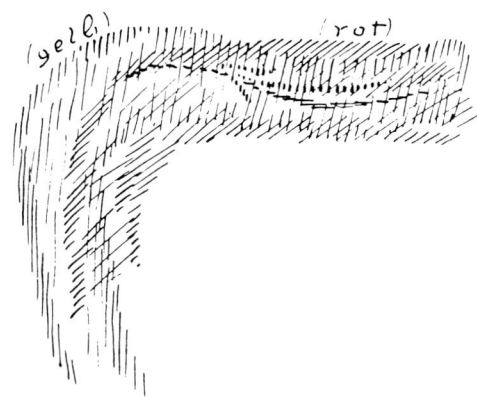

hier aus. Sie haben wirklich im Schlüsselbein ein Hinströmendes und ein Rückströmendes. Das Hinströmende geht über den Hinterarm, die Elle herunter bis in die hintere Hand. Das Rückströmende, das geht durch die hohle Hand, der Speiche entlang und nun hier wiederum hinein. Fortwährend sind hier zwei Strömungen: eine strebt so hinauf, die andere so hin (siehe Pfeil). Die eine ist ausgebend, die andere empfangend. Und dies verfolgend, kommen Sie direkt zum Verständnis, zum wirklichen Verständnis eben von Dur und Moll.«[23]

Intervallformen

Am 7. und 8. März 1923 hielt Rudolf Steiner in Stuttgart für die Lehrer der Waldorfschule zwei Vorträge über »Das Tonerlebnis im Menschen« (Eine Grundlage für die Pflege des musikalischen Unterrichts). Er sprach zunächst eingehend über das Wesen der verschiedenen Intervallerlebnisse. Im zweiten Vortrag gab er die Raumformen für die Intervalle und berührte auch die schon ausgebildeten Formen für einige Musikstücke. Hier der entsprechende Auszug aus dem Vortrag vom 8. März 1923:

»Wenn Sie ins Auge fassen, was gesagt worden ist . . . , werden Sie auch begreifen, warum in unserer Toneurythmie gerade die Formen auftreten, die eben auftreten, aber Sie werden auch noch ein weiteres begreifen. Sie werden zum Beispiel begreifen, daß rein aus dem Instinkt heraus das Gefühl entstehen wird, die unteren Glieder der Oktave, Prim, Sekund, Terz so zu halten, daß man die Bewegung, wenn man hier steht, nach rückwärts gestaltet; daß man bei den oberen Tönen, Quinte, Sexte, Septime, den Instinkt hat, diese Bewegung nach vorne zu machen.

Das würden etwa die Formen sein, welche man als stereotype Formen, als typische Formen anwenden kann. Und bei den Formen, die für die einzelnen Musikstücke ausgebildet worden sind, werden Sie schon annähernd fühlen, daß diese Formen darin enthalten sind, darin sind im Quarten- oder Quintenerlebnis. Es ist durchaus notwendig, daß gerade dieser Teil hier, das Heruntersteigen der Harmonie durch den Rhythmus in das Wollen, daß der sich bei dem Eurythmischen in der Form ganz besonders auslebt. So daß man also die einzelnen Intervalle hat in den Formen, die man an sich macht, daß man aber dasjenige, was dann von den Intervallen in den Rhythmus hineingeht, auszuleben hat in diesen Formen, wobei ganz von selbst der Instinkt entsteht, bei der Quart eine womöglich geringe Bewegung auszuführen, nicht stillezustehen, aber eine womöglich geringe Bewegung auszuführen.«[24]

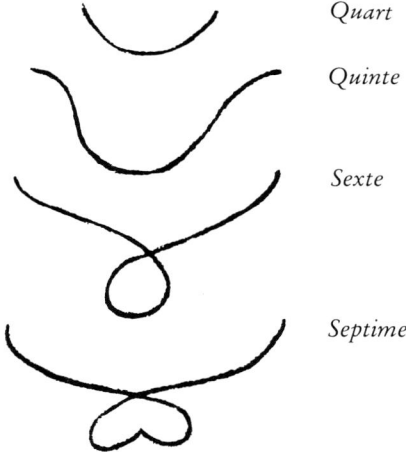

Quart

Quinte

Sexte

Septime

Eurythmie als sichtbare Sprache: Lauteurythmie

In der Eurythmie bringt der Mensch die Gesetze der eigenen Organisation zur Offenbarung.
Eine Sprache, in der das Weltall durch die menschliche Bewegung spricht.

Vom Wesen des Lautes

»Je weiter wir in der Sprache zurückkommen, desto wesenhafter wird der Laut. Wenn man den griechischen Laut, der der erste ist im Alphabet, benennt: alpha, und geht zurück auf die Bedeutung dieses Wortes alpha – es ist ja ein Wort, das den Laut umfaßt –, so haben Sie noch in manchen Anklängen, selbst der deutschen Sprache, dasjenige, was im Laute alpha, aleph liegt, zum Beispiel wenn Sie Alp sagen, wenn Sie Alpen sagen. Es führt das zurück auf Alp – Elf –, auf das Wesen, das in Regsamkeit ist, das im Entstehen, im Werden, im lebendigen Bewegen begriffen ist. Das ist vollständig verlorengegangen für das *a*, weil wir nicht mehr alpha oder aleph sagen.

Wenn man aber aleph oder alpha auf den Menschen anwendet, dann kann man das *a* auch wirklich erleben. Und wie erlebt man das *a*? Eine Schnecke kann kein aleph sein, kann kein alpha sein. Ein Fisch könnte schon ein alpha sein, ein aleph. Warum? Weil der Fisch ein Rückgrat hat und weil das Rückgrat den Ausgangspunkt des Werdens in einem solchen Wesen, das ein aleph ist, bedeutet. Und vom Rückgrat aus gehen die Kräfte, die zunächst das Wesen, das ein alpha ist, umspannen.

Nun fassen Sie das auf. Fassen Sie das Rückgrat so auf, daß vom Rückgrat strahlig ausgeht dasjenige, was das aleph, das alpha ausmacht. Sie würden ungefähr so erleben, wenn Sie zunächst daran denken, daß Sie ja als Mensch zum Beispiel vom Rückgrat nichts hätten, wenn da nicht die Rippen ausgingen und den Leib gestalteten. Und wenn Sie sich die Rippen losgelöst und in Bewegung denken, so haben Sie die Arme. Dann aber haben Sie, wenn sie dies ins Auge fasen, auch das eurythmische *a*. Glauben Sie nicht, daß derjenige, der der Eurythmie zuschaut, nur diese Gabelung sieht, da könnten Sie ihm auch eine Schere statt

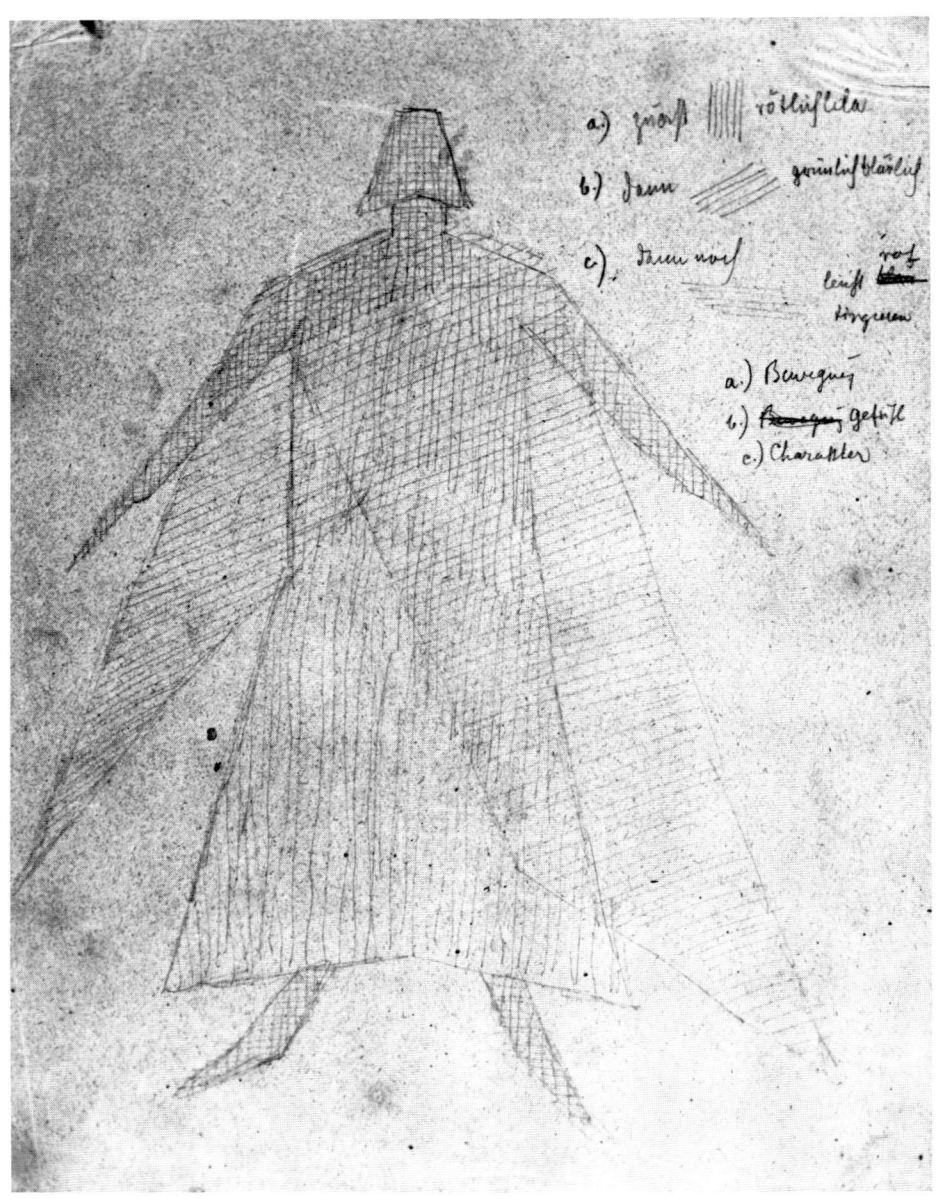

Skizzen Rudolf Steiners für die Eurythmiefiguren ›A‹ und ›E‹

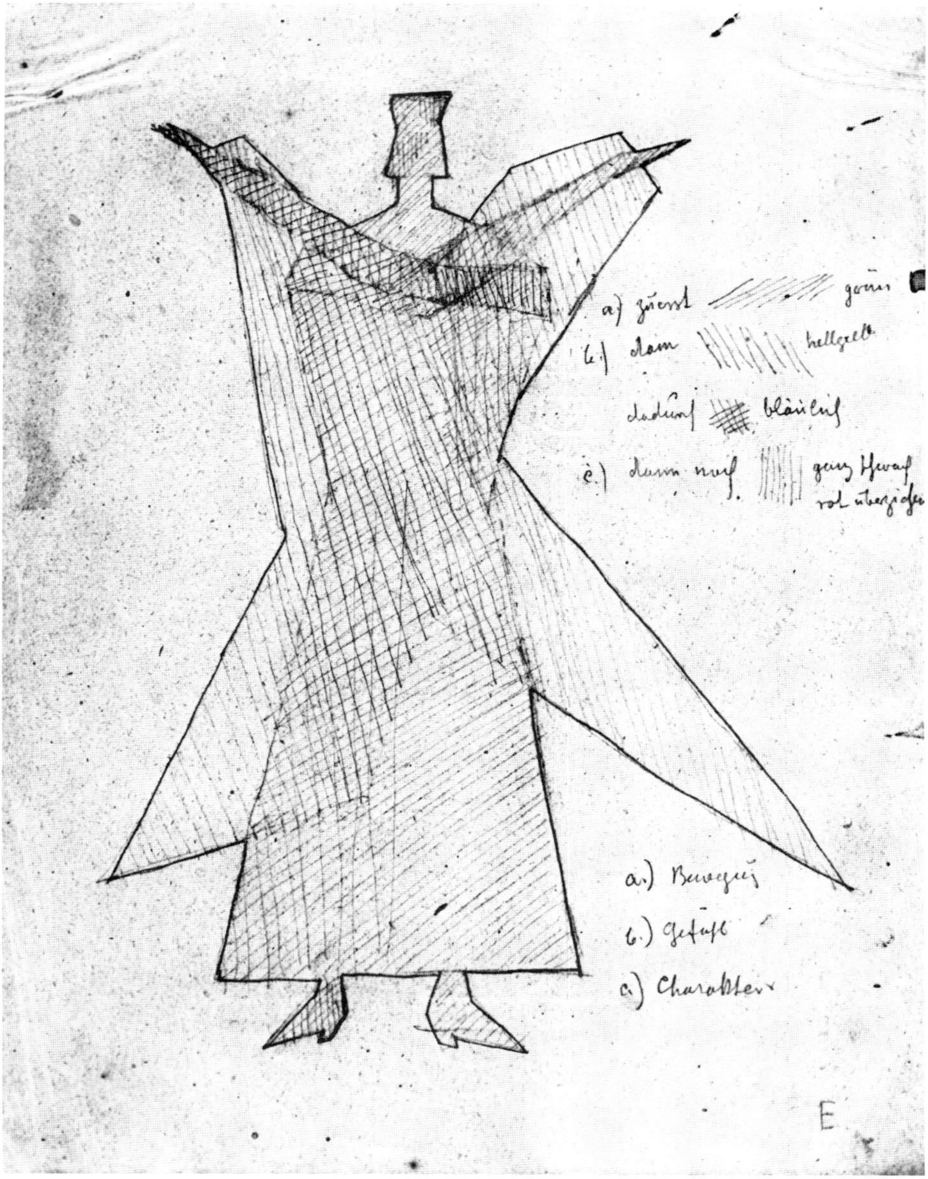

a.) zuerst ///// grün

b.) dann ///// hellgelb

dadurch ///// bläulich

c.) dann noch ///// ganz schwach
rot überziehen

a.) Bewegung

b.) Gefühl

c.) Charakter

E

Ihrer Arme entgegenstrecken, oder eine Feuerzange, die Sie ausspannen. Das können Sie aber nicht, sondern Sie müssen ihm einen Menschen entgegenstellen.

Und der Mensch muß drinnen das alpha, aleph wirklich fühlen. Er muß fühlen: er öffnet sich der Welt. Die Welt kommt an ihn heran, er öffnet sich der Welt. Wie öffnet man sich der Welt? Man öffnet sich der Welt zum Beispiel am reinsten, wenn man der Welt in Verwunderung gegenübersteht. Alle Erkenntnis, sagte der Grieche, beginnt mit dem Wunder, mit dem Verwundern. Wenn man aber der Welt verwundernd gegenübersteht, bricht man in das *a* aus. Und Sie haben, wenn sie ein eurythmisches *a* anschlagen, Ihren astralischen Leib in jene Position versetzt, die durch die Armbewegung oder die Armstrekkung, die gabelige Armstreckung angedeutet ist.

Und Sie werden unwahr die entsprechende Geste machen, wenn Sie niemals die Übung gemacht haben – die Dinge sind ja in früheren Unterweisungen auch erwähnt worden –, wenn Sie niemals die Übung gemacht haben, nun wirklich diese Gabelung der Arme gefühlsmäßig zu erleben. Da muß Empfindung drinnen sein. Sie müssen eigentlich die Empfindung haben: der *a*-Laut, der ist eine Abbreviatur in der Luft oder so irgend etwas Abstraktes gegenüber dem Lebendigen, das der Mensch empfindet.

Wenn der Mensch nun – sagen wir – etwas mit halbkreisförmig gebildeten, gestalteten Armen umfängt, da umfängt er es in Liebe. Wenn er sich öffnet in der Gabelung, empfängt er die Welt im Verwundern. Und dieses Sich-Verwundern mit dem im Leibe selbst, im Menschenwesen selbst vorhandenen Astralleib, das muß man einmal, und sogar öfter, übungsmäßig gefühlt, empfunden haben, wenn das *a* wahr werden soll. Also das Zeichenmachen, das ist nicht das wesentliche, sondern empfinden, daß das nicht anders sein kann – was einem gewissen inneren Erlebnis entspricht –, als daß die Arme gabelig der Welt entgegengestellt werden.

Und schreiten Sie fort zu dem *e*. Es handelt sich darum, daß Sie das *e* wirklich fühlen. Das *e* fühlen bedeutet aber schon: sich aufrecht erhalten gegen etwas.

Bei dem *a* öffnen wir uns bewundernd der Welt. Wir lassen die Welt an uns herankommen. Wenn wir *e* empfinden, lassen wir die Welt nicht einfach an uns herankommen, sondern wir setzen uns schon etwas zur Wehr, wir stellen uns der Welt gegenüber. Die Welt ist da, und wir stellen uns der Welt gegenüber hin. Daher ist das *e* darinnen bestehend, daß wir uns selber berühren (gekreuzte Hände). Wir berühren uns selber. ›Ich bin auch da gegenüber der Welt‹, sagen wir, wenn wir *e* empfinden. Und lernen können Sie *e*, wenn Sie die *e*-Geste erleben in der Empfindung: Ich bin auch da gegenüber der Welt und will es spüren, daß ich auch da bin. Mein eines Glied bringt es an dem anderen zur Empfindung, daß ich auch da bin ...

Nehmen sie das *o*. Sie bilden, indem Sie die *o*-Geste machen, mit den beiden Armen einen Kreis. Sie müssen empfinden bei der *o*-Geste, daß Sie nicht das *e* erleben können. In dem *e*, da stellen Sie sich hin: ich bin auch da gegenüber der Welt. Bei dem *o* gehen sie aus sich heraus und schließen etwas in sich ein. Sie umschließen etwas. Bei dem *e* kommt es darauf an, daß das, was Sie meinen, draußen ist und Sie drinnen sind, in sich drinnen sind. Bei dem *o* kommt es darauf an, daß Sie wachend einschlafen, indem Sie Ihr ganzes Sein herausspazieren lassen

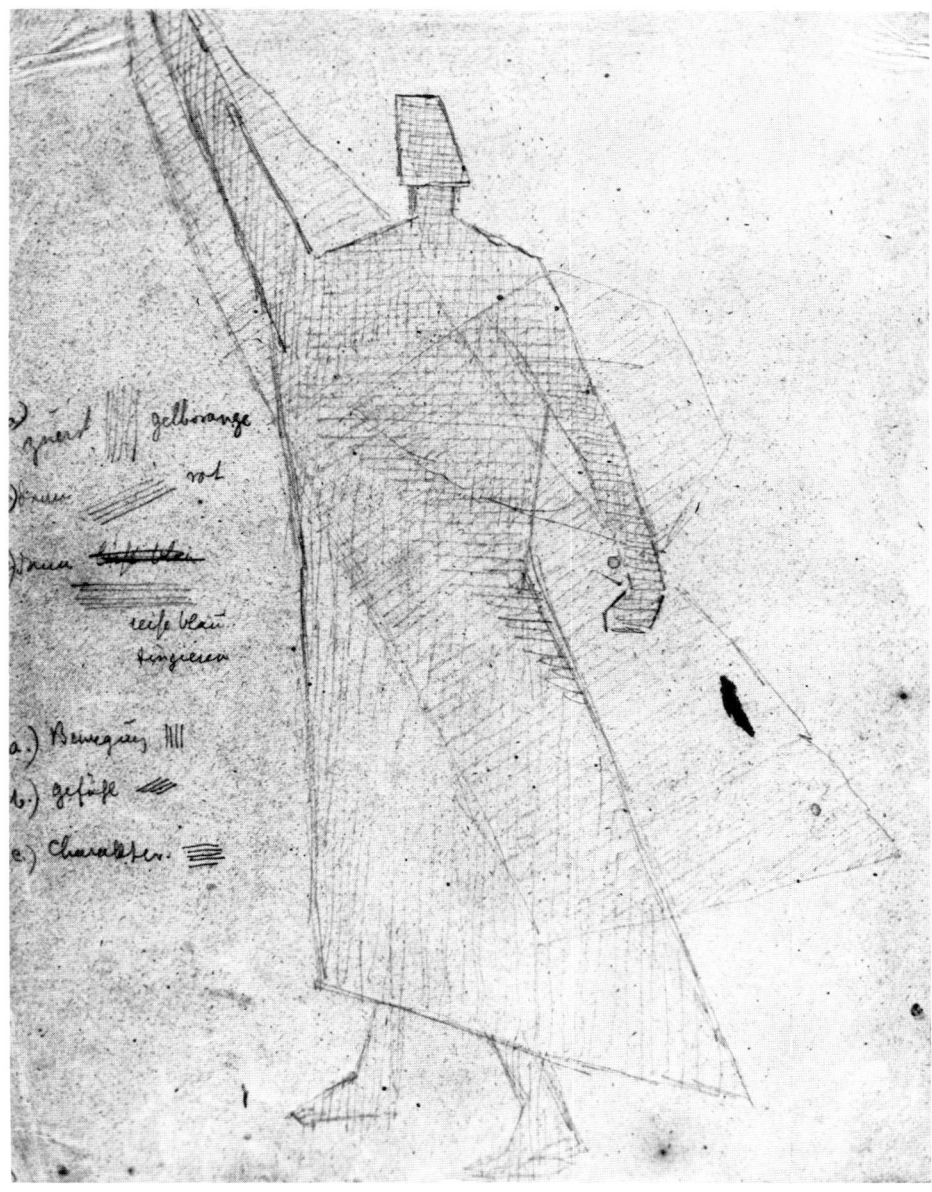

Skizze Rudolf Steiners für die Eurythmiefigur ›I‹

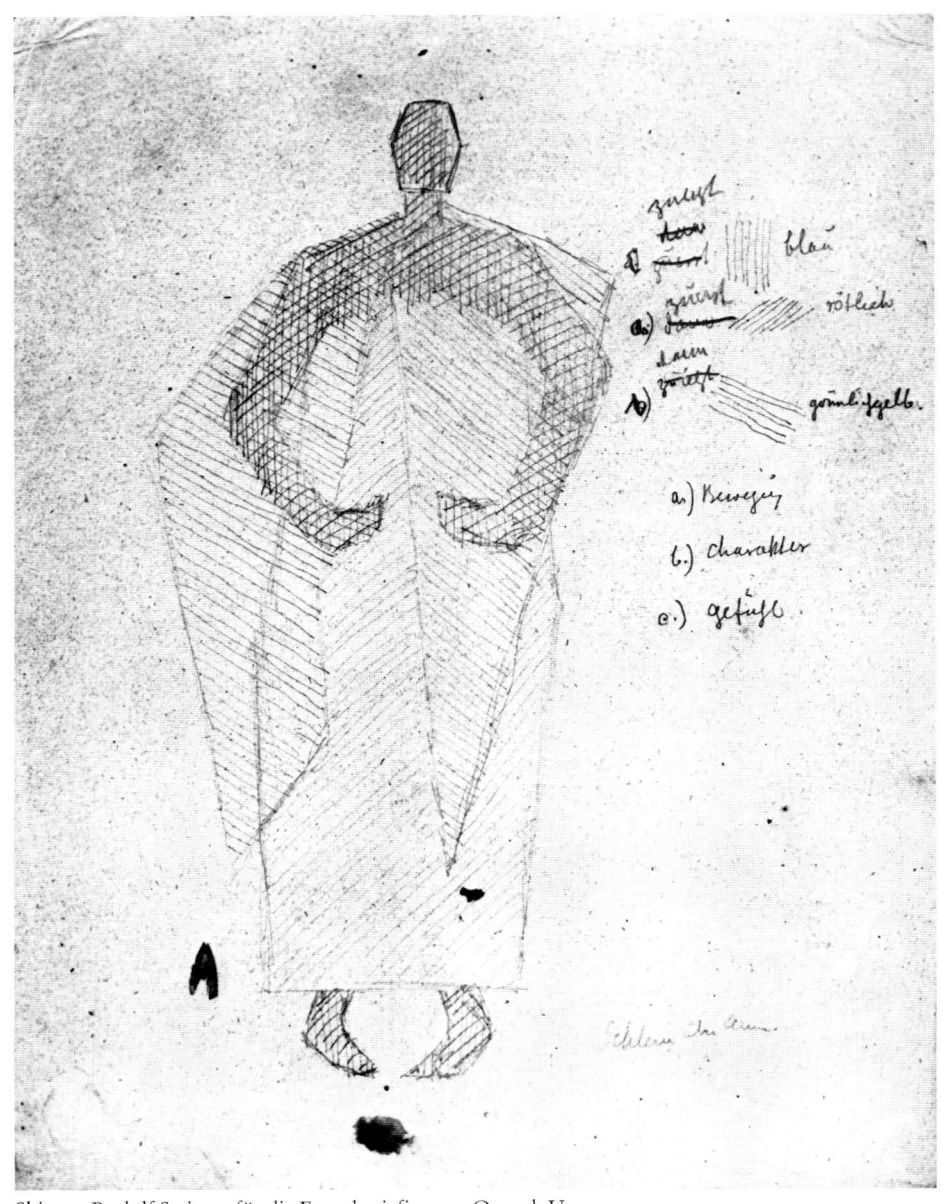

Skizzen Rudolf Steiners für die Eurythmiefiguren ›O‹ und ›U‹

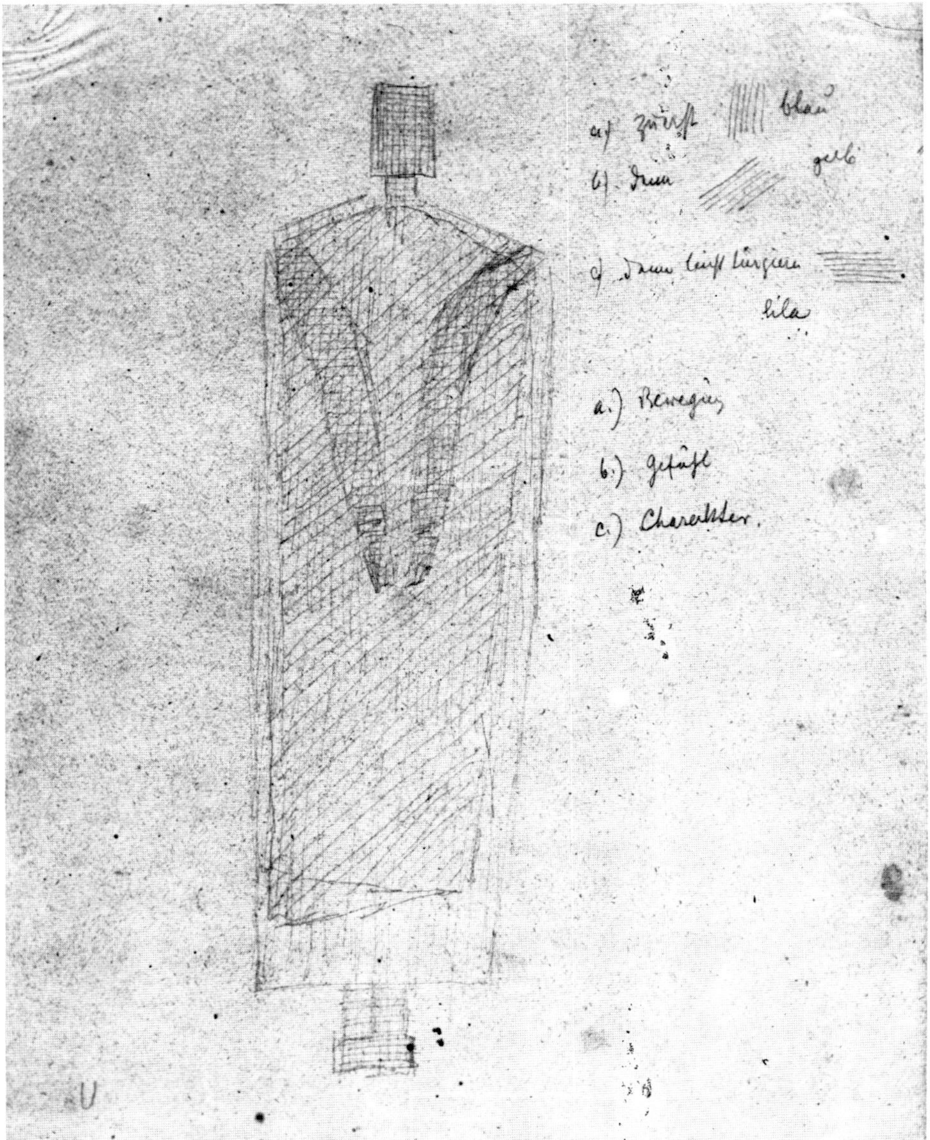

a.) zuerst ||||| blau

b.) dann ///// gelb

c.) dann leicht bläulicher lila

a.) Bewegung

b.) Gefühl

c.) Charakter.

U

in denjenigen Raum, den Sie mit der o-Geste umschließen. Aber da ist jetzt das andere, was Sie meinen, auch drinnen, so daß Sie etwa fühlen können, indem Sie das o erleben: Ich trete an einen Baum heran; ich umschließe diesen Baum mit den Armen, aber ich bin selbst dieser Baum. Ich bin ein Baumgeist, eine Baumseele geworden. Da ist der Baum; und weil ich selbst eine Baumseele geworden bin, weil ich eins geworden bin mit dem Baum, mache ich diese Geste. Ich gehe aus mir heraus. Das, worauf es mir ankommt, ist in meinen Armen. – Das ist das o-Empfinden.

Das u-Empfinden, das ist: Verbunden sein mit etwas und eigentlich weg wollen davon, irgendwo anders hin folgen, also der Bewegung, die man macht, aus sich herausgehen, den Weg sich bereiten. Ich laufe selbst an meinen Armen entlang, indem ich die u-Bewegung mache. Ich bin überzeugt davon: u = fort, fort, fort; fort in dieser Richtung.

Sehen Sie, das ist Sprache. Das ist Sprache, die eigentlich fragt: Wie steht der Mensch zu den Dingen der Welt? Sprache fragt immer: Wie steht der Mensch zu den Dingen der Welt? Verwundert er sich über sie? Will er sich ihnen gegenüber aufrecht erhalten? Umfaßt er sie? Läuft er vor ihnen davon?

Die Sprache ist immer ein Verhältnis des Menschen zur Welt. Musik ist ein Verhältnis des Menschen als seelisch-geistiger Mensch zu sich selbst.«[25]

Marie Steiner:
Aus dem Vorwort zur Erstausgabe des »Lauteurythmiekurses« 1927.

»Zu diesem Kursus vereinigten wir uns wie zu einer gemeinsamen Feier. Man war mit vielen Fragen an Rudolf Steiner herangetreten, man revidierte, man verständigte sich über Dinge, bei denen verschiedene Auffassungen entstanden waren. So trug das Ganze den Charakter der unmittelbaren frischen Improvisation; Zeichnungen wurden auf die Tafel schnell hingeworfen, Übungen zur Exemplifizierung von den jungen Damen ausgeführt; es stand alles im Zeichen des Gespräches und des Zusammenarbeitens, nicht des Dozierens. So war ja oft der Unterricht, den Rudolf Steiner seinen Schülern angedeihen ließ, aber niemals in so hohem Maße wie bei diesem Kursus über Eurythmie. Er selbst hätte wahrscheinlich verlangt, daß der Inhalt dieser Vorträge, verarbeitet und durcherlebt, nun von einem andern umgegossen und wiedergegeben würde. Jetzt aber, wo er von uns gegangen ist, ist uns sein unmittelbares Wort das höchste…

Was einst der Menschheit in den alten Mysterien als Wegzehrung gereicht worden war auf ihrem Wege zur Entfaltung der Persönlichkeit hin, wird ihr neu gereicht jetzt, wo sie der Persönlichkeit verlustig gehen könnte, in diesem Augenblicke, wo das Menschliche im Untermenschlichen zu versinken droht, wenn es sich nicht in seinem Wesenskern erfaßt. Der Intellekt allein wird hierbei nicht helfen; der Verstand, sich selbst überlassen, hat uns zum Agnostizismus geführt. Öffnet er sich aber dem Geiste, läßt er sich von ihm die Wege weisen, so werden dessen schaffende Kräfte die Todeskeime überwinden und die Kräfte des Verfalls metamorphosieren ...

Scheinbar Geringes kann hier das Größte bedeuten. Beginnen wir bei der Erziehung durch Kunst und in Kunst; gehen wir den Weg zurück, der zu den Quellen führt, in denen die Kunst ihren Ursprung hat. Dieser Ursprung freilich war kein geringer – es war der Sternenreigen und seine Widerspiegelung in der menschlichen Sphäre als Planetentanz – als Tempeltanz. Da strömten die schöpferischen Kräfte in den menschlichen Leib hinein, formbildend, richtunggebend, und erzeugten die Kräfte, die auch den Menschen selbstschöpferisch werden ließen ...

Der Weg dahin aber geht durch das Bewußtsein. Metamorphosiertes Persönlichkeitsbewußtsein, zum unsterblichen Ich emporgehoben, hat Schaffenskraft, birgt den Geist in sich und wird nicht schwächliche Nachblüte, sondern die stärksten Kulturen auswirken. Dieser Weg führt uns zurück in das Tempelinnere, aus dem die alten Kulturen emporgestiegen sind, zuerst im Wort und in der Kunst, nicht unbewußt, sondern durch das Bewußtsein der erlesensten Geister geleitet. Sie werden uns auch weiter helfen jetzt, wo es notwendig geworden ist, daß unser eigenes Geist-Bewußtsein tätig mitschafft und allmählich allgemeines Menschheits-Ichbewußtsein wird.«[26]

Wie entsteht die eurythmische *Form*?

»Nun handelt es sich darum, daß eigentlich alle Seeleninhalte – und mit dem Ausdruck von Seeleninhalten, mit der Offenbarung von Seeleninhalten werden wir es in der Regel zu tun haben bei der Eurythmie – sich in drei Kategorien umfassen lassen: in *Denken, Fühlen* und *Wollen.* Nun ist es wichtig, daß wir wirklich zum Ausdrucke bringen, wenn wir ein Gedicht eurythmisch interpretieren wollen, den Grundcharakter des Gedichtes; beziehungsweise wenn dieser Grundcharakter des Gedichtes sich ändert, daß wir das dadurch zum Ausdruck bringen, daß wir auch, wenn Denken in Fühlen oder Fühlen in Wollen übergeht, dadurch das in der ganzen Haltung des Eurythmisierens zum Ausdrucke bringen können.

Gehen wir zunächst einmal von dem Gegensatze des Denkens und des Wollens aus. Beides sind ja die zwei entgegengesetzten Betätigungen des menschlichen Wesens. Wenn der Mensch denkt – im weitesten Sinne meine ich das hier –, wenn der Mensch denkt, dann ist das ein Vorgang, der seine Stütze im ruhig gehaltenen Haupte hat. Man sieht sozusagen äußerlich-sinnlich das Denken nicht. Es geht im ruhig gehaltenen Haupte vor sich. Das Entgegengesetzte ist die Willensbetätigung. Wenn sie nicht irgendwie in die Außenwelt tritt, die Willensbetätigung, dann ist sie bloße Absicht. Wirkliche Willensbetätigung tritt in die Außenwelt, kann gesehen werden. Und sie ist dasjenige wiederum, was für das innere

Erleben des Menschen dunkel bleibt, so wie dasjenige, was mit dem Menschen innerlich während der Nacht vor sich geht. Dasjenige, was mit dem Menschen innerlich während der Nacht vor sich geht, weiß er ja nicht. Ebensowenig weiß er dasjenige, was zwischen seiner Seele und seinen Muskeln, seinen Knochen vor sich geht, wenn die Bewegung als Ausdruck des Wollens entsteht.

Haben sie eine gerade Linie, so haben sie von vornherein diese Linie voll bestimmt. Sie brauchen nur ein kleines Stück dieser Linie zu haben, die ganze Linie ist als solche bestimmt. Die gerade Linie ist dasjenige, bei dem man weiß, um was es sich handelt.

Die krumme Linie, sie ist diejenige, die uns mitzieht, bei der man eigentlich niemals weiß, um was es sich handelt, wohin sie einen führt.

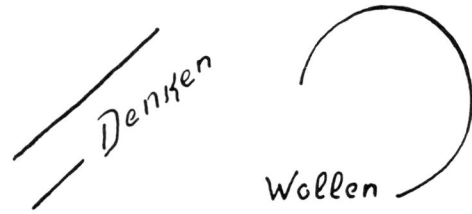

Gewiß, es gibt regelmäßig geformte krumme Linien; allein auch da ist das Erleben nicht so, daß man jene Regelmäßigkeit erleben würde, die man bei der geraden Linie erlebt. Gerade aus diesen Untergründen heraus ist die gerade Linie eurythmisch das Charakteristikon des Denkens, die krumme Linie das Charakteristikon des Wollens. Und Sie werden daher den Versuch machen müssen, in das Gedachte, wenn Sie es eurythmisieren, die Geradlinigkeit womöglich hineinzubringen, in das Gewollte aber die Krummlinigkeit hineinzubringen.

Nur handelt es sich dabei durchaus um Auffassungssachen. Einer kann sagen: Ich will an irgendeiner Dichtung das Wollen ausdrücken. – Ein anderer sagt: Ich will das Denken, die reine Mitteilung ausdrücken. Der eine faßt es so, der andere faßt es so auf. Das ist, wenn die Dinge nicht ganz ausgesprochen nach der einen oder der andern Seite liegen, durchaus in die Möglichkeit der Wahl des einzelnen gegeben. Sie werden daher, wenn Sie ein Gedicht vorbereiten zur Darstellung, sich eben fragen: Wie ist nach Ihrer Auffassung die Sache gelegen? Ist das mehr ein Gedankengedicht, das heißt ein mitteilendes Gedicht? Sagen wir also zum Beispiel:

Zu Aachen in seiner Kaiserpracht,
Im altertümlichen Saale,
Saß König Rudolfs heilige Macht
Beim festlichen Krönungsmahle.
Die Speisen trug der Pfalzgraf des Rheins,
Es schenkte der Böhme des perlenden Weins,

Und alle die Wähler, die sieben,
Wie der Sterne Chor um die Sonne sich stellt,
Umstanden geschäftig den Herrscher der Welt,
Die Würde des Amtes zu üben.

(Friedrich von Schiller)

Es ist nichts drinnen als die Reihenfolge von Gedanken, wie es bei der reinen Epik eigentlich immer der Fall sein wird. Aber in dem Augenblick, wo übergehen würde der Gedanke in ein Wollen, müßten wir das auch in der eurythmischen Haltung zum Ausdruck bringen. Doch wird gerade diese Strophe, die ich eben angeführt habe, am besten dadurch zur Darstellung kommen, daß man möglichst in geraden Linien sich bewegt.

Nun, gerade Linien entstehen auch dann, wenn man geradlinige Figuren macht, so also, daß sie, indem Sie sich nach irgendwelchen andern Charakteren der Sache richten, im Dreiecke oder im Vierecke oder im Fünfecke dasjenige zum Ausdruck bringen können, was Denken ist:

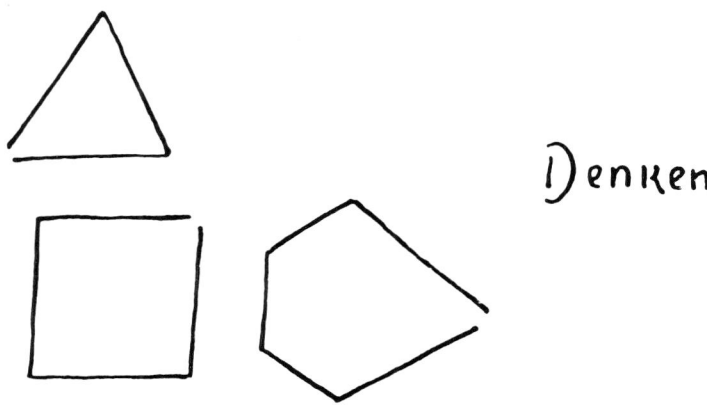

oder wohl auch in einer solchen Linie, wenn das Denken etwas komplizierter ist:

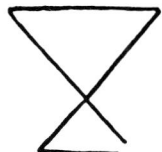

139

Dagegen in allen möglichen krummen Linien alles dasjenige, was sich auf das Wollen bezieht:

Fühlen aber wollen wir darstellen, indem wir gerade und krumme Linien zusammensetzen. Sie haben also einen ziemlich weiten Spielraum:

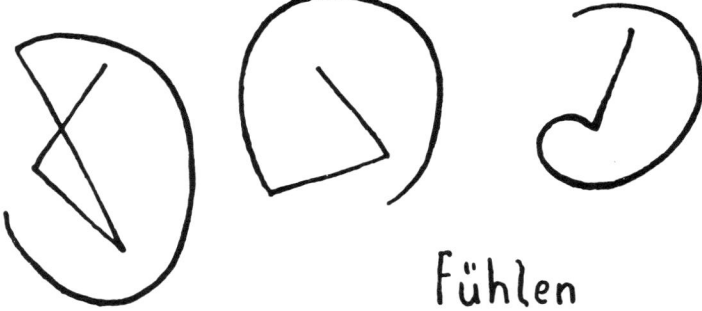

Nun wird es sich darum handeln, daß wir zunächst einmal solche Formen ausbilden. Diese Formen können Sie durchaus immer selber bilden. Und gerade dadurch werden Sie eine innerliche Verwandtschaft des Eurythmisierens und des Gedichtes bilden, daß Sie versuchen, solche Formen auszubilden. Es wird dann natürlich nur die Frage entstehen: Wie verhalten sich dann solche Formen zu denjenigen Formen, die als *Standardformen* gegeben werden, als Formen, die ausgearbeitet werden, um irgendwie die Individualität eines Gedichtes zum Ausdruck zu bringen? – Dann werden Sie sehen, daß schon im weitesten Sinne dasjenige verarbeitet ist, was in solchen Formen liegt. Sie werden es immer finden.

Dagegen werden Sie auch finden, daß bei der Ausarbeitung solcher Formen, die Sie bekommen, eben an den entsprechenden Stellen auch auf das Intimere des Gedichtes Rücksicht genommen ist. Was heißt das, auf das Intimere des Gedichtes ist Rücksicht genommen? Sehen Sie, die Sache ist so, daß eigentlich der weitaus größte Teil der Dichtungen, die man so Dichtungen nennt, gar keine Dichtung ist. Denn ein Gedicht erfordert, daß alles Wesentliche in der Sprachbehandlung liegt, daß also nicht in grobklotziger Weise auf Prosa-Art dasjenige zum Ausdrucke kommt, was gesagt werden soll, sondern daß zum Ausdrucke kommt dasjenige, was gesagt werden soll, gerade durch die Sprachbehandlung. In einem Gedichte dadurch eine Verwunderung ausdrücken, daß man sagt: Oh, wie verwundere ich mich! – das ist nichts Künstlerisches. Eine Verwunderung dadurch zum Ausdrucke bringen, daß man möglichst *a*-Laute an der Stelle hat, wo die Verwunderung zum Ausdrucke kommen soll, das ist dasjenige, um was es sich in Wirklichkeit künstlerisch handelt. Und so hat man, wenn es sich um ein Zurückschauen handelt, möglichst *u*-Laute anzuwenden; wenn es sich darum handelt, sich innerlich zu verfestigen, nachdem man von irgendeiner Sache berührt worden ist, *e*-Laute anzubringen.

Und so kann man schon sagen: Wenn ein wirklicher Dichter Gedankliches zum Ausdrucke bringen will, so wird er besonders viele *e*-Laute verwenden. – Ich rede jetzt natürlich ganz im idealistischen Sinne, denn es wird nicht immer möglich sein, daß die Dinge eingehalten werden, die vom wirklich Künstlerischen gefordert werden; denn sonst müßten – ich dürfte allerdings sagen: Gott sei Dank – sehr, sehr wenige Gedichte in der Welt entstehen, denn der Dichter würde sehr lange brauchen, bis er die entsprechende Intuition hat.«[27]

Eine Ergänzung zu dieser Schilderung über die Standardformen bilden einige Bemerkungen von Rudolf Steiner aus dem gleichen Jahre im Briefwechsel mit Marie Steiner. Sie gipfeln in dem Satz: »Es gibt ja im Grunde für *ein* Gedicht nur *eine* richtige Form.« (Aus »Eurythmie. Die Offenbarung der sprechenden Seele«, S. 478) Diese Schöpfungen bergen in sich alle im Verlauf der Kurse gegebenen Gesetze. Sie stehen kongenial neben den poetischen und musikalischen Kunstwerken.

Rudolf Steiner schuf von den fast 600 Formen 446 für deutsche, englische, französische und russische Gedichte und Dichtungen; 175 für Musiken. Insgesamt liegen 1540 Blätter mit Originalzeichnungen für die Eurythmie vor.

Das Wort als Bezeichnung und das Wort in seinen Zusammenhängen

»Nehmen wir zunächst einmal sehr bezeichnende Worte, etwa die *persönlichen Fürwörter*. Sie stellen von vornherein das, was sie bezeichnen, stark in einen Zusammenhang hinein, oder auch stellen es aus dem Zusammenhang heraus, was im Grunde genommen dasselbe ist. Nehmen wir zum Beispiel an, jemand drückt ›Ich‹ stehend aus (wird ausgeführt). Da haben Sie in dieser Gebärde des *i* und *ch* das Wort ›Ich‹ ausgedrückt.

Nun wird einem unbefangenen Gefühl bei dieser Art von Gebärde eigentlich etwas fehlen. Die Gebärde ist ganz richtig, es ist ›Ich‹ in sichtlicher Sprache ausgedrückt, aber es wird dabei etwas fehlen. Man wird das Gefühl haben, so gemacht, ist das ›Ich‹ eigentlich wie in einem schematischen Bild dargestellt, wie wenn man zum Beispiel einen Menschen bloß vorführt in seinem Porträt. Es ist das ›Ich‹ sozusagen nicht lebendig genug, weil der hinter der Ich-Offenbarung liegende Geist des Menschen in dieser Darstellung doch nicht ganz zum Ausdrucke kommt. Denn was liegt geistig in dem ›Ich‹? Die Zurückbeziehung auf sich selber, das Sich-Vorstellen, das die Vorstellung auf sich selber Zurückbeziehen. Und wenn Sie dieses Zurückbeziehen auf sich selber ausdrücken wollen, so können Sie es sehr gut ausdrücken, wenn Sie nicht in der Ruhe bleiben, sondern wenn Sie in die Bewegung übergehen. Nehmen Sie also an, Sie machen zwei Schritte vorwärts, zwei Schritte wieder zurück, vorwärts, rückwärts, vorwärts, rückwärts.

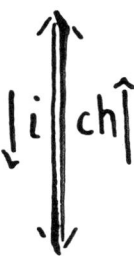

Da werden Sie die ganze Linie, die Sie durchlaufen haben, wieder zurücklaufen, an Ihren Ausgangspunkt zurückkommen. Machen Sie nun beim Hingang, während der zwei Schritte hingehend, das *i*, machen Sie während der zwei Schritte zurückgehend das *ch*, dann haben Sie das ›Ich‹ im Schwung, in der Bewegung, und zwar in einer solchen Bewegung, die in sich selber wieder zurückfindet, geradeso wie die Ich-Vorstellung eben dasjenige im Vorstellen ist, was in sich selber wieder zurückfindet.

Machen Sie es so, indem Sie bei dem *i* zwei Schritte vorwärts gehen, bei dem *ch* zwei Schritte zurückgehen, dann kommen Sie schon in die Form hinein (siehe Zeichnung), und zwar in diejenige Form, die herauswächst aus dem, was sich als Sinn in der Zusammenfügung der Laute ergibt.

Gehen wir jetzt etwa über von dem ›Ich‹ zu dem ›Du‹ zunächst, so haben wir da einen ganz andern Sinn, einen ganz andern Zusammenhang mit anderen. Machen sie das ›Du‹, indem Sie einfach stehenbleiben: *d* und *u* (wird ausgeführt). Nun, wenn Sie im einfachen Stehen das ›Du‹ entwickeln, können Sie wiederum unbefriedigt sein; denn es steht eigentlich wieder bloß ein Bild des ›Du‹ da, nicht das ›Du‹ selber. Es wird nicht lebendig. Das Geistige, das in der Lautverbindung sich bildet, das fehlt. Suchen wir den Übergang, suchen wir auch da den Sinn dieses Geistigen zu finden.

Beim ›Ich‹ ist es ja ganz klar, da kehrt man in sich selbst zurück. Beim ›Du‹, wenn man so recht ins ›Du‹ hineingeht, wenn man den anderen wirklich meint, so geht man aus sich heraus. Da kann man nicht wiederum in derselben Linie zurückkehren, nicht wiederum dieselben Punkte berühren, die man berührt hat, als man sich hinbewegt hat; da würde man in sich eben zurückkommen. Das soll man nicht. Aber auf der andern Seite kann man auch nicht wiederum ganz aus sich herausgehen, denn wenn man ganz aus sich herausginge, dann würde man nicht ein ›Du‹ vor sich haben, sondern ein ›Er‹. Fühlen Sie das nur, wenn Sie ganz aus sich herausschlüpfen, dann haben Sie nicht ein ›Du‹, sondern ein ›Er‹ oder eine ›Sie‹ vor sich. Sie müssen also doch in einer gewissen Weise immer leise auf sich zurückweisen. Das können Sie nur machen, wenn Sie die Bewegung beim ›Du‹ so machen, daß Sie an einen einzigen Punkt, den Sie vorher in der Bewegung hatten, wiederum zurückkehren:

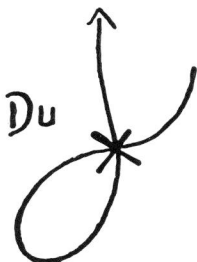

Da ist der Punkt (Kreuzung), wo Sie wiederum zurückgekehrt sind. Wenn Sie also statt vorwärts und rückwärts so gehen, daß Sie nur an einen Punkt zurückkommen, dann haben Sie die ›Du‹-Bewegung. Machen Sie hingehend *d*, zurückgehend *u*, aber so, daß Sie nur einen einzigen Punkt berühren. Jetzt haben sie das ganze ›Du‹ in Bewegung gebracht und haben in der Bewegung drinnen das, daß es nicht ein ›Er‹ oder eine ›Sie‹ geworden ist, sondern daß Sie doch mit sich noch in Verbindung geblieben sind, wenn auch in leiser Verbindung. Man könnte sich sogar eine Steigerung denken. Wenn einer, sagen wir, nach und nach sich selber doch stärker betonen wollte, so daß das Herausgehen aus sich immer schwächer und schwächer würde, so würde er dann bei dem *u* sogar die Bewegung so machen können:

Dann würde das aber nicht ein liebevolles ›Du‹ sein; wenn Sie es machen, dann werden Sie bemerken, daß das schon ein viel verkniffeneres ›Du‹ ist. Diese Dinge sind natürlich nur mit dem Gefühl zu erfassen. Aber man kann sie doch ganz gut mit dem Gefühl erfassen.

Nun haben wir schon angedeutet, wie es ans ›Er‹ herankommt. Es kommt dadurch ans ›Er‹ heran, daß wir gar nicht die Punktmöglichkeiten berühren beim Rückgang, die wir beim

Hingang berührt haben. Das kann dann dadurch geschehen, daß man beim ›Er‹ die Linie hat, die der Kreis ist, wo man, bis man wieder zurückgekommen ist, gar nicht dasjenige berührt hat, was man im Hingange gewissermaßen als Punkte festgelegt hat, eine gar nicht in sich zurückkehrende Linie, die Kreislinie:

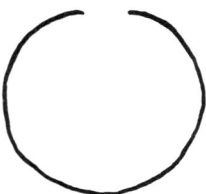

Oder auch, wenn sie so gehen:

Sie kommen nicht wiederum zurück, und wenn Sie zurückkommen, dann ist eben die Bewegung erschöpft. Also wir haben hier die Form, die keinen Punkt ihres Weges zweimal berührt, und damit haben wir das ›Er‹ ausgedrückt. Machen Sie im Stehen das ›Er‹. Es ist gar kein ›Er‹ eigentlich im Stehen; hier kann man es nicht einmal als ein Abbild empfinden, sondern es ist im Grunde genommen nur ein egoistisches Anschauen des andern. Man geht gar nicht aus sich heraus. Machen Sie es jetzt mit dieser Form, indem Sie einfach einen Kreis beschreiben, so, daß Sie gerade stehenbleiben vor dem ersten Punkt, den Sie gemacht haben. Nun machen sie nach der einen Seite gleitend das e, nach der andern Seite gleitend das r, und Sie werden sehen, wie schön das wirkliche ›Er‹ dabei herauskommt.

Nun habe ich wohl seinerzeit einstmals diese ›Er‹-Übung machen lassen an bestimmten Lautzusammenhängen, und zwar so, daß das begann mit einem Worte, das ähnlich ist dem ›Er‹: ›Der‹, und das ›Er‹ dann mit diesem Charakter, daß man an keinen Punkt der gemachten Linie zurückkehrt, daß es mit diesem Charakter nunmehr erscheint. Machen Sie ›Der Wolkendurchleuchter‹; machen Sie das so, daß wir aber wirklich überall das, was jetzt eben gesagt wurde, auch drinnen haben (wird ausgeführt):

Der Wolkendurchleuchter,
Er durchleuchte,
Er durchsonne,
Er durchglühe,
Er durchwärme
Auch mich.

Sehen Sie, sie hat jetzt zunächst das so gemacht, daß sie den ganzen Charakter des ›Er‹ gegeben hat von Anfang bis zum Ende, weil das ›Er‹ hier die Oberhand hat. Sie hat das so gemacht, daß das ›Er‹ durch das ganze Gedicht durchgeführt wird in der Bewegung.

Nun ließe es sich auch noch anders machen, nämlich so: Jedesmal, wenn ›Er‹ kommt, den Kreis machen, und im ganzen auch wieder einen Kreis machen. Also jedesmal, wenn ›Er‹ kommt, machen Sie einen Kreis, dann gehen Sie weiter, wieder einen Kreis, wieder weiter, wieder einen Kreis, wieder weiter. Dadurch bekommt das Ganze einen ganz andern Charakter, eine ganz andere Bewegung.

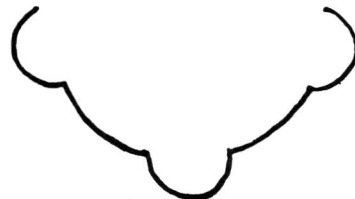

Ich möchte sagen: Zuerst haben wir die Empfindung, wir müssen uns mehr an dasjenige richten, was in der ganzen Erscheinung liegt.

Das zweite Mal haben wir die Empfindung, daß wir uns an die einzelnen Vorgänge, an das Durchleuchten, Durchsonnen, Durchglühen, Durchwärmen richten können.

Wenn wir nun vom ›Ich‹ zu dem ›Wir‹ übergehen, dann werden wir, da ja ›Wir‹ immer mehrere sind, wenigstens zwei, auch aus dem Solotanz zum Reigentanz kommen und werden, wenn es, sagen wir, zwei sind zum Beispiel, das so machen, daß wir die Zusammengehörigkeit, also das Sich-Verlieren in einem ›Er‹, durch den Kreis ausdrücken, in dem wir uns aufstellen und das ›Ich‹ eines jeden dadurch ausdrücken, daß wir einen jeden vorwärts eine Anzahl Schritte machen lassen, indem wir das ›Wir‹ intonieren, dann wiederum rückwärts, hin- und zurückgehend; so ist die Gegenseitigkeit vorhanden. So daß Sie also das so machen können, daß Sie zunächst, wenn nur zwei einander gegenüberstehen, sich nähern, entfernen; nähern, entfernen, indem Sie dann den inneren Sinn des ›Wir‹ zum Ausdruck bringen.

Sind Sie vier Menschen, so wird der Kreis eben ein vollständiger, und auf diese Weise drücken Sie dann durch Vorschreiten und Zurückgehen das ›Wir‹ aus; wobei man die

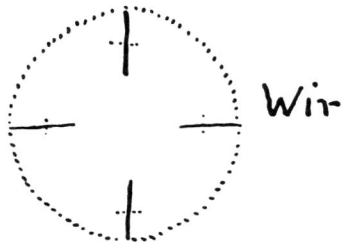

Zusammengehörigkeit dadurch ausdrücken kann – bei zweien wird es schwerer gehen –, daß man mit den Armen, den Händen, sich einander nähert; und das ist eine ganz besonders schöne ›Wir‹-Bewegung, wenn vier im Kreise vor- und rückwärtsschreiten und ›Wir‹ andeuten. Wollen sich einmal vier Eurythmisten im Kreise stellen und das ›Wir‹ intonieren in der Weise, wie ich es sagte. Gehen Sie aus von dem Kreis, indem Sie sich an den Händen fassen, nun zwei Schritte vorschreiten: *w*; wenn Sie vorne sind, kommen Sie beim *i* an; indem Sie zurückgehen, hören Sie beim *r* auf und erfassen sich wiederum: ›Wir‹. Aber Sie müssen beim *i* erst vorne sein. Auf diese Weise bekommen wir das ›Wir‹. Sie bekommen ganz schöne Nuancen in die Darstellung hinein; man muß nur überall dieses ›Ich‹ und ›Wir‹ und so weiter fühlen.«[28]

Die gestaltete Rede

»Wir wollen heute einiges besprechen, das mit der gestalteten Rede zusammenhängt, mit der Rede, die allmählich ins Künstlerische hinüberführt. Wenn wir Eurythmie ausführen, können wir ja – machen wir uns das klar – entweder stehend Bewegungen an dem Organismus ausführen, oder aber wir schreiten; und wir haben auch schon gesehen, welche Bedeutung das Schreiten eigentlich hat.

Das Schreiten ist im Grunde ein Ausfluß eines Willensimpulses. Bei der Eurythmie handelt es sich darum, daß man die Dinge ihrem Wesen nach kennt, die mit der Sprache, also auch mit der sichtbaren Sprache zusammenhängen. Am Schreiten können wir deutlich drei voneinander verschiedene Phasen unterscheiden: erstens das Heben des Fußes, zweitens das Tragen des Fußes und drittens das Aufstellen des Fußes. Man muß sich bewußt sein, daß in diesen drei Phasen eine ganze Gestaltung zur Darstellung kommen kann. Wir haben zunächst das Heben. Dann bleibt der Fuß etwas unaufgesetzt, er bleibt getragen; das zweite ist also das Tragen. Und das dritte ist das Stellen.

Wenn man im gewöhnlichen Leben geht, braucht man sich natürlich nicht um diese Dinge im genaueren zu kümmern, aber im Eurythmischen muß alles bewußt werden.

1. Heben
2. Tragen
3. Stellen

Und so ist ein großer Unterschied zwischen den Arten, wie diese drei Phasen des Schreitens ausgeführt werden können.

Wenn wir zunächst das Heben des Fußes nehmen, so deutet das klar hin auf den Willensimpuls, der in der Handlung des Schreitens liegt; also beim Heben haben wir es mit dem Willensimpuls, der in der Handlung des Schreitens liegt, zu tun. Wenn wir dagegen auf dasjenige schauen, was das Tragen ist, dann haben wir es mit dem Gedanken zu tun, der jeder Willenshandlung zugrunde liegt.

Also erstens haben wir es mit dem Willensimpuls als solchem zu tun. Zweitens haben wir es zu tun beim Tragen mit demjenigen, was der Gedanke, der in diesem Willensimpulse zum Ausdruck kommt, darstellt. Und im Stellen ist der Willensakt vollendet, im Stellen haben wir es mit der Tat zu tun.

1. Heben: Willensimpuls
2. Tragen: Gedanke
3. Stellen: Tat.

Nun kann schon dadurch eine Mannigfaltigkeit hineinkommen in die Sache, daß Sie die mittlere Phase länger oder kürzer machen können, auch weiter oder weniger weit ausschreiten können. Dasjenige also, was in der mittleren Phase liegt, wird vorzugsweise dazu zu dienen haben, den Gedanken, der durch die Willenshandlung zum Ausdruck kommt, zu figurieren, diesem Gedanken Gestalt zu geben.

Dagegen können Sie stets in dem Aufstellen des Fußes zum Ausdruck bringen, ob Sie finden, daß der Willensimpuls sein Ziel erreicht, oder ob er hinter seinem Ziel zurückbleibt. Setzen Sie den Fuß unsicher auf, so wie wenn Sie auf dünnes Eis treten würden, so werden Sie in einem solchen Schreiten die Unsicherheit des Ziels ausdrücken. Setzen Sie den Fuß stark auf, so daß Sie sicher sind, Sie treffen festen Boden, dann drücken Sie dadurch aus, daß Sie ein sicheres Ziel vor sich haben.

Sie müssen wiederum, wenn es sich um die Darstellung eines Gedichtes handelt, es analysieren und sich fragen, ob das eine oder das andere in dem Gedichte drinnen ist. Nun werden diese Dinge natürlich insbesondere in der Anwendung erst ganz klar werden. Aber nun wollen wir uns zu weiteren Eigentümlichkeiten des Schreitens wenden. Und da kommen wir in das rhythmische Schreiten hinein, damit in die poetische Darstellung überhaupt, die in die Eurythmie, in ihre Bewegungen, in ihre Form hineinfließen muß.

Da müssen wir uns vor allen Dingen vor die Seele führen, daß, sei es durch die Betonung, sei es durch die Länge und Kürze der Silben, Rhythmus in die Sprache hineingebracht wird. Dieser Rhythmus muß auch erscheinen in demjenigen, was wir eben eurythmisch ausführen. Man hätte die Kunst, mit der wir es zu tun haben, gar nicht eurythmisch nennen können, wenn man nicht wirklich auch mit dem Rhythmus rechnen würde.

Dabei aber kommen wir sogleich auf etwas, was nun doch besprochen werden muß, wenn es sich um die Charakteristik der Lauteurythmie handelt, was eigentlich sich ganz tief einprägen muß demjenigen, der in irgendeiner Weise künstlerisch mit der Sprache zu tun hat. Wir haben nun eben einmal innerhalb unserer zivilisierten Menschenzusammenhänge die Prosasprache, und wir haben die poetische Sprache. Je weiter wir zurückgehen in der Menschheitsentwicklung, desto mehr finden wir, daß eigentlich die poetische Sprache die einzige ist, und daß der Mensch, wenn er überhaupt spricht, immer die Sehnsucht hat, ins Poetische der Sprache, ins Künstlerische der Sprache einzudringen. Es hat eben die Sprache das zu ihrem Wesen, daß sie mitten drinnen liegt zwischen Gedanke und Gefühl. Auf der einen Seite ist der Gedanke, auf der anderen Seite ist das Gefühl. Beide, Gedanke und Gefühl, erleben wir innerlich als Menschen. Wir stellen, indem wir uns äußern, indem wir uns offenbaren, zwischen den Gedanken und das Gefühl eben die Sprache hinein.

Gedanke

Sprache

Gefühl

Der Mensch einer früheren Entwicklung hatte jene Verinnerlichung, die wir heute im Gefühlsleben haben, noch nicht. Er hatte eigentlich immer die Sehnsucht, wenn er etwas fühlte, wenn er ein Gefühl als Erlebnis hatte in seiner Seelenverfassung, innerlich Worte zu empfinden, Worte, die nicht so deutlich figuriert sind wie unsere Worte, die aber durchaus ein innerliches artikuliertes Tönen bedeuteten. Er hörte innerlich, wenn er fühlte.

Er dachte aber auch nicht so, wie wir heute denken, der primitivere Mensch, sondern er dachte in Worten. Nur waren diese Worte, in denen er dachte, bestimmter als diejenigen, in denen er fühlte. Also er hatte ein innerliches Erklingen in Worten, nicht ein solches abstraktes Denken, wie wir es haben; er hatte ein innerliches Erklingen in Worten, nicht ein solches verinnerlichtes Fühlen, das der Worte nicht bedarf, wie wir heute. Nur wer sich vorstellt, wie eng verbunden war das primitive Seelenleben mit der innerlichen Wortkonfiguration, Tonkonfiguration, der wird einsehen, daß auf dem Grunde der Sprach- und Gedanken- und Gefühlsentwicklung dieses, ich möchte sagen, innerliche Rezitieren einmal im Denken und Fühlen der Menschen lag, ein innerliches Rezitieren, das sich dann differenzierte auf der einen Seite in die Sprache, die künstlerisch blieb, auf der andern Seite in das rein musikalische, wortlose Erklingen von Tönen, die nur nach ihren Tonhöhen und so weiter wirken. Diesen Teil haben wir in der Besprechung der Toneurythmie vor unsere Seele hingestellt.

Aber als Drittes gliederte sich dann ab der eigentliche Gedanke. Und heute soll uns nur beschäftigen diese Differenzierung in die Sprache, die künstlerisch gestaltet wird, und in die Sprache, die heute ganz zur Prosasprache wird, wo nur noch der Gedanke in seiner Bedeutung, in seinem Inhalte durch die Sprache ausgedrückt wird, wo gar kein Bedürfnis mehr vorliegt, die Sprache als solche zu gestalten.

Es ist in dem letzten Zeitalter, das immer materialistischer und materialistischer geworden ist, weil mit dem Materialismus das Prosaische des abstrakten Denkens verknüpft ist, überhaupt das rechte Gefühl verlorengegangen für die künstlerische Gestaltung der Sprache. Und es gibt heute unzählige Menschen, die überhaupt nicht mehr ein Gefühl für das künstlerische Gestalten der Sprache haben, die in der Sprache nur noch den Ausdruck von Gedanken sehen, welcher als Ausdruck eigentlich gleichgültig bleibt.

Ich würde diese Dinge nicht so ausführlich besprechen, wenn sie nicht gerade für das Erfassen des Eurythmischen von ungeheuerster Bedeutung wären. Denn, sehen Sie, wir mußten in der Eurythmie schon bei der Besprechung der Laute von etwas ausgehen, was ein künstlerisches Element enthält. Wir mußten den inneren Seelengehalt des Lautlichen zum Ausdruck bringen, mußten sozusagen zurückgehen auf eine Zeit, wo man im Worte drinnen dasjenige fühlte, was die Seele erlebt im Laute, wo man also eine eigentliche Lautsprache noch hatte. Heute hat man keine Lautsprache mehr, heute hat man eine Sinnsprache, wo nur der Sinn der Gedanken getroffen wird. Und daher jene Verirrung, die darinnen besteht, daß man im Rezitieren und Deklamieren nicht mehr auf das künstlerische Gestalten der Sprache, auf das Musikalische der Sprache, auf das Bildnerische der Sprache schaut, sondern schaut auf das Pointieren, wie man es in der Prosasprache auch hat.

Diesen Unterschied zwischen prosaischer Sprache und poetischer oder künstlerischer Sprache muß sich der Eurythmist ganz im wesentlichen aneignen. Denn schließlich ist es für das Verstehen einer Sache gleichgültig, ob man sie schön oder häßlich sagt, ob man sie erhaben oder weniger erhaben sagt. Für das künstlerische Gestalten der Sprache kommt es aber gerade auf diesen Gefühlscharakter an. Daher müssen wir uns hineinarbeiten in ein Verstehen des künstlerischen Gestaltens der Sprache.«[29]

Der gestaltete Rhythmus

»Und da hat man zunächst das Gefühl zu entwickeln für das *Jambische* und für das *Trochäische*. Wollen wir es heute noch gleichgültig sein lassen, ob wir das Jambische darinnen suchen, daß wir eine wenig betonte Silbe vorangehen lassen und eine stark betonte Silbe folgen lassen, oder eine kurze Silbe vorangehen lassen und eine lange Silbe folgen lassen. Von diesen Eigentümlichkeiten, die dann den Unterschied des Rezitierens und Deklamierens bedingen, wollen wir noch sprechen. Man muß nun fühlen, was es eigentlich bedeutet, wenn ich eine unbetonte Silbe vorangehen lasse, eine betonte Silbe folgen lasse und in diesem Rhythmus mich weiter vorwärtsbewege: Auf Bergen flammen Feuer. – Wir haben eine unbetonte Silbe, eine betonte Silbe, eine unbetonte Silbe, eine betonte Silbe, eine unbetonte Silbe, eine betonte Silbe, eine unbetonte Silbe (die letzte Silbe fällt aus). Wir gehen von etwas Stillerem, von etwas weniger in Hebung Begriffenem aus, gehen über zu etwas Stärkerem; von Schwächerem zu Stärkerem gehen wir über. Das gibt dem Schreiten den besonderen Charakter des Hinkommens zu irgend etwas, des Erreichenwollens von irgend etwas. Und wir werden fühlen, wenn wir so schreiten, daß wir diesen Rhythmus anschlagen – und er bildet sich dann aus, wenn wir ihn nur bei der ersten und zweiten Silbe anschlagen –, wir werden fühlen, wir haben es da mit dem inneren Element des Wollens zu tun. Einen Willenscharakter gibt das jambische Wesen der Sprache.

Nehmen wir das Umgekehrte. Wir gehen aus von Betontem, gehen zu Unbetontem: Trag mir Wasser herab. – Sie haben gerade das Umgekehrte, das Ausgehen von etwas Starkem, Wichtigzunehmendem, das Übergehen zu Schwächerem, weniger Wichtigzunehmendem. Sie werden dann fühlen: wenn Sie in einem solchen Rhythmus sich weiterbewegen, gehen Sie gleich von etwas Bestimmtem aus. Und dieses Bestimmte kann nur in Ihnen sein, wenn Sie eine deutliche Vorstellung, einen deutlichen Gedanken haben. Sie erstreben nicht etwas, sondern Sie diktieren geradezu Ihren deutlichen Gedanken dabei. So daß man es hier zu tun hat mit Denken, das sich natürlich ausdrückt im Tun; aber es herrscht das Denken vor.

Das Wollen, das Streben herrscht vor im jambischen Versmaß. Das Denken, das Vollbringen, das Verwirklichen des Denkens, das herrscht vor im trochäischen Versmaß.

Bei all diesen Dingen darf man die Bedeutungen nicht pressen. Natürlich kann jemand fühlen dieses Energische, sich denkend dieses Herunterschreiten von einem Berg, und es könnte ihm einfallen, auch nun das das Wollen zu nennen, während das andere das Sehen genannt werden könnte im Versmaß. Aber wenn Sie auf diese Dinge eingehen, werden Sie doch finden, daß diese Bedeutung (die ausgeführte) das Richtige ist.

Nun, es handelt sich darum, Jambisches und Trochäisches wirklich in das Schreiten hineinzubringen. Auch das ist wohl schon geübt worden. (Eine jambische Bewegung wird ausgeführt.)

Jetzt können Sie gleich, damit der andere Charakter stark hervortritt, machen: Trag mir Wasser herab –, und nun mit diesem verbinden das starke Auftreten. Es wird sich also darum handeln, daß Sie, wenn Sie den Tiefton machen, schreiten, wenn Sie den Hochton haben, stark auftreten und das durchführen. Und zwar wie auftreten? Auftreten so, daß Sie mit den Zehen zuerst auftreten, dann den Fuß stellen ... Es handelt sich darum, daß man das normale Schreiten dadurch ausführt, daß man zuerst mit der Zehe auftritt und dann den Fuß stellt; also nicht, daß man mit den Zehen forttrippelt, sondern daß man mit der Zehe auftritt und den Fuß stellt. Beispiele:

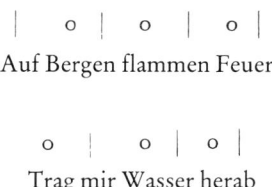

Auf Bergen flammen Feuer

Trag mir Wasser herab

Daß diese Dinge nun wirklich das, was ausgeführt worden ist, in die Sache hineinbringen, das wird sich Ihnen sogleich zeigen, wenn Sie eine stärkere Konfiguration in den Versbau hineinbringen. Statt daß wir das Sehnen, das Wollen, das Begehren so gestalten, daß wir sozusagen gleich auf seine Erfüllung rechnen, können wir auch das Zurückbleiben der Sehnsucht hinter dem Wollen dadurch ausdrücken, daß wir zwei Tieftöne haben, einen Hochton, zwei Tieftöne, einen Hochton, zwei Tieftöne, einen Hochton. Dann haben wir ein *anapästisches* Schreiten.

Nun wird jeder, der den anapästischen Gang einer Rede verfolgt und ihn vergleicht etwa mit einem jambischen Gang, den Unterschied bemerken; es ist eigentlich ein ganz gewaltiger Unterschied. Nehmen Sie an, Sie haben als Anapästisches auszudrücken:

Von mir bist du zum Menschen gebildet

| | | o | | | o | | | o |

Sie sehen, wir kommen schwerer zu der gewichtigen Silbe. Dieses schwerer Dazukommen, das bedeutet ein intimeres Gestalten der Sprache. Dieses intimere Gestalten der Sprache vergeistigt die Sprache, so daß wir im anapästischen Sprechen eine Vergeistigung der Sprache haben, ein Verinnerlichen der Sprache.

(Von mir bist du zum Menschen gebildet – wird ausgeführt.)

Nun kommt es beim Eurythmischen natürlich darauf an – daß man es hört, darauf kommt es weniger an –, aber daß man es sieht; es soll ja eine sichtbare Sprache sein. Und dazu ist nötig, daß Sie sich schon angewöhnen, das starke Aufstellen zu zeigen, dann wird das schwächere Aufstellen von selber sichtbar. Wenn Sie es zeigen durch das Heben oder Senken des Leibes, dann wird es eigentlich erst eurythmisch.

Wenn man nun das andere, das Trochäische weiter konfiguriert, so entsteht das *daktylische* Versmaß: Betont, unbetont, unbetont, betont, unbetont, unbetont, betont, unbetont, unbetont. Wollen wir dieses als Beispiel nehmen. Man könnte natürlich die Zeichen auch umgekehrt machen, das ist ja gleichgültig:

o | | o | | o | | o | | o | | o |

Sing mir, unsterbliche Seele, der sündigen Menschen Erlösung

Versuchen Sie einmal, das daktylisch abzuschreiten, um zu zeigen, wie das mehr ein Diktieren, ein Sagen, ein Behaupten ist. Sie dürfen aber mit Ihrem Körper, wenn Sie den Charakter rein herauskriegen wollen, nicht nachlaufen, sondern müssen gerade zurückbleiben.

Da haben Sie die Ausdrücke nun für dasjenige, was als Zeitverlauf durch die Eurythmie zur Darstellung kommen kann. Der Zeitverlauf ist es, der da durch die Eurythmie zur Darstellung kommt. Es ist die Eurythmie deshalb so ausdrucksvoll, hat so große Ausdrucksmöglichkeiten, weil sie in der Zeit und im Raume zugleich ausdrücken kann. Sie kann es allerdings weniger, wenn es sich um einen Menschen handelt, aber namentlich, wenn es sich um Menschengruppen handelt; sogar auch in einer gewissen Beziehung, wenn es sich um einen Menschen handelt. Er kann mit dem rechten Arm und rechten Bein irgendwelche variierten Symmetriegestaltungen mit dem linken Arm und Bein herbeiführen. Eine Gestaltungsmöglichkeit ist auch da im Raume möglich, wenn der Mensch nur Bewegungsformen an sich selbst zeigt. Aber wenn man es mit Gruppen zu tun hat, ist eine starke Formung, Gestaltung durchaus möglich. Und da wird man gerade in solchen Raumesformen in dem Räumlichen die Möglichkeit haben, in das Poetische der Sprache hineinzukriechen, sogar leichter und geschmeidiger hineinzugehen, als man hineingehen kann beim Rezitieren und Deklamieren.

Ein vollkommenes Rezitieren und Deklamieren muß allerdings noch darauf hinarbeiten, das Innerlich-Künstlerische, das durch die Sprache herauskommt, zu erfassen; aber es hat es schwerer als die Eurythmie. Bei der Prosasprache handelt es sich darum, daß man möglichst, wie man sagt, deutlich erfaßt dasjenige, was man durch ein Wort oder durch einen Satz ausdrücken will.«[30]

Gliederung der Worte – innere Gliederung der Strophen

»Wie man in der Sprache genötigt ist, um des inneren Verständnisses der Sprachgestaltung willen die Worte zu gliedern, so zu gliedern, wie sie aus dem Denken folgen, in subjektivische, adjektivische Bildungen und so weiter, so hat man nötig, das auch in der eurythmischen Darstellung zu berücksichtigen. Es ist selbstverständlich, daß dabei alle Pedanterie vermieden werden muß und daß vor allen Dingen der Unterricht in der Eurythmie nach der Richtung hin, die wir heute etwas entwickeln müssen, nicht ausarten darf in der Art und Weise, wie oftmals der Grammatikunterricht ausartet in der Schule. Aber bewußt werden muß sich durchaus der Eurythmist, wie er ein einzelnes Wort zu behandeln hat, wie er ein Hauptwort zu behandeln hat und so weiter, denn diese Dinge stehen ja, in der verschiedensten Weise den Gedanken gebend, im ganzen Zusammenhange der sprachlichen Menschenoffenbarung darinnen. Und so müssen wir auch hier unterscheiden zwischen denjenigen Worten, welche Eigenschaften der Dinge ausdrücken, die an den Dingen sind, und denjenigen Worten, welche Tätigkeiten ausdrücken. Solche Worte, die Eigenschaften an den Dingen bezeichnen, wir drücken sie eurythmisch dadurch aus, daß wir in dem Momente, wo es uns darauf ankommt, eine Eigenschaft eurythmisch zur Offenbarung zu bringen, daß wir in diesem Momente die Bewegung anhalten und die Gebärde in ruhiger Lage machen, also die Gebärde *ruhend* machen. Dagegen wenn wir einen Seeleninhalt ausdrücken, der in der gewöhnlichen Sprache durch ein Zeitwort, durch ein Verbum zum Ausdrucke kommt, dann kommt es ganz besonders darauf an, daß wir dezidiert die Gebärde in der *Bewegung* machen. So daß die bewegte Gebärde, das heißt, die am bewegten Menschen erscheinende Gebärde zunächst das Zeitwort, das eigentliche Verbum darstellt.

Nun kann man dasjenige, was durch das Zeitwort, durch das Verbum sich ausdrückt, so unterscheiden, daß man sagt: Es kommt irgend etwas zum Ausdrucke dadurch, daß man Passives ausdrückt oder Aktives ausdrückt oder eine dauernde Tätigkeit ausdrückt. Augenblickliches Tätigsein, augenblickliches Leiden, oder dauerndes Tätigsein, dauerndes Leiden, das ist dasjenige, wonach wir die eurythmischen Gebärden unterscheiden können. Die passive Tätigkeit, das passive Verhalten drücken wir dadurch aus, daß wir die Gebärde machen am sich nach vorwärts bewegenden Menschen, also nicht am sich zurück bewegenden Menschen; alles innere Verhalten, das auf einem Leiden beruht, das, wie gesagt, durch ein passives Verhalten zum Ausdrucke kommt, drücken wir dadurch aus, daß wir die Gebärde im Vorwärtsgehen machen. Alle Aktivität drücken wir dadurch aus, daß wir die Gebärde im Zurücktreten machen; alles dasjenige, was dauernde Tätigkeit ist oder dauerndes Leiden ist, drücken wir dadurch aus, daß wir die Gebärde im Gehen so oder so (nach rechts oder links) einfach vorbeiwandelnd machen.

Auf diese Weise haben wir die Möglichkeit, das Verbale wirklich so auszudrücken, daß wir in die Lage kommen, den Zuschauer empfinden zu lassen, was eigentlich im Verbum liegt.

Nun wollen wir zunächst einmal das, was ich gesagt habe, berücksichtigen bei der Darstellung eines kleinen Gedichtes, wo wir versuchen wollen, diese drei Formen des inneren Verhaltens auszudrücken, die durch das Verbum zum Ausdrucke kommen. Gehen wir die Verben durch, welche in dem kleinen Gedichtchen hier liegen:

> Konnt' schlafen nicht,

schlafen ist etwas, was dauert, wenigstens bei gesunden Menschen dauert; wir werden also ein dauerndes Inneres auszudrücken haben.

> Konnt' träumen nicht,

Nun, bei diesem ›träumen‹ kann man sich fragen – und so muß ein Gedicht zum Eurythmisieren durchaus vorbereitet werden –, träumen ist natürlich auch etwas, was Dauer andeutet, aber zu gleicher Zeit ein leises Erleiden. Wir werden also versuchen, das Vorbeiwandelnde mit dem Nach-Vorwärtsgehen zu verbinden, das heißt, wir werden nicht stramm nach vorwärts gehen, sondern wir werden das Vorbeiwandeln mit einem Vorwärtsgehen, also gewissermaßen mit einem Diagonalgehen verbinden. So würden Sie also ›träumen‹ gehen. Wir haben nun also:

> Konnt' schlafen nicht,
> Konnt' träumen nicht,
> Da hört' ich drauß
> Wie das Eis zerbricht. –

›Hört‹ ist wiederum ein Verbum; ›hört‹ ist ein deutliches Leiden: passives Verhalten, Vorwärtsschreiten. ›Wie das Eis zerbricht‹ – da können wir uns überlegen, es ist etwas vom Eis ausgesagt. Wollen wir uns einmal fragen: Ist das ein Leiden? Ist das ein dauernder

Zustand? Wir können es nur so erfassen, wenn wir es empfindend erfassen, daß wir es sozusagen zu tun haben mit einem dauernden Zustand, der aber eigentlich eine andeutende Tätigkeit ausdrückt, ein Aktives ausdrückt; denn das Zerbrechen des Eises ist ja gerade die Veranlassung dessen, was wir hören. Es ist also das Gegenteil von einem bloßen passiven Verhalten. Es ist sogar ein Aggressives auf uns. Wir sagen: zerbricht – dieses Krachen vom Zerbrechen geht fort. – Wir stellen es also dar, indem wir ein Tätiges ausdrücken, indem wir begrenzt nach rückwärts gehen.

Dann haben wir eine Zeile ohne ein Verbum, wenigstens es ist nur ein Hilfsverbum drinnen, aber das wollen wir jetzt nicht berücksichtigen.

> 's war, als ob aus der Fern,
> Ob es sich nahete, –
> Wehete, lüftete,
> Und in den Lüften es
> Atmete, düftete, –

›Nahete, wehete, lüftete‹: dauerndes Verhalten. Wehen, lüften sind lauter dauernde Zustände, die aber zu gleicher Zeit etwas von Tätigkeit haben. Wir werden also wiederum sie so ausdrücken: ›wehete, lüftete‹, indem wir rückwärtsgehen (siehe Schema); wiederum rückwärtsgehen; ›und in den Lüften es‹ – da haben wir kein Verbum – ›atmete, düftete‹: wie bei ›wehete, lüftete‹. Wenn wir hier wiederum zurückzugehen haben, gehen wir weiter zurück und wiederum weiter zurück (siehe Schema).

> Über die Felder her
> Talherab, berghinauf:
> Wenn das der Frühling wär
> In vollem Lauf!?

Machen Sie jetzt das Gedicht mit diesen Verbalbezeichnungen

> *Vorfrühling*
>
> Konnt' schlafen nicht,
> Konnt' träumen nicht,
> Da hört' ich drauß
> Wie das Eis zerbricht.
> 's war als ob aus der Fern,
> Ob es sich nahete, –
> Wehete, lüftete,
> Und in den Lüften es
> Atmete, düftete,
> Über die Felder her,

Talherab, berghinauf:
Wenn das der Frühling wär
In vollem Lauf!?

(Karl Julius Schröer)

Also damit haben wir die Verbalbezeichnungen:

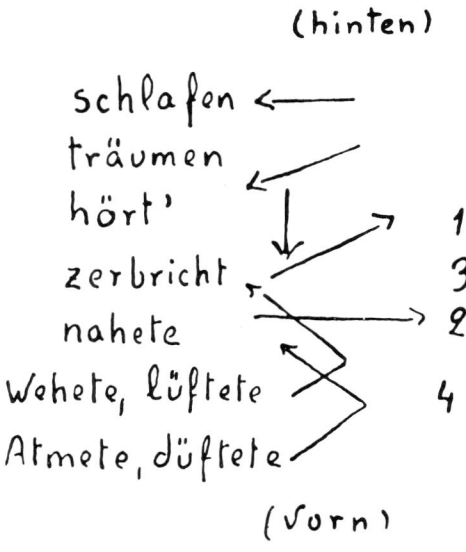

Nun die substantivischen Bezeichnungen. Da haben wir zunächst diejenigen Hauptwortbezeichnungen, die einen Eindruck auf die Sinne machen, die etwas bezeichnen, was einen Eindruck auf die Sinne macht, was man im gewöhnlichen Leben konkrete Gegenstände nennt.

Nicht wahr, konkret und abstrakt, das ist etwas Unbestimmtes, je nach der Seelenverfassung des Menschen. *Hegel* zum Beispiel polemisierte gegen die gewöhnliche Auffassung des Wortes abstrakt und konkret. Er sagte: Eine Waschfrau ist sehr abstrakt, und die Weisheit ist sehr konkret. – Es handelt sich wirklich darum, ob jemand in der inneren Anschauung so etwas wie Weisheit in aller Konkretheit empfindet, und das ganz abstrakte Wesen einer Waschfrau eben auch empfinden kann. Für denjenigen, für den die Weisheit konkret ist, für den ist die Waschfrau eigentlich etwas, was bloß gedacht ist, was man sich bloß denken kann, was gar keine Wirklichkeit hat. Die Waschfrau hat keine Wirklichkeit. Der Mensch, der in ihr lebt, der hat Wirklichkeit, aber die Waschfrau hat doch keine Wirklichkeit.

Aber deshalb ist es besser so ausgedrückt, daß man sagt: Gegenstände, die einen sinnlichen Eindruck machen, werden bezeichnet durch Worte, die ausgedrückt werden in Winkelbewegungen nach rückwärts; also alle sinnlichen Gegenstände in Winkelbewegungen nach rückwärts:

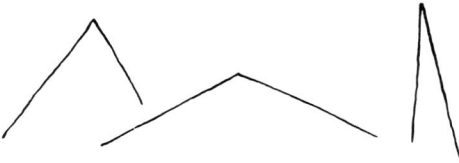

Dagegen dasjenige, was man im gewöhnlichen Leben abstrakt nennt, also dasjenige, was nicht auf die Sinne einen Eindruck macht, sondern in der Seele erlebt werden muß, wie Weisheit, Denkkraft, Genie, Phantasie und unzähliges andere, das wird ausgedrückt durch runde Bewegungen, die nach vorne gehen:

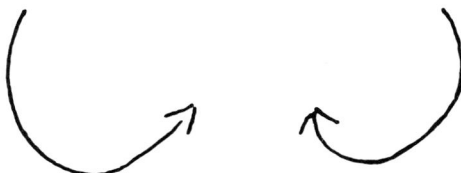

Also wir werden sagen: Geistig-Anschauliches; damit haben wir zweierlei bezeichnet, was in das Substantivische eingehen kann.

Dasjenige kann aber auch substantivisch sein, was Zustände festhält, sagen wir zum Beispiel die Weiße, die Schönheit, die Größe; Zustände, wie gegenständlich festgehalten. Das machen wir umgekehrt wie jene Gebärden, die sich auf sinnlich wahrnehmbare Gegenstände beziehen. Wir machen den Winkel nach vorn:

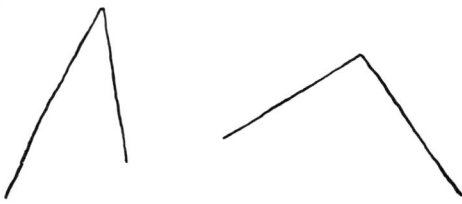

Nun würden wir noch dasjenige haben, was rein seelisch Festgehaltenes ausdrückt, in der Seele Festgehaltenes ausdrückt. Da machen wir die Rundung komplizierter:

In der Seele Festgehaltenes: Wir bekommen auf der einen Seite die Möglichkeit, dasjenige, was Seelisches ist: Sehnsucht, Leid, Schmerz, Mitleid, Wohlwollen und dergleichen auszudrücken. So daß wir sagen müssen: Dasjenige, was wir mit dem Winkel, der nach vorn geht, ausdrücken, das sind Zustände, die an äußeren Gegenständen erscheinen. Alles dasjenige, was im Inneren der Seele gegenständlich festgehalten wird, das bezeichnen wir auf die letztere Art.

Auf diese Weise werden Sie Gebärden herausbekommen, die zuletzt durchaus eine solche Empfindungsmodulation zustande bringen in dem Zuschauer, daß er den inneren Gründen folgt, warum in einem bestimmten Lautzusammenhange ein bestimmtes Seelisches, ein Zustand eines Sinnendinges und so weiter erscheint.

Man wird nicht nötig haben, allen einzelnen Redeteilen in der Eurythmie nachzugehen; man wird zum Beispiel kaum dasjenige, was man Pronomina nennt, zu behandeln haben, denn das ist für die eurythmische Gebärde gleich dem Eigenschaftswort, also in Gebärde auf ruhiger Haltung zu machen. Zahlworte sind auch gleich dem Eigenschaftswort zu machen. Die werden Sie nicht anders behandeln eurythmisch als irgendeine andere Eigenschaft.

Dagegen von besonderer Bedeutung für die eurythmische Darstellung, weil man dadurch Schönheit und Grazie in die Eurythmie hineinbringt, ist die Behandlung der Interjektionen, zum Beispiel: Oh! Ach! Alle Interjektionen, sie werden so behandelt, daß man entweder irgendeine Beugung des Körpers hervorbringt oder daß man einen graziösen Sprung oder ein graziöses Sprüngchen macht...

Hier kommt ein Kapitel, meine lieben Freunde, welches ganz gewiß vom materialistischen Standpunkte aus angefochten werden wird, was aber wichtig ist für das Gesamtgebiet der Eurythmie; für das Gesamtgebiet des Pädagogischen, auf dem künstlerischen Gebiete und auch auf dem Gebiete der Heileurythmie. Es handelt sich wirklich darum, daß eigentlich alle Bewegungen nach diesen drei Gesichtspunkten hin mit demjenigen ausgeführt werden müssen, was man mit Recht Grazie nennen kann. Und eine eurythmische Darstellung oder ein eurythmischer Unterricht, wobei man nicht wenigstens in einer Ecke eine Grazie hocken sieht – natürlich geistig meine ich das –, wäre nicht berechtigt. Man muß das Gefühl haben, alles Eurythmisieren, im Pädagogischen sowohl wie im Künstlerischen, muß unbedingt so sein, daß eine Grazie, ohne sich zu schämen, dabei sein und zuschauen könnte... Künstlerisches ist so, daß es durchaus die Grazie einzig und allein den Eingang in die Schönheit findet.«[31]

>»Aber man sollte durchaus das beachten, daß Eurythmielernen wirklich ein Anders-
machen des menschlichen Organismus ist und daß jede Darstellung in der Eurythmie
noch unvollkommen ist, wenn der Mensch irgendwie kämpft mit etwas, was an
seinem Körper ›Körper‹ ist und noch nicht ›Seele‹ geworden ist. Der ganze Körper
muß in der eurythmischen Ausführung Seele geworden sein.«[32]

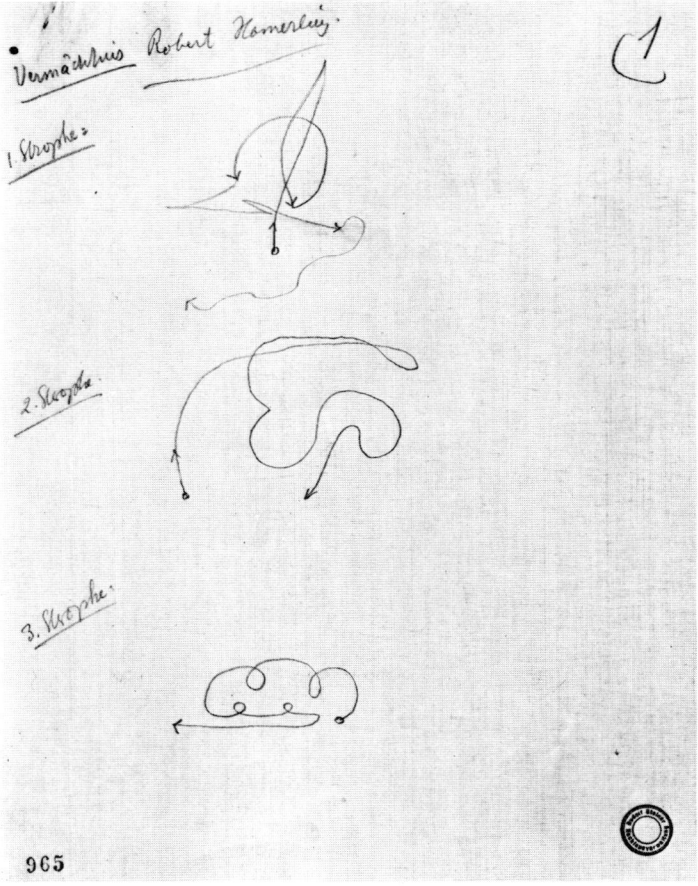

Eurythmieform
Rudolf Steiners zu
›Vermächtnis‹ von
Robert Hamerling

Robert Hamerling

Vermächtnis

Ich liebe die Flamme,	I ganz rot
Das Glanzelement,	unten weiß
Im Wetterleuchten,	
Im Sterngeflimmer.	
Ich liebe den Äther,	II ganz gelb
Den göttlich-freien,	unten blau
Wo die Winde, die Wolken,	
Die Adler wandern.	
Ich liebe die Welle,	III ganz blau
Die rauschende,	unten gelb
Sehnsüchtig wallende	
Von Land zu Land.	
Ich liebe die Erde,	IV ganz grün
Das heil'ge Grün,	unten rot
Wo's hold zu wandeln	
Und noch süßer zu ruhn ist.	
Und sterb' ich, geb' ich	V ganz blau
Mein Wesen gerne	
Den liebgeword'nen,	
Den Elementen:	
Den Geist der Flamme,	I
Die Seele dem Äther,	II
Das Herz der Welle,	III
Den Leib der Erde.	IV
Geist soll lodern,	I
Seele sich dehnen,	II
Des Herzens Woge soll weiter	
rauschen und klingen,	III
Der Leib soll ruhn.	IV

Graues Kleid, roter Schleier, gelbes schleierhaftes Kopfdeck

Bericht über den Lauteurythmiekurs vom 20. Juli 1924:

In dem folgenden Bericht faßt Rudolf Steiner zusammen, was er in den fünfzehn Unterrichtsstunden bis in alle Einzelheiten entwickelt hat. Es war aber von ihm später eine Fortsetzung beabsichtigt. Dazu kam es indessen durch seinen Tod nicht mehr. So ist dieser Bericht das Letzte geworden, was er für die eurythmische Kunst gegeben hat. In diesem Sinne besitzen diese Worte testamentarischen Charakter.

»In der Zeit vom 24. Juni bis zum 12. Juli wurde am Goetheanum ein Kursus über Lauteurythmie abgehalten. Er hatte zum Inhalte eine nochmalige Darstellung von vielem, was bisher auf diesem Gebiete gegeben worden ist, und zugleich eine Vertiefung und Erweiterung dieses schon Bekannten. Die eurythmisierenden Künstler, die am Goetheanum und von da aus an vielen Orten die Eurythmie als Kunst ausüben, die auf diesem Gebiete Lehrenden, die Lehrkräfte der von Marie Steiner in Stuttgart begründeten und geleiteten Eurythmieschule, für die Eurythmie tätigen Lehrkräfte der Waldorfschule und der Fortbildungsschule am Goetheanum, Heileurythmisten, und eine Reihe anderer Persönlichkeiten, die durch ihren Beruf als Künstler oder Wissenschaftler auf andern Gebieten für Eurythmie Interesse haben, nahmen an dem Kursus teil.

Eurythmie macht ja möglich, das Künstlerische als solches in seiner Wesenheit und seinen Quellen zur Anschauung zu bringen. Darauf wurde bei Abhaltung dieses Kursus besonders gesehen. Als eurythmischer Künstler kann nur wirken, wer aus innerem Beruf und innerer Begeisterung Kunstsinn schöpferisch entfaltet. Um die in der menschlichen Organisation liegenden Form- und Bewegungsmöglichkeiten zur Offenbarung zu bringen, hat man nötig, daß die Seele ganz von Kunst erfüllt ist. Dieser universelle Charakter des Eurythmischen lag allen Ausführungen zugrunde.

Wer eurythmisieren will, muß in das Wesen der Sprachgestaltung eingedrungen sein. Er muß vor allem an die Geheimnisse der Laut-Schöpfung herangekommen sein. In jedem Laute ist ein Ausdruck für ein Seelenerlebnis gegeben. Im vokalischen Laute ein solcher für ein gedankliches, gefühlsmäßiges, willensartiges Sich-Offenbaren der Seele, im konsonantischen Laute für die Art, wie die Seele ein äußeres Ding oder einen Vorgang vergegenständlicht. Dieser Ausdruck im Sprachlichen bleibt beim gewöhnlichen Sprechen zum größten Teile ganz unterbewußt; der Eurythmist muß ihn auf ganz exakte Art kennenlernen, denn er hat, was im Sprechen hörbar wird, in die ruhende und bewegte Gebärde zu verwandeln. Das innere Gefüge der Sprache wurde deshalb in diesem Kurse bloßgelegt. Die Lautbedeutung des Wortes, die der Sinnbedeutung überall zugrunde liegt, wurde anschaulich gemacht. Von der eurythmischen Gebärde aus läßt sich manches in dem Gesetzmäßigen der Sprache, das gegenwärtig, wo das Sprechen in einer stark abstrakten Seelenverfassung ausgeführt wird, wenig erkannt wird, zur Darstellung bringen. Das ist in diesem Kursus geschehen. Dadurch, so darf gehofft werden, wird er auch Lehrern des Eurythmischen die ihnen nötigen Richtlinien gegeben haben.

Der Eurythmist braucht die Hingabe an das Kleinste der Gebärde, damit seine Darstellung wirklich zum selbstverständlichen Ausdruck des Seelischen wird. Er kann die große Gebärde nur gestalten, wenn ihm dieses Kleinste erst zum Bewußtsein, dann zur gewohnheitsartigen Äußerung des seelischen Wesens geworden ist.

Es wurde betrachtet, wie die Gebärde als solche Seelenerlebnis und Geistinhalt offenbart, und auch wie diese Offenbarung zum Seelenausdruck sich verhält, der in der Laut-Sprache sich hörbar verwirklicht. Man kann an der Eurythmie das Technische der Kunst würdigen lernen; aber gerade auch an ihr tief durchdrungen werden davon, wie das Technische alle Äußerlichkeit abstreifen und ganz vom Seelischen ergriffen werden muß, wenn wahrhaft Künstlerisches leben soll. In der Kunst auf irgendeinem Gebiete tätige Menschen sprechen oft davon, wie die Seele *hinter* der Technik wirken soll; die Wahrheit ist, daß *in* der Technik die Seele tätig sein muß.

Ein besonderer Wert wurde in diesen Vorträgen darauf gelegt, zu zeigen, daß der ästhetisch empfindende Mensch in der wahr gestalteten Gebärde das Seelische unmittelbar auf ganz eindeutige Art wahrnimmt. Es wurden Beispiele vorgeführt, die veranschaulichten, wie ein Inhalt in der Seelenverfassung auf selbstverständliche Art in einer gewissen Gebärdengestaltung gesehen werden kann.

Es wurde auch gezeigt, wie alle Sprachgestaltung, die in Grammatik, Syntax, in Sprachrhythmus, in poetischen Tropen und Figuren, in Reim und Strophenbau sich offenbart, die entsprechende Verwirklichung auch in dem Eurythmischen findet.

Die Zuhörer dieses Kurses sollten nicht nur in der Erkenntnis der Eurythmie gefördert werden, sondern es sollte von ihnen erlebt werden, wie alle Kunst getragen sein muß von Liebe und Begeisterung. Der Eurythmist kann seine Kunstschöpfung nicht von sich ablösen und sie objektiv vor den ästhetisch Genießenden hinstellen wie der Maler, der Plastiker, sondern er bleibt in seiner Darstellung persönlich darinnen; man *sieht* an ihm, ob in ihm Kunst wie ein göttlicher Weltinhalt lebt, oder nicht. In unmittelbar künstlerische Gegenwart muß am Menschen der Eurythmist das Künstlerische als anschauliches Wesen hinstellen können. Das erfordert ein besonderes innerlich-intimes Verhältnis zur Kunst. Zum Verständnisse *davon* wollte dieser Kurs den Teilnehmern verhelfen. Er wollte zeigen, wie in der Seele beim Anschauen der Gebärde das Gefühl, die Empfindung sich entzündet, und wie dann diese Empfindung zum Erleben des sichtbaren Wortes führt. Man kann vieles, was im hörbaren Worte nur unvollkommen sich darleben kann, durch die eurythmische Gebärde zur vollen Offenbarung bringen. Hörbares Wort in Rezitation und Deklamation in Verbindung mit dem sichtbaren Worte geben dann einen Total-Ausdruck, der intensivste künstlerische Geschlossenheit bewirken kann.«[33]

Humoristisches

»Man braucht nicht gerade zu fordern, daß man nur Mysteriengedichte eurythmisiere, oder solche Gedichte, die nach dem Muster der Mysterienkunst gemacht sind«[34], sagt Rudolf Steiner in einem der Vorträge des Lauteurythmiekurses. – So schuf er auch Formen für zahlreiche Jugendgedichte von Goethe und fügte besondere Angaben hinzu. Um einige Beispiele herauszugreifen: spezielle Kopfhaltungen für »Die Spröde« und »Die Bekehrte«; in der Ballade »Heideröslein« für den »wilden« Knaben eine charakteristische Art von Sprüngen; für die Darstellung des Rösleins Drehungen, verbunden mit den drei »Ö«-Hüpfern bei dem Refrain: »Röslein, Röslein, Röslein rot«. Anderen Gedichten wurden oftmals recht schwierig auszuführende Körperhaltungen vorgeschrieben.

Rudolf Steiners Liebe für das Humoristische aber spiegelt sich in den Programmen, die Marie Steiner von Woche zu Woche zusammenstellte, deutlich wider. Zu seinen Lebzeiten gab es kaum Aufführungen, die nicht ohne Humoresken von Christian Morgenstern ihren Abschluß fanden. Über hundert seiner Dichtungen richtete er für die Eurythmie ein. »Korf« und »Palmström« und »Muhme Kunkel« sind zu klassischen Gestalten innerhalb des Eurythmierepertoires geworden.

Vor dem Vortrag vom 15. Januar 1916, Dornach

Eurythmie-Programm

Christian Morgenstern	Das böhmische Dorf
	Der Salm
	Der Wasseresel
	Der Rock
	Professor Palmström
	Der Aromat
	Die Mausefalle
	Die Geruchs-Orgel

Und zum Schluß etwas, woran man öfter denken kann jetzt:
Die Behörde.

Über die Humoresken von Christian Morgenstern

Ansprache, Dornach, 15. Januar 1916

»Dieses Buch behandelt die Weltenerlebnisse und sonstigen tiefen Erlebnisse, charakterologischen Erlebnisse und alles andere von Palmström und von dem Herrn v. Korf. Wir können uns vielleicht ein anderes Mal, wenn wir schon einiges von den beiden Herren kennengelernt haben, über diese beiden Herren unterhalten. Heute wollen wir nur das kurze Vorwort als Charakteristik uns vor die Seele führen, das heißt nämlich, man muß dieses Vorwort von dem Herrn v. Korf kennen, das heißt nämlich ›Das Böhmische Dorf‹. Nun muß man vor allen Dingen wissen, was ein böhmisches Dorf ist. Es ist nicht etwa ein Dorf in Böhmen, sondern – ja, was ist ein böhmisches Dorf? Etwas, was man so stark nicht kennt, daß, wenn man es sieht, man ganz perplex davorsteht. Das ist eigentlich ein böhmisches Dorf.«[35]

Kostümskizze Rudolf Steiners zu ›Der Aesthet‹ von Christian Morgenstern

Christian Morgenstern

Der Aesthet/ »Gingganz«

Wenn ich sitze, will ich nicht
sitzen, wie mein Sitz-Fleisch möchte,
sondern wie mein Sitz-Geist sich,
säße er, den Stuhl sich flöchte.

Der jedoch bedarf nicht viel,
schätzt am Stuhl allein den Stil,
überläßt den Zweck des Möbels
ohne Grimm der Gier des Pöbels.

[Skizze für Kostüm von Dr. Steiner:
gelbes Kleid mit grünem Gürtel (vorne ein Muster)
großer grüner Kragen mit violettem Muster (Baum
und Häuschen), auf Draht gearbeitet, so daß er über
den Schultern absteht und etwas mit der Bewegung
mitgehen kann]

Eurythmieformen Rudolf Steiners zu ›Der Aesthet‹ (links) und ›Der Papagei‹
von Christian Morgenstern

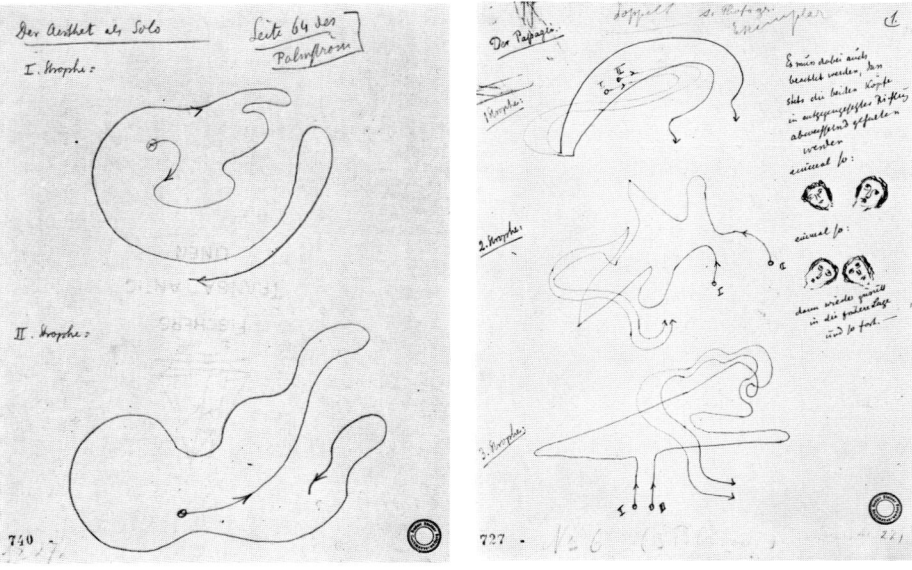

Oxford, 18. August 1922

PROGRAMM

Harmonischer Auftakt . . . . Musik: Max Schuurman

Sonett: They, that have power ... . Shakespeare

Weltenseelengeister . . . . Rudolf Steiner

The Magic of Life (Lebenszauber) . . . . Edvard Grieg

The Secret Gate . . . . Fiona Macleod

From «The Souls Awakening» . . . . Rudolf Steiner

From «The Gardian of the Threshold» . . . . . . Rudolf Steiner

Dirge (Cymbeline) . . . . Shakespeare

Frühling Musik: L. van der Pals . . . . Rudolf Steiner

May Song . . . . J. W. v. Goethe

Die Spröde
Die Bekehrte } Musik: Max Schuurman . J. W. v. Goethe

Balthazar's Song (Much ado about nothing) . . . . . Shakespeare

The Pied Piper ... Musik: Max Schuurman . . J. W. v. Goethe

Eurythmie in der Pädagogik und Therapie

Im September 1919 war in Stuttgart die Waldorfschule eröffnet worden. Die pädagogische Bewegung fand besonders in England reges Interesse. Erstmals wurde in Oxford vom 16. bis 18. August 1922 in den Räumen der Universität ein Kursus von zwölf Vorträgen arrangiert:

Oxford Holiday Conferences »Spiritual Values in Education and Social life« – »Die geistige und seelische Entwicklung des Kindes«. Es reiste auch die Eurythmiegruppe mit, die bereits in der Schweiz, Deutschland, Holland und Norwegen öffentlich debütiert hatte. Die Eurythmie wurde sowohl von der künstlerischen als auch pädagogischen Seite gezeigt. Für die Veranstaltungen in Oxford waren auch die Eurythmiefiguren fertiggestellt worden.

Ein Jahr darauf, 1923, fand in Ilkley (York) vom 5. bis 17. August wiederum eine »Holiday Conference« statt, veranstaltet von der »Educational Union for the Realisation of Spiritual Values in Education«. Special Address: »Gegenwärtiges Geistesleben und Erziehung«. Welche Intentionen Rudolf Steiners der Aufnahme der Eurythmie in den Waldorfschul-Lehrplan zugrundelagen, wird deutlich in folgenden Auszügen aus seinem Vortrag in Ilkley vom 17. August 1923:[36]

»Die Waldorfschule ist ein in sich geschlossener Organismus, und es kann manches gerade bei den Prinzipien, die in dieser Schule herrschend sind, mißverstanden werden, wenn man nicht darauf sieht, wie die Schule als ein ganzer Organismus gedacht ist. Man kann zum Beispiel die Meinung haben, man besuche diese Schule ein, zwei, drei Tage, und man sähe sich an, was während dieser zwei, drei Tage getrieben wird, und man habe genug: man habe gesehen, wie in dieser Waldorfschule unterrichtet wird …

Ich möchte das Hineinnehmen der einzelnen Unterrichtsfächer in die Schule gerade an der Eurythmie wie in einer episodischen Art jetzt einmal ganz kurz dem Prinzip nach auseinandersetzen …

In die Schule soll nichts hineinerfunden werden, sondern im Grunde alles aus dem Leben hineingetragen werden. Der Lehrer soll den freien, unbefangenen Blick ins Leben haben, soll das Leben verstehen, und soll für dieses Leben, das er versteht, die Kinder in der Schule unterrichten und erziehen können. Je mehr der Lehrer mit dem unmittelbaren Leben zusammenhängt, desto besser wird die Schule versorgt sein. Engherzige Lehrer, die nichts vom Leben kennen als nur die Schule, sind daher am allerwenigsten bedeutsam für dasjenige, was eigentlich den Menschen zum Menschen machen kann. Und so haben wir die Eurythmie nicht hineingetragen in die Schule von dem Gedanken aus: man braucht nun gymnastische Übungen für die Schule, man muß etwas Besonderes für die Kinder zubereiten – *nein, die Eurythmie ist zunächst überhaupt nicht als Erziehungssache entstanden,* die Eurythmie ist aus gewissen Schicksalsfügungen um das Jahr 1912 entstanden, aber zunächst gar nicht als Erziehungsakt, *sondern sie ist entstanden aus künstlerischen Intentionen, als Kunst.* Und man wird immer für die Eurythmie als Erziehungssache etwas Unvollkommenes denken, wenn man eine besondere Erziehungseurythmie absondert von der künstlerischen Eurythmie.

Mir wäre es daher viel angemessener erschienen, wenn hier bei der Veranstaltung zuerst die künstlerisch-eurythmischen Vorstellungen gegeben worden wären und man daran gesehen hätte, wie Eurythmie als Kunst gedacht ist. Dadurch, daß sie Kunst ist, steht sie im Leben darinnen, und dann überträgt man dasjenige, was im Leben drinnen steht, auf die erzieherischen Formen; so daß man eigentlich erst die Eurythmie bei Kindern beurteilen kann, wenn man sich ein Verständnis dafür erworben hat, was die Eurythmie als Kunst selber einmal sein wird, aber doch vielleicht schon heute etwas mehr ist, als manche glauben.

Eurythmie als Kunst ist eben um 1912 herum entstanden, zunächst auch nur als Kunst getrieben worden, und die Waldorfschule haben wir 1919 eingerichtet. Und weil wir gefunden haben, daß die eurythmische Kunst nun auch in der Kindererziehung Verwendung finden kann, deshalb haben wir die Eurythmie in der Schule eingeführt.

Aber das ist das Sekundäre. Diesen Zusammenhang, den sollte man in allen Dingen sehen, wenn man das Verhältnis der Schule zum Leben ins Auge fassen will. Man sollte ein Verständnis dafür haben, daß man ja auch nicht ein besonderes Malen für die Kinder einzurichten habe; sondern wenn man findet, daß die Kinder ins Malen in irgendeiner Weise hineinwachsen sollen, dann müssen die Prinzipien aus der lebendigen Malkunst heraus, nicht aus einer pädagogisch besonders zurechtgeschusterten Methode gemacht werden. Es muß das wirklich Künstlerische dann in die Schule hineingetragen werden, nicht ein wiederum verstandesmäßig Ausgedachtes. Und gerade an der Eurythmie ist es möglich, das rein Künstlerische der Menschheitszivilisation wiederum einzufügen...

Ich möchte nur noch sagen, daß die Eurythmie deshalb hineingenommen worden ist in Unterrricht und Erziehung, weil sie zu der äußeren Gymnastik ein ganz wunderbares Gegenstück abgibt. Nehmen Sie das, was man in Deutschland Turnen nennt. Die körperlichen Übungen werden durchaus, wie erwähnt, in unserer Waldorfschule genügend gepflegt – aber wenn Sie diese äußere Gymnastik nehmen, so werden Sie die Formen dieser Gymnastik so ausgebildet sehen, daß der Mensch gewissermaßen bei jeder Übung, die er vollführt, den Raum zuerst empfindet, die Raumrichtung. Und die Raumrichtung ist eigentlich zuerst da. Der Mensch fühlt also die Raumrichtung und legt nun seinen Arm in diese Raumrichtung hinein. Es gibt sich also der Mensch turnend gymnastisch an den Raum hin.

Das ist die Art und Weise, wie man allein in gesunder Weise gymnastische Übungen finden kann. Der Raum ist nach allen Seiten bestimmt. Unsere abstrakte Raumanschauung, die sieht drei aufeinanderstehende senkrechte Raumrichtungen, die man gar nicht unterscheiden kann. Die gibt es nur in der Geometrie. In Wirklichkeit haben wir oben den Kopf, unten die Beine: das ist oben und unten. Dann haben wir links und rechts. Wir leben in dieser Richtung drinnen, wenn wir die Arme ausstrecken. Da handelt es sich gar nicht darum, wo die absolute Richtung ist: daß wir uns drehen können, darin liegt alles. Und dann haben wir vorne und hinten. Und darauf sind alle üblichen Raumrichtungen orientiert. Sie strecken sich und brechen sich und schieben sich zurück. Und findet man auf diese Weise den Raum, dann findet man die gesunde Bewegung für Turnen und Gymnastik. Da gibt sich der Mensch an den Raum hin.

Wenn er eurythmisiert, dann ist der Charakter der Bewegung aus dem menschlichen Organismus herausgeholt. Dann ist die Frage diese: was erlebt die Seele, wenn sie diese Bewegung macht, wenn sie jene Bewegung macht? Dadurch kommen ja die einzelnen Laute in der Eurythmie gerade zustande. Was kommt zustande, wenn Sie Ihre Kraft in die Glieder hineingießen? Während wir durch die äußerlich gymnastischen Übungen den Menschen in den Raum sich hineinlegen lassen, lassen wir den Menschen in der Eurythmie seiner Wesenheit gemäß nach außen die Bewegung so ausführen, wie sie der Organismus selber fordert. Das Innere nach außen sich bewegen lassen, das ist das Wesen des Eurythmischen. Das Äußere vom Menschen ausfüllen, so daß der Mensch sich verbindet mit der Außenwelt, das ist das Wesen der Gymnastik.

Will man *ganze* Menschen erziehen, so kann man gerade dieses »Gymnastische« vom anderen Pole ausgehen lassen, von dem, wo die Bewegung des Menschen ganz aus dem Innern geholt wird in der Eurythmie. Aber jedenfalls muß das Eurythmische immer, wenn es im Unterricht verwendet wird, herausgeholt sein aus dem künstlerisch Erfaßten der Eurythmie.

Meine Überzeugung ist, daß die besten Gymnastiklehrer diejenigen sind, die ihre Gymnastik an der Kunst gelernt haben. Die Griechen haben die Anregungen und Impulse zu ihrer Schulgymnastik, zu ihren Olympischen Spielen von der Kunst geholt. Und wenn man die Konsequenzen des Auseinandergesetzten voll einhält, alles im Schulmäßigen aus dem Künstlerischen herauszuholen, dann wird man dasjenige, was ich an dem Beispiel der Eurythmie gezeigt habe, schon auch für die anderen Zweige des Lebens finden. Man wird nicht etwas Besonderes für den Unterricht erfinden, sondern das Leben in die Schule hineintragen wollen. Dann wird das Leben in der sozialen Ordnung auch wieder aus der Schule herauswachsen können.«

Anschließend wurde Rudolf Steiner nach Penmaenmawr (N. Wales) eingeladen zu einer »International Summer School« (18. bis 31. August 1923). Dort hielt er einen Zyklus von dreizehn Vorträgen »Die geistige und physische Welt- und Menschheitsentwicklung der Vergangenheit, Gegenwart und Zukunft im Lichte der Anthroposophie«. Aus dem Interesse der Teilnehmer an der neuen Bewegungskunst, die an der Gestaltung der Tagung einen wesentlichen Anteil hatte, ergab sich der Vortrag: »Eurythmie. Was sie ist und wie sie entstanden ist.«

1924 konnte in Torquay vom 12. bis 19. August noch ein pädagogischer Kursus für die Lehrer der in London neu zu begründenden Schule stattfinden. – Das war die letzte Vortragstätigkeit Rudolf Steiners in England. In seiner letzten, handschriftlich vorliegenden Eurythmieansprache, gehalten in Torquay, charakterisiert er noch einmal die ›Pädagogische Eurythmie‹ und die ›Heileurythmie‹ mit den Worten[37]:

»Weil die Bewegungen, welche in der Eurythmie von dem Menschen ausgeführt werden, aus dem gesunden Organismus stammen, können sie auch so umgestaltet werden, daß der kranke oder schwache Organismus, wenn er sie in fachkundiger Art ausführt, durch sie gesundet oder erstarkt. Es entsteht dadurch eine Heileurythmie. Sie ist nicht dasselbe wie die künstlerische Eurythmie, aber sie ist aus ihr hervorgebildet. In den klinisch-therapeutischen Instituten, welche sich an das Goetheanum in Dornach und in Stuttgart angegliedert haben, wird diese Eurythmie als ein therapeutischer Zweig gepflegt.

In der Waldorfschule in Stuttgart und an der Fortbildungsschule in Dornach wird die Eurythmie in pädagogisch-didaktischer Absicht als ein seelisch-geistiges Turnen (Gymna-

PROGRAMM
I. Teil

Stabübungen mit musikalischer Begleitung von L. van der Pals
Ballen und Spreizen   Musik von Max Schuurman
Auf grüner Heide
Taktier-Übung mit musikalischer Begleitung von Max Schuurman
Ton-Eurythmie-Übungen:
a) Dur- und Moll-Dreiklänge
b) Intervall-Übungen
c) Dissonierende und konsonierende Akkorde
Das Häslein . . . . Christian Morgenstern
Ton-Eurythmie-Übungen:
a) Chromatische Skala in Dur
b) in Moll
c) Tonleiter-Übung
Liederseelen . . . . C. F. Meyer
Scherzo . . . . Reinecke
Musette . . . . J. S. Bach

II. Teil

Largo . . . . G. Fr. Händel
Treue, Leben, Ewig . . . . Albert Steffen
Für meine Mutter . . . . Albert Steffen
Allegretto . . . . W. A. Mozart
Am Turme . . . . A. Droste-Hülshoff
Gavotte . . . . A. Corelli
Das Lied vom Winde . . . . Eduard Mörike
Menuett . . . . G. Fr. Händel
Lüfteleben . . . . Friedrich Rückert
Arie . . . . J. S. Bach
Der Morgen . . . . A. Droste-Hülshoff
Waldszenen . . . . Robert Schumann

Oxford, 19. August 1922

PROGRAMM

I. *Children's Performance*

Staff and Rhythmic Exercices
« I and you are we »
Energy Danse
Pease Danse
Contraction – Expansion
The Children were shouting together, by A E
The Skylark . . . . James Hogg
Night . . . . William Blake
Spring Song . . . . Thomas Nashe
The Camel's Hump . . . . R. Kipling
Three blind mice (Nurcery Rhime)

II.

Auftakt: Evoe Musik: Max Schuurman
Portia: The qualety of mercy (The Merchant of Venice) Shakespeare
«Wir wollen suchen» Musik: Max Schuurman
With a painted Ribbon . . . . J. W. v. Goethe
Musette (Gavotte Nr. 2 aus der 3. Engl. Suite) . . . J. S. Bach
Scholastikerproblem . . . . Christian Morgenstern
Tapetenblume . . . . Christian Morgenstern
Autolycus Song (Winter's Tale) . . . . Shakespeare
Under the Greenwoodtree ... (As you like it) . . . . Shakespeare
Ingratitude: Blow, blow, thou winterwind ...
   (As you like it) . . . . Shakespeare
Tonbild . . . . Edvard Grieg
Clown's Song: When that I was ... (Twelfth Night) Shakespeare

stik) gepflegt. In mehrjähriger Erfahrung hat sich gezeigt, daß die Kinder sich in derselben Art in diese Bewegungssprache hineinleben wie vorher in die Wortsprache. Und weil dabei Seele und Geist mittätig sind, ohne daß der Körper dabei vernachlässigt wird, stellt sich diese Eurythmie als eine wohltätige Ergänzung der Gymnastik ein. Besonders kommt dabei die Willensbildung des Kindes in der freien Beherrschung des Körpers zum Rechte.

Gegenwärtig ist die Eurythmie noch im Anfange ihrer Entwicklung. Das wissen deren Schöpfer gut. Aber sie wissen auch, daß sie einer unermeßlichen Vervollkommnung fähig ist. Denn sie bedient sich als Werkzeug des menschlichen Körpers selbst. Dieser aber ist ein

Ausdruck aller Weltgeheimnisse. Er ist ein wahrer Mikrokosmos. Spricht durch ihn die menschliche Seele, so kann sie alle Weltgeheimnisse in der Offenbarung ihres eigenen Innenlebens künstlerisch vor das Auge stellen. Deshalb darf man glauben, daß dereinst die Eurythmie als eine vollberechtigte jüngere Kunst neben den vollberechtigen älteren Schwesterkünsten wird stehen können.«

Schon vorher, in Dornach am 24. Juni 1924, betont Rudolf Steiner im Zusammenhang mit der Heileurythmie wiederum das Grundsätzliche für die Ausübung der neuen Kunst:

»Wir haben es mit der Eurythmie als einer Heilkunst zu tun, so wie ursprünglich gewußt wurde in hellseherischen Zeiten, daß in gewissen Lauten, die der Mensch in einer entsprechenden Intonierung sagte, zurückgewirkt wurde auf die Gesundheit. Aber da war man eben darauf angewiesen, auf dem Umwege durch die Luft, die in den Ätherleib zurück wiederum hineinwirkte, diese Gesundheit zu bewirken. Wenn man direkt vorgeht, wenn man den Menschen die Bewegungen machen läßt, die seiner Organbildung entsprechen, wobei man nur wissen muß, wie diese Bewegungen sind – zum Beispiel gewisse Fuß- und Beinbewegungen entsprechen gewissen Formungen selbst bis in den Kopf hinauf –, wenn man das alles nachbilden läßt, dann entsteht dieser dritte Aspekt der Eurythmie, die Heileurythmie.
Ich wollte dieses heute vorausschicken, damit jeder, der nun in der Eurythmie tätig ist, eine ursprüngliche Empfindung, ein ursprüngliches Gefühl davon hat, was er eigentlich tut; nicht hinnimmt die Eurythmie als irgend etwas, was man nur konventionell lernen kann, sondern hinnimmt als etwas, wodurch der Mensch tatsächlich näher an das Göttliche herankommt, als er es ohne Eurythmie kann, wie das bei jeder Kunst der Fall ist, damit wir uns mit dieser Empfindung, mit diesem Gefühl durchdringen. Was gehört zu einer ordentlichen Eurythmieunterweisung? Da muß Atmosphäre drinnen sein, Empfindung von der Verbindung des Menschen mit dem Göttlichen. Dann ist eben wirkliche Eurythmie da. Das ist nötig.«[38]

Eurythmie-Ausbildung

Obwohl seit dem Jahre 1912 in verschiedenen Städten Deutschlands Eurythmiezentren entstanden waren, wurde erst im Jahre 1923 in Stuttgart eine regelrechte Eurythmie-Ausbildungsstätte eingerichtet: das *Eurythmeum* unter der Leitung von Marie Steiner. Dieser neuen Einrichtung lag die Idee eines ›eurythmischen Konservatoriums‹ zugrunde. Geführt wurde diese Schule von Frau Alice Fels, einer Eurythmistin, die in Dornach für diese Aufgabe bestimmt worden war. Eine Konferenz mit Marie Steiner, den Lehrkräften und den Dozenten für die verschiedenen Unterrichtsfächer, fand am 30. April 1924 statt, in welcher Rudolf Steiner den gesamten Lehrplan für das Eurythmiestudium entwarf.

Konferenz im Eurythmeum

Stuttgart, 30. April 1924 (Auszug)

»Es ist unbedingt notwendig für die, welche Eurythmie lernen wollen, daß sie treiben:

Erstens den Zusammenhang von Metrik und Poetik mit der besonderen Besprechung ausgewählter Literaturkapitel. Aber es muß wirklich ein regelrechter Unterricht in Metrik und Poetik da sein; das heißt, die Gesetze des dichterischen Aufbaues müssen behandelt werden.

Das müßte auslaufen in einen vollständigen Unterricht der Ästhetik aller Künste, nicht nur in ein paar Regeln, sondern in einen wirklichen Unterricht. Es ist absolut notwendig, daß der, welcher einen Kurs gibt, eine ganz bestimmte Ansicht über Ästhetik hat. Alle Künste müßten umfaßt werden. Als Leitlinien für diesen Unterricht könnte benutzt werden Schillers Ästhetik, und was von mir daran anknüpfend gesagt worden ist.

Zweitens ist ebenso notwendig ein richtiger Unterricht in bezug auf Musik. Sie sollten herausarbeiten, wie Takt, Harmonie, Rhythmus, Melos, Phrasierung verwendet werden bei den verschiedenen Komponisten. Die Elemente des Kontrapunktes sollten entwickelt werden. Dies mit Hilfe des Gesanges, mit der Verwendung der Stimme im Gesang, ein- und mehrstimmig. Das alles mit ausgewählten Kapiteln.

Drittens ferner Geometrie, mit Gipfelung in Raumformen. Diese Formen, deren innere Gesetzmäßigkeit, sollten Anwendung finden auf den menschlichen Organismus. Ich will gleich auseinandersetzen, wie ich das meine. Die Sache ist so: Man kann zunächst die Geometrie in dem Sinne darstellen, daß sich die Figuren entsprechen, daß der Unterricht in das Figurale ausläuft, so daß man wirklich da den Übergang zu Stellungen und Bewegung in Stellungen findet. Man kann zum Beispiel zeigen, wie im ›Sposalizio‹ (Raffael) diese wunderbare Anordnung zu finden ist. Studieren Sie die Gruppierung der Gestalten im Raume auf diesem Bilde. Dann wieder gründlich ins einzelne gehen. Wie jeder Arm und jede Hand liegt, wie das Ganze geometrisch durchgeführt wird. Das sind Gruppierungen, die auch in der Eurythmie schön sind. Dadurch gewöhnen sich die Leute, solche Gruppierungen zu verstehen. Das führt dann wieder in Zusammenhang mit der Ästhetik. Der Ästhetiker, der mehr beim Malen vom Kolorit, oder beim Tanz mehr von der Bewegung spricht, wird hören, wie der Geometer das aus der inneren Gesetzmäßigkeit findet. Das würde aber weiterhin zum inneren Verständnis des menschlichen Organismus überführen. Man würde zeigen können, wie ein Organ aufgebaut ist, rein in seinen Formen. Studieren Sie den menschlichen Körper nach seinen Proportionen, zum Beispiel dem Goldenen Schnitt. Seien Sie auch aufmerksam auf solche Sachen, wie zum Beispiel auf dieses, daß in der menschlichen Gestalt das Pentagramm eingeschrieben ist, wie, wenn man die Arme

ausstreckt, man einen Kreis herumziehen kann, wie man bei einer andern Lage ein Viereck konstruieren kann. Dies zeigt, wie sich das Figurale im menschlichen Organismus selber ausnimmt. Eine gute Anleitung dazu finden Sie bei *Heinrich Cornelius Agrippa von Nettesheim*. Sie brauchen da nichts anderes zu nehmen.

›Der Mensch als das schönste und vollendetste Werk Gottes, als sein Ebenbild und als eine Welt im Kleinen, hat einen vollkommeneren und harmonischeren Körperbau als alle übrigen Geschöpfe und enthält alle Zahlen, Maße und Gewichte, Bewegungen und Elemente, kurz alles, was zu seiner Vollendung gehört, in sich, und alles gelangt in ihm als dem erhabensten Meisterwerke zu einer Vollkommenheit, wie die übrigen zusammengesetzten Körper sie nicht besitzen.‹　　　　　　　　　　　　　　　　　　(Agrippa von Nettesheim, 1486–1535)

Das würde viertens hinüberleiten in die plastisch-musikalische Anthropologie. Da würde man im Anthropologie-Unterricht vor allen Dingen die eigentlichen Formen aufzeigen müssen, aber auch die plastische Bewegungsmöglichkeit der einzelnen Organe. Etwas müssen die Leute, die mit dem menschlichen Körper arbeiten, auch davon wissen. Fragen Sie sich: Wo sitzt das menschliche Herz? Aber auch: Wie wird die Lunge verändert, wenn man rasch atmet? und so weiter. Also die Veränderung in der Bewegung verstehen;

namentlich auch das Dynamisch-Mechanische, wie Knochen und Muskeln liegen, wenn eine bestimmte Bewegung ausgeführt wird, muß man studieren. Wenn der Mensch unter einem bestimmten Winkel den Arm hebt, wie ist dann der Ansatz des Oberarm- im Verhältnis zum Unterarmknochen? Betrachten Sie das. Dann könnte man von da aus den Übergang finden, den menschlichen Organismus künstlerisch zu erfassen.

Sehen Sie, wie der Organismus sich verhält bei den künstlerischen Bewegungen. Dann besprechen Sie den menschlichen Organismus, wie er sich ergibt, wenn man ihn plastisch nachbilden will... Dann fügen Sie zu dieser plastischen Betrachtung, die Sie natürlich ausbauen müssen, eine musikalische Betrachtung.

Sie finden das näher ausgeführt in meinem Toneurythmiekurs, wo ich vom Schlüsselbein ausgehend die einzelnen Knochen betrachtet habe. Die Prim ist hinten am Schlüsselbein und Schulterblattansatz. Sie ist aus dem Astralleib in die Form geschossen. Dann folgen Sekund, große Terz, kleine Terz. Jedes Organ kann man wiederum so behandeln, wie die musikalischen Gesetze. Nicht wahr, das Handgelenk zum Beispiel mit seinen vier Knöchelchen ist die Quart. Und die fünf Finger der Hand, das ist die Quint. Die Sext und die Septime liegen schon darüber hinaus, die hat man, wenn man so abstößt mit den Fingern. Der Mensch ist aber auch sonst aus der Musik herausgestaltet. Darauf kommen Sie, wenn Sie zum Beispiel sehen, wie er links und wie er rechts gestaltet ist. Er ist aufgebaut aus dem Verhältnis zwei zu drei. Links und rechts hat der Mensch das Verhältnis von zwei zu drei in sich. Rechts ist die Lunge nach der Dreizahl, links nach der Zweizahl gebildet. Es ist ein innerlich Musikalisches. Da haben Sie im Verhältnis der Lungenflügel zueinander die Quint. Sie haben 1, 9/8, 5/4, 4/3, 3/2 Töne in der Skala; die Zahlenverhältnisse der Intervalle. Sie haben in 1 die Prim, in 9/8 die Sekund, in 5/4 die Terz, in 4/3 die Quart und in 3/2 die Quint. Der ganze Mensch ist bis an die Oberfläche eine Quint, ist aber auch innerlich danach gebaut. Das geht durch den ganzen Menschen hindurch, daß er eine Quint ist. Dahinein muß die musikalisch-plastische Anthropologie auslaufen.

Wenn Sie das alles durchgesprochen haben, dann müßte man mit dem, was man hier gewinnt, anfangen zu sprechen vom Sprachorganismus, vom Kehlkopf, und das Zustandekommen der Laute plastisch-musikalisch betrachten. Wie die Gaumenlaute beispielsweise gebildet werden, kurz all die verschiedenen Arten von Lauten. Betrachten Sie es gerade von Ihrem Standpunkte anatomisch, aber fruchtbar und anregend, nicht fidel philiströs.

Dann würde fünftens von größtem Vorteil sein, wenn unterrichtet würden Gesang, auch Chorgesänge, und Rezitation.

Sechstens und siebentens kämen allgemeine Pädagogik und allgemeine Anthroposophie, wobei man bei der letzteren immer im Auge haben muß, daß es ohne Anthroposophie keine Eurythmie geben würde. In der Pädagogik könnte man die allgemeinen pädagogischen Grundsätze immer mit Zuspitzung auf die Eurythmie behandeln. Sie müssen beobachten, wie der Mensch in Fluß kommt durch die Eurythmie, wie er sich fühlt als Gesamtausdruck des Seelischen. Ja, was kommt denn da heraus, wenn man sich wirklich so fühlt als ein Gesamtausdruck des Seelischen? Da kommt gerade die Sprache heraus.

Da haben wir dann für die einzelnen Fächer:

Erstens: Metrik, Poetik, was dann überläuft in Ästhetik
Zweitens: Takt, Harmonie, Rhythmus
Drittens: Geometrie
Viertens: Anthropologie
Fünftens: Gesang und Rezitation
Sechstens: Allgemeine Pädagogik
Siebentens: Allgemeine Anthroposophie.

[Es kamen noch Malen und Plastizieren hinzu.]

Eine Möglichkeit sollte wenigstens da sein, die Natur des Gesanges kennenzulernen, für die, welche Begabung haben; die sollten Singen und Rezitation treiben. Die, die nicht singen können, die sollten wenigstens zuhören. Es ist niemals unnütz, daß man zuhört. Gepflogen werden müßte das schon.

Noch ein paar Aphorismen zur allgemeinen Anthroposophie. Es kann alles schon auf Eurythmie hingelenkt werden. Man behandelt das, was man als Anthroposophie zu sagen hat. Man nimmt den physischen Leib durch, zeigt, daß durch die Eurythmie eigentlich bis zu einem hohen Grade die Bewegungen des Ätherleibes anstelle des physischen Leibes treten, so daß die eigenen Gesetze des Physischen aufhören, so daß der Ätherleib unmittelbar in der physischen Welt auf dem physischen Plan wirkt, sonst wirkt er hinter dem physischen Plan. Aber das geht dann weiter. Da kann man zeigen: der physische Leib tritt in den Hintergrund, wird nur mitgezogen, der Ätherleib bewegt sich so, daß er in der physischen Welt ist. Der Astralleib wird das, was der Ätherleib sonst ist, geht in die Ich-Organisation hinüber, so daß wir den Menschen drinnen stehen haben in einer höheren Welt schon. Wird der physische Leib mitgezogen, so kommt er hinaus über die physischen Gesetze. Wenn der Mensch sich im Übermenschlichen bewegt, sind nicht mehr die Gesetze der physischen Welt maßgebend.

Eigentlich müßte man, wenn man der Eurythmie zusieht, die Frage im Herzen tragen: Ja, sind denn das alles Engel? Da müßte im Menschen etwas wie eine Rückerinnerung an die ganze Erdenentwicklung aufsteigen. Denn was hat man da vor sich? In der kosmischen Entwicklung ist es so, daß der Astralleib den Ätherleib bearbeitet. Und bei der Eurythmie? Da ist es umgekehrt. Da steigt der Mensch gewissermaßen auf zu einem engelartigen Dasein, aus dem er im Laufe der Erdenentwicklung während der kosmischen Entwicklung herabgestiegen ist.

So könnte man in der Eurythmie eigentlich aufsteigen fühlen etwas wie ein Rückerinnern. Das wäre ein Gesichtspunkt, von dem aus Sie die Gliederung des Menschen zugespitzt gerade auf die Eurythmie betrachten könnten. Dadurch würde man den Übergang finden von der Eurythmie in das Allgemein-Anthroposophische.

In der Pädagogik wäre auseinanderzusetzen, wie der Mensch durch die Eurythmie in Fluß kommt, und dadurch solche Erscheinungen zutage treten, daß der Mensch sich wie ein Gesamtausdruck des Seelischen, wie ein genauer Ausdruck des Seelischen fühlt. Unsere

Sprache ist nicht mehr richtig seelisch, sondern sie hat einen Erkenntnis- oder konventionellen Inhalt. Es wäre zu zeigen, daß die Eurythmie in jede Erziehungsetappe eingreifen kann.

Frage nach dem Hexameter.

Es genügt vollständig das Beispiel vom Hexameter. Aber es wird sich mehr darum handeln, überhaupt Metren zu entwickeln. Die Menschen haben keine Ahnung von Jambus, Trochäus, Daktylus, Spondäus, Anapäst, zusammengesetzten Metren, Hexamter, Pentameter. Sie sollen einfach einen Begriff davon bekommen, aber natürlich auch den Unterschied zwischen vier- und fünffüßigen und so weiter Versmaßen. Dann kommen Reim, Alliteration, Assonanz, Endreim. Dann in der Poetik: Lyrik, Lied, Hymnus, Ode; diese Formen überall mit Beispielen belegen. Darauf charakterisieren Epik, Ballade, Romanze bis zum großen Epos. Ferner erklären, was ein Lustspiel, ein Schauspiel, was das Wesen der Tragödie ist. Darüber gibt es sogar einen Aufsatz in ›Lucifer-Gnosis‹.[39]

Auch die Exposition des Dramas müßte besprochen werden.

Dann, was der Eurythmie sehr hilft: die Verbindung von Figuren, Formen- und Tropenlehre, also was eine Metapher ist, eine Metonymie. Den Vergleich von Hyperbel, Parabel und so weiter, das müssen die Menschen auch verstehen, davon sollen sie einen Begriff bekommen. Da finden sie dann den Übergang zu dem mehr formalen Sprechen. Es kommt mehr darauf an, daß man den Charakter der Dichtungen bespricht. Wenn man ein Schema gegeben hat, von altgermanischer, mittelhochdeutscher und neuhochdeutscher Dichtung, dann reiht man an Vorklassiker, Klassiker, Epigonen, und nimmt nach diesem Kapitel Balladendichter, Romanzendichter und so weiter. Nach solchen Kategorien müßte man vorgehen.

Frage, wie man am besten im Musikunterricht vorgehen kann.

Nehmen Sie den Klavierauszug von einer Sonate und versuchen Sie sich aufzubauen, wie ein guter Komponist Takt, Harmonie, Melos verwendet. Am besten, Sie gehen von Beispielen aus; die heutigen Dinge sind viel zu akustisch. Sie können auch eine Partitur nehmen, wenn Sie sie lesen können. Einfach namentlich auch in der Phrasierung. Versuchen Sie, richtig musikalische Interpunktion zu treiben. – Noch bis in die Goethe-Zeit hinein schrieb man in die Partitur Punkt, Komma, Semikolon und so weiter, um die Phrasierung herauszuarbeiten. – Hören Sie sich zwei Klavierspieler an, wie sie dasselbe Stück verschieden spielen, da können Sie auch anschaulich machen, worin der Unterschied besteht. Wenn Sie falsch phrasieren, wirkt es unglaublich philisterhaft. Diesen Unterschied hervorheben, zeigen, was auf Phrasierung beruht. Harmonielehre selbst aufbauen. Beispiele suchen, wie die Harmonielehre von irgendeinem Künstler gehandhabt wird. – Bach, Mozart, Beethoven als Komponisten. – Alle Schülerinnen sollten die Improvisation auf dem Klavier erlernen. Es macht doch nichts, daß es etwa achtzig Schülerinnen sind. Fangen Sie an mit dem, was Sie vor sich haben. – Gehen Sie beim Klavierspiel von der Konstruktion des Klaviers aus. Und dann erklären Sie auch die Form der Sonate; wie die Sonate der ganze Mensch ist.

Frage, von welchen Büchern für Metrik und Poetik man ausgehen kann:

Wenn Sie da etwas haben wollen, so nehmen Sie den alten Zauper: Poetik. (Grundzüge zu einer deutschen theoretisch-praktischen Poetik, aus Goethes Werken entwickelt von J. St. Zauper, 1784–1850, Wien 1840.)

Frage über Ordnung des Denkens.

Das wäre schon etwas gewagter. – Es wäre gut, wenn Sie entwickeln würden, wie die ersten Kapitel der ›Philosophie der Freiheit‹ verstanden werden könnten, wenn man ein Eurythmisch-Konsonantisches herausarbeitet; da, wo die Kapitel übergehen in die ›moralische Phantasie‹, kommt man ins Vokalische. Alles hinüberleiten in Eurythmie. Schillers Ästhetik gehört ins Literar-Ästhetische hinein, ist für Eurythmisten ausgezeichnet geeignet.

Frage nach Anwendung der Eurythmiefiguren.

Die Eurythmiefiguren sind da, um die eurythmischen Bewegungen daran zu rektifizieren. Die Bewegungen werden nicht unnatürlich, wenn man sie nachmacht. Man muß sie nachmachen, auch mit der Schleierbewegung. Man muß es machen, wie es im Ganzen ist, auch den Schleier in die Lage kriegen; das kann nicht verrenkte Bewegungen geben. Gerade für Ungeschickte ist das außerordentlich gut. Man lasse ein ›A‹ machen, und macht es der Schüler ungeschickt, kann er gezwiebelt werden durch zehn Stunden hindurch, bis er geschickt ist. Das, was Sie als Fehler machen, ist, daß Sie den Unterricht so schnell geben, wie unter den Krankheiten die galoppierende Schwindsucht verläuft. Sie müssen Unterricht so geben, daß die Bewegung zuletzt in Grazie ausgeführt wird.

Die Sommerferienkurse hängen davon ab, wie man im allgemeinen das Prinzip ordnet. Wenn eingeführt wird, daß eine vom Eurythmeum anerkannte Lehrerin eine bestimmte Reife und Vollkommenheit erlangt hat, dann ist jemand, der sich informiert, noch nicht anerkannte Eurythmielehrerin. Die Frage kann erst geordnet werden, wenn anerkannte diplomierte Eurythmielehrerinnen eingeführt sind. Die Dinge können Sie nur einrichten durch eine Beziehung zu sich und Ihrem Unterricht. In dem Augenblick, wo sich der Schüler verpflichtet hat, bis zu einer gewissen Ausbildung keine Stunden zu geben, können Sie von einem sagen, der dies doch zu früh tut: dies ist ein Wilder.

Es würde überhaupt viel besser gehen, wenn Sie Diplome einführen für die Leute, die wirklich hier ausgebildet worden sind, wenn Sie die Erklärung geben, daß sie im Sinne der von hier geleiteten Eurythmie anerkannte Lehrerinnen sind. Eine anerkannte Eurythmistin muß alle Fächer und Nebenfächer studiert haben.

Das Seminar ist nur für Volksschullehrerinnen der Eurythmie da. Man muß anerkannte Eurythmielehrerinnen ausbilden. Lernen einige nur kurze Zeit und geben dann Unterricht, sind sie Kurpfuscher.«

Das Internationale der Eurythmie

Während des Ersten Weltkrieges arbeiteten in Dornach an der Errichtung des ersten Goetheanumbaus Künstler aus siebzehn Nationen. Die Entwicklung der eurythmischen Kunst vollzog sich zu gleicher Zeit. Unter den Ausübenden waren ebenfalls viele Künstler verschiedener Nationalität. Schon im Jahre 1914, vor Ausbruch des Ersten Weltkrieges, konnte die Eurythmie nach England gebracht werden.

Als später pädagogische Tagungen in Oxford (1922), Ilkley (1923), Penmaenmawr (1923) und Torquay (1924) sowie englische und französische Arbeitswochen in Dornach stattfanden, erforderten diese dementsprechende Programmgestaltungen. An erster Stelle stehen Shakespeares und Fiona Macleods elementare Dichtungen. Im Französischen die klassischen Gedichte von J. M. de Hérédia und Victor Hugo, um nur diese unter vielen anderen zu erwähnen. So entstanden für die verschiedenen Sprachen charakteristische Laut- und Bewegungsformen.

Während des Lauteurythmiekurses gab Rudolf Steiner Beispiele dafür. Es wurde von einer Eurythmistin das Wort »Kopf« und das Wort »testa« eurythmisch dargestellt. »Nun sehen Sie, bei Kopf, da haben Sie das Gefühl, sie will etwas Rundes machen, sie will bildhauern, bei testa, die will doch unbedingt recht haben! Sie nehmen es also in seinem tiefsten Charakter wahr, was irgendein Wortwesen zum Ausdruck bringen will.«[40] Weiter über das Englische:[41]

»Diejenigen, die in Ilkley gewesen sind, werden sich erinnern, daß ich davon gesprochen habe, daß man der englischen Sprache ansieht, daß sie mit dem wogenden Meere zu tun hat. Dieses die Wogen Beherrschen, was so stark im Charakter der englischen Sprache liegt, Sie sehen es in der Eurythmie am allerdeutlichsten zum Vorschein kommen. (Es folgte die Eurythmisierung eines ungarischen Gedichts.)

Im Magyarischen liegt das, was dadurch zum Ausdruck kommt, daß man sich als Magyare nicht denken kann anders als fest in die Welt hineingestellt; und eben das durch Wald und Forst Streifende, das können Sie in dieser Darstellung (des Magyarischen) wahrnehmen.

Das Russische nun ist eine Sprache, die bloß andeutend ist, die nur anklingen läßt eigentlich das innere Wesen des Wortes. Es ist eine Sprache, die noch nicht erreicht hat das Wesen der Sache, sondern noch verfolgt die Spuren nach dem Wesen, überall in die Zukunft weist.

1re Année. — No 24   50 Centimes

L'ÉCHO
DES CHAMPS-ÉLYSÉES

INTRODUCTION A L'EURYTHMIE

L'Eurythmie est un art qui tire ses moyens d'expression des mouvements du corps et de ses évolutions dans l'espace.

Ces mouvements ne sont ni ceux de la mimique, ni ceux de la danse proprement dite, mais la *reproduction immédiate des sons du langage.*

Sous l'action de la parole et du chant, l'air que nous expirons revêt des formes particulières. Invisibles, ces formes qui varient à l'infini les sonorités, n'en sont pas moins très réelles. Resserré ou élargi par elles, le son passe par toutes les nuances qui vont par exemple d'un *i* éclatant (comme dans *rire*) à la douceur d'un *ê* (comme dans *rêve*).

Donner une expression plastique à ces formes sonores, telle est la grande découverte de l'Eurythmie. Par elle, les gestes ébauchés dans le gosier s'élargissent en une grande langue muette confiée à tout le corps et particulièrement à ces organes les plus expressifs après le visage : les bras et les mains.

Chaque voyelle, chaque consonne, comme chaque son musical possède un geste rythmique spécial qui l'exprime. A ce geste exécuté par les bras s'ajoute u 1 accompagnement de tout le corps, comme la parole s'accompagne des jeux de la physionomie.

On ressent particulièrement ce qui distingue l'Eurythmie de la danse ordinaire en assistant à l'interprétation eurythmique d'un morceau de musique. Tout ce qui est danse n'y est qu'accessoire. L'essentiel, c'est ce chant visible que les bras décrivent dans l'espace.

L'Eurythmiste retrace le geste propre à un son avec tout autant de rigueur que le pianiste exécute les notes inscrites sur sa musique ou que le récitant lit les mots de son texte. Autant qu'eux, l'Eurythmiste se sent étroitement attaché à son texte et en même temps librement créateur dans son interprétation.

Chacun de nous ressent en fait l'action de toute musique ou de toute parole entendue ; elle nous émeut, et si nous n'en retenions l'effet, elle nous provoquerait à réagir par le mouvement. Le plus souvent nous devons refouler ces réactions spontanées. La vie nous l'a appris.

L'Eurythmie a ouvert une voie de libération par l'art à ces tendances de mouvement qui naissent en nous sans cesse.

L'Eurythmie apparaît à notre époque avec cette même nécessité qu'à leurs époques respectives d'autres arts sont apparus. Elle est née du besoin d'employer comme moyen d'expression l'instrument d'art le plus noble : le corps humain. La danse aussi bien que la musique s'en servait déjà mais sans en utiliser encore toutes les possibilités. Par la technique toute spéciale dont elle a perfectionné l'expression des bras et des mains, l'Eurythmie inaugure une phase nouvelle dans l'art de la danse.

Elle n'est encore qu'à l'aube de son évolution. Mais travaillant à l'aide du résumé le plus parfait des lois cosmiques et humaines, *le corps*, dans son expression la plus noble, *le langage*, l'avenir lui réserve une des places les plus belles entre les autres arts.

Comédie des Champs=Élysées

38e Vendredi de la Danse

Le 23 Novembre 1923, en Matinée à 15 heures 30

l'Ecole d'Eurythmie de Paris

6, rue Huyghens, 6

AVEC LE CONCOURS

d'Artistes de l'Institut d'Eurythmie de Gœtheanum

PROGRAMME

PREMIÈRE PARTIE

Ensemble exécuté par les Enfants de l'Ecole de Paris.	
Menuet	J.-S. Bach
Evéoh	Max Schürmann

DEUXIÈME PARTIE

Pastoriale de l'Oratorio de Noël	J.-S. Bach
Ode à Cassandre	Ronsard
Sonate no 4 pour piano et violoncelle	Haendel
Trois sonnets	J.-M. de Hérédia
a) Les bergers.	
b) Le chevrier.	
c) La prière du mort.	
Les papillons	J. Rameau
(Musique de scène)	Yan Stuten
Ruisselet de mars	Yan Stuten
Les Elfes	Leconte de Lisle
(Musique de scène, première audition)	Yan Staten

TROISIÈME PARTIE

Vision de Khem	J.-M. de Hérédia
Thème et variations (XIe sonate pour piano et violon	Mozart
Ballade à la lune	Musset
Clair de lune	C. Debussy

HUMORESQUES :

Le corbeau et le renard	La Fontaine
La cigale et la fourmi	do
Danse slave	Anten Dverjak

Récitante : Mme Annie MOUROUX.

Violon solo : Mr Charles MAYEUX, Sociétaire des Concerts Colonne.

ANTHROPOSOFICKÁ SPOLEČNOST V PRAZE

pořádá v neděli, dne 6. dubna o ¹/₂11 h. dopol.

představení

EURHYTHMIE

V MĚSTSKÉM DIVADLE NA KRÁL. VINOHRADECH

při němž účinkuje eurhythmický sbor paní
MARIE STEINEROVÉ
ze Svobodné vysoké školy pro duchovní
vědu v Dornachu, Švýcary.

Und jetzt möchte ich noch, daß Sie zwei Dinge vergleichen, woran Sie sehen werden, wie stark der Charakter zum Vorschein kommt. Man muß es empfinden. Man lernt sich sonst nicht in die Eurythmie hineinfinden. Es kann nicht dasjenige, was in die Eurythmie hineinführen soll, nur ein theoretisches, intellektuelles Hineinführen sein, sondern es muß ein Hineinführen in die Empfindung der Sache sein. Also vergleichen Sie jetzt einmal das Eurythmisieren eines russischen Gedichtes mit dem eines französischen Gedichtes. Versuchen Sie zu empfinden, wie verschieden das ist. (Es folgte hier zuerst die Darstellung des russischen Gedichtes.) Nicht wahr, Sie sehen, wie beim Russischen die Spur des Wortwesens verfolgt wird, und versuchen Sie einmal wahrzunehmen, wie nun bei dem andern, bei dem französischen Gedicht, vorne vor dem Wortwesen hinweggetänzelt wird (Darstellung des französischen Gedichtes). Das ist also durchaus vor dem Wortwesen. Sie sehen, die beiden Charaktere verhalten sich wirklich wie Tag und Nacht, wie die zwei entgegengesetzten Pole.

Wenn Sie das alles bedenken, was da so klar zutage tritt, so werden Sie sich sagen müssen: Eurythmie ist ganz darauf hin veranlagt, das Wesen, das verkörpert ist in der Sprache und überhaupt im Charakter der Sprache, ganz klar zum Ausdruck zu bringen. Sie kann daher dasjenige besonders ausdrücken, was hinter der Sprache liegt. Und das muß auch zum Ausdrucke kommen, was hinter der Sprache liegt.«

Wie in der Eurythmie der jeweilige Charakter einer Sprache zum Ausdruck kommt, schildert Rudolf Steiner in der Ansprache anläßlich der Eurythmieaufführung in Dornach am 30. Juli 1922:

»Wir werden heute, wo eine große Anzahl der einzelnen Nummern nicht in deutscher Sprache, sondern in englischer Sprache rezitatorisch vorgeführt werden wird, gerade sehen, wie die Eurythmie jeder Sprache sich anpaßt, weil sie dem Laute angepaßt ist. Wenn wir Mimik oder Pantomimisches aus dem Sinn heraus gestalten, so wird einfach der Sinn, der Seelensinn aus einer Sprache in die andere hinübergetragen, wenn wir die Pantomime von einer Sprache in die andere in Begleitung irgendeiner Dichtung hinübertragen. Durch die Eurythmie geschieht nicht dasselbe. Durch Eurythmie geschieht, daß tatsächlich der verschiedene Charakter der Sprache in der Behandlung dieser bewegten, unhörbaren aber sichtbaren Sprache der Eurythmie, der Sprachcharakter, zum Ausdrucke kommt. Ob eine Sprache durch das Vorhandensein von I-, N-, D-Lauten dominiert ist, oder ob sie durch das Vorhandensein von U, A und so weiter eine besonders wohlklingende Sprache ist, dieser besondere malerisch-poetische Charakter der Sprache kommt auch im Eurythmischen durchaus zum Vorschein. Alles Sprachliche selber wird erfaßt durch die Eurythmie, nicht, daß von einer Sprache in die andere etwa nur der Sinn übertragen wird. Eurythmie ist eben durchaus eine sichtbare Sprache. Das zeigt sich auch, wenn man Dichtungen in verschiedenen Sprachen eurythmisch darstellt.«[42]

Dornach, 30. Juli 1922 (im Goetheanum)

PROGRAMM

Romantischer Auftakt . . . . Musik: Max Schuurman

The Arrow and the Song . . . . H. W. Longfellow

Sonett: Poor Soul . . . . Shakespeare

Summer Eve . . . . Edvard Grieg

Fairie's Song (Lullaby) . . . . Shakespeare

Dance of the Elves . . . . Edvard Grieg

The Bandruidh . . . . Fiona Macleod

Aus «Die Prüfung der Seele», 5. Bild:
Das Märchen vom Quellenwunder . . . . . Rudolf Steiner

———

Erlkönig . . . . J. W. v. Goethe

Hochländisch . . . . J. W. v. Goethe

Where the bee sucks ... (The Tempest) . . . . . . Shakespeare

When icicles hang ... (Love's Labour lost) . . . . . Shakespeare

It was a lover ... (As you like it) . . . . Shakespeare

Heiterer Auftakt . . . . Musik: Leopold van der Pals

Das Veilchen . . . . J. W. v. Goethe

Menuett . . . . L. van Beethoven

Clown's Song: When that I was ... (Twelfth Night) W. Shakespeare

Rezitation zur Eurythmie

Erfahrungen aus der Praxis. Von Edwin Froböse

Dieser besondere Kunstzweig entwickelte sich bald nach der Entstehung der neuen Bewegungskunst durch die Initiative von Marie Steiner-von-Sivers. Sie erkannte, daß hier sich eine besondere Aufgabe für die Rezitationskunst auftat. Ihre eigene Ausbildung fußte auf einem allseitigen Studium der Rezitation und Deklamation, und auf der Grundlage dieser Künste entfaltete sich ihre eminente dramatische Begabung. Zwar hatte sie eine Bühnenlaufbahn in Berlin ausgeschlagen, war aber bald darauf Rudolf Steiner und der Anthroposophie begegnet. Sie sah, welche belebende Kraft der Geisteswissenschaft für das künstlerische Leben innewohnte. Das führte bald dazu, daß Rudolf Steiner seinen Vorträgen durch die Rezitationskunst von Marie Steiner einen neuen Einschlag gab. Schon 1907 fand dann im Rahmen der Sommerveranstaltungen, welche die Deutsche Sektion der Theosophischen Gesellschaft in München eingerichtet hatte, eine erste dramatische Aufführung statt. In seiner Selbstbiographie »Mein Lebensgang« schreibt Rudolf Steiner darüber: »In das Programm des Kongresses wurde eine künstlerische Darbietung eingefügt. Marie von Sivers hatte Schurés Rekonstruktion des eleusinischen Dramas schon vor langer Zeit übersetzt. Ich richtete es sprachlich für eine Aufführung ein. Dieses Drama fügten wir dem Programm ein. Eine Anknüpfung an das alte Mysterienwesen, wenn auch in noch so schwacher Form, war damit gegeben – aber, was die Hauptsache war, der Kongreß hatte Künstlerisches in sich. Künstlerisches, das auf den Willen hinwies, das spirituelle Leben fortan nicht ohne das Künstlerische in der Gesellschaft zu lassen. Marie von Sivers, welche die Rolle der Demeter übernommen hatte, wies in ihrer Darstellung schon deutlich auf die Nuancen hin, die das Dramatische in der Gesellschaft erlangen sollte. – Außerdem waren wir in einem Zeitpunkt, in dem die deklamatorische und rezitatorische Kunst durch Marie von Sivers in dem Herausarbeiten aus der inneren Kraft des Wortes an dem entscheidenden Punkte angekommen war, von dem aus auf diesem Gebiete fruchtbar weitergegangen werden konnte.«

Das geschah im Sommer 1909 durch die Aufführung des Dramas »Die Kinder des Lucifer«, ebenfalls von Schuré. Vor allem aber durch Aufführungen der »Vier Mysteriendramen« von Rudolf Steiner in den Jahren 1910–1913. Dann bereitete der Erste Weltkrieg diesen außergewöhnlichen Veranstaltungen ein jähes Ende. Im Sommer 1914 hätte ein fünftes Drama aufgeführt werden sollen; es wurde bereits bei der Schilderung der Entstehung der Eurythmie auf diese Festspielzeit in München hingewiesen. Marie Steiner stellte in den Mysteriendramen die weibliche Hauptrolle, die »Maria«, dar. Die Inszenierung in allen Einzelheiten lag in den Händen von Rudolf Steiner. Schon in den beiden letzten Dramen bewährte sich die neue Bewegungskunst.

Was verlangt nun *die Rezitation zur Eurythmie?* In der Rezitation haben wir es mit der *Epik*, mit den Erzählstoffen, den Sagen zu tun. Wiedergegeben durch den Rezitator. Im Gegensatz dazu bringt in der *Lyrik* der Deklamator alles das zum Ausdruck, was seine Seele bewegt, und im *Drama* haben wir es mit dem Gespräch, mit dem Dialog und so weiter zu tun, der Konversation. Das sind die drei Gebiete der Sprachgestaltung, deren Wiederbelebung in der Gegenwart, in unserem Jahrhundert notwendig wurde. Aus welchem Grunde? Noch im Ausklang des 19. Jahrhunderts war für die Unterschiede der drei Kunstgattungen ein gewisses Empfinden vorhanden, aber durch das Heraufkommen der Technik, die durch Kino und Radio der Mechanisierung die Tore öffnete, verlor die unmittelbare Wiedergabe der Dichtung immer mehr Boden. Eine Wiedergabe des Faust I für das Kino vor Jahren in der Inszenierung von Gustaf Gründgens mag nur als ein Beispiel von ungezählten genannt werden. Mit dem Grammophon begann es. Lassen wir die Frage offen, ob nicht *jede* Veränderung – in welchem Gebiet auch immer – notwendig ist. Fassen wir nur die Frage ins Auge, worin eine Erneuerung zu bestehen hat, wo der Umschwung vorzunehmen ist.

Die drei erwähnten Zweige der redenden Künste hat es immer gegeben. Ausgeübt wurden sie mehr oder weniger instinktiv. Auch hier gab es eine Tradition. Sie verlor sich im Laufe der Zeit immer mehr. Als ich in den zwanziger Jahren meine Ausbildung zum Schauspielerberuf begann, nahm ich Unterricht in Berlin bei einem der bekanntesten Lehrer. Er war ein Gesangspädagoge, der auch für die Schauspieler als *der* Lehrer galt. Das war durch den Umstand mitbedingt, daß Max Reinhardt den ehemaligen Zirkus Schumann zu einem Monster-Theater hatte umbauen lassen: dem großen Schauspielhaus. Es war Alexander Moissi, der durch seine besondere Sprechtechnik in dem Riesenraum verständlich war. Professor Daniel entwickelte nun eine Nasen-Resonanz, die es ermöglichte, mit dem *Ton* weit in den Raum einzudringen. Ich wähle dieses Beispiel, weil es am deutlichsten zeigt, wohin die Entwicklung sich bewegte. Als ich die Anfangsgründe absolviert hatte, ging es an eine künstlerische Aufgabe. Ich hatte den Anfang der Uhlandschen Ballade »Des Sängers Fluch« zu sprechen. Durch das Nasale sollte auch die Charakteristik ausgedrückt werden. Kein Wort über Epik, über die Sprache. Nur *Ton*-Gestaltung. – Freilich gab es auch durch die gewaltigen Dimensionen im Zirkus besondere Effekte. Ein Beispiel: Paul Wegener, einer der bekanntesten Charakterschauspieler des Reinhardt-Ensembles, der über eine große Stimmkraft verfügte, spielte in dem gleichnamigen Schauspiel von Romain Rolland den *Danton.* Unvergeßlich, wie er nach Verlesung der Anklagen nur durch ein *Lachen* antwortete. Zuerst kaum vernehmbar, ganz aus dem Augenblick. Dann sich wiederholend und verstärkt in der Stimme, dadurch wie unbemerkt auf die Umgebung des Tribunals übergehend, aber nicht abbrechend, sondern sich steigernd, nun die ersten Reihen der Zuschauer erfassend, bis unter dieser Suggestion das ganze Theater von einem Riesenlachen ergriffen wurde! Einer der berühmten Regie-Einfälle von Reinhardt. Ich führe auch diese Episode an, weil sie ein Beispiel wiedergibt für das Theater zu Beginn der Zwanziger Jahre. Kehren wir aber zu unserem Thema zurück und beantworten wir die Frage, worin das Neue der Sprachgestaltungskunst bestand. Es war ja ein instinktives Sprachvermögen nicht mehr vorhanden. Nur Ludwig Wüllner, Sänger und Sprecher zugleich, hochbetagt, füllte noch die Säle, wenn er beispielsweise Schillersche Balladen vortrug. Aber Rudolf Steiner hatte bereits am Ende des vorigen Jahrhunderts in dem »Magazin für Literatur« und in den »Dramaturgischen Blättern«, die er in Berlin herausgab, darauf hingewiesen, daß »uns Deutschen

Marie Steiner (am Tisch sitzend) bei der Probenarbeit. Rechts Edwin Froböse

zumeist ganz das Gefühl für Schönheit des Sprechens fehlt und noch mehr für charakteristisches Sprechen ... Unsere Zeit scheint wenig geneigt, die Vortragskunst überhaupt unter die Künste zu zählen ... Man hält künstlerisches Sprechen heute vielfach für verfehlten Idealismus. Dazu hätte es nie kommen können, wenn man sich der künstlerischen Ausbildungsfähigkeit der Sprache besser bewußt wäre ... Eine Art Kunsthandwerk ist auch das Sprechen. Auch bei ihm muß die Natur zur Kunst erhöht werden.« 1898! Diese wenigen Sätze aus dem Band der »Gesammelten Aufsätze zur Dramaturgie 1889–1900« mit immerhin 170 Beiträgen – sie enthalten schon eine Fülle von Anregungen für eine Erneuerung der Bühnenkunst. Und als 1923 Rudolf Steiner mit der Beschreibung seines »Lebensganges« beginnt und auf seine Erlebnisse um die Wende des 19. zum 20. Jahrhundert zu sprechen kommt, erwähnt er gerade jene Aufsätze und führt eine Reihe von seinen damaligen Aussprüchen an, wie wir sie zitieren. »Die Leute, die verstehen, ob ein Vers richtig gesprochen wird oder nicht, werden immer seltener!« Dann weist er auf die bald darauf stattgefundene Begegnung mit Marie von Sivers (Marie Steiner) hin. »Und mit ihrer Hilfe wurde es dann möglich, in Kursen für Sprachgestaltung und dramatische Darstellung für Erhebung dieses Gebietes zur wahren Kunst zu wirken.« Er betont, daß er dieses geschildert hat, »um zu zeigen, wie gewisse Ideale sich durch mein ganzes Leben hindurch ihre Entfaltung suchen, weil doch viele Menschen in meiner Entwicklung Widersprechendes finden wollen.« Das muß auch aus dem Grunde gesagt werden, weil bis auf den heutigen Tag solche Beurteilungen vorhanden sind. Allein die Errichtung des ersten Goetheanums hat das überragende Können Steiners gezeigt, wenn man nur die architektonischen Probleme ins Auge faßt, die von ihm gelöst wurden.

Aber man muß umlernen und den Begriff »Kunst« ganz neu fassen! Worin bestehen nun für die Sprachgestaltungskunst die neuen Wege? Die grundlegenden geisteswissenschaftlichen Erkenntnisse veröffentlichte Rudolf Steiner *1911* in der Schrift »Die geistige Führung des Menschen und der Menschheit«. Hier spricht er erstmalig sich über die Verschiedenartigkeit des *vokalischen* und *konsonantischen* Elementes aus: »Aus der Geisteswissenschaft ist bekannt, daß in den alten Zeiten, namentlich in der atlantischen Zeit so etwas wie eine Art menschlicher *Ursprache* vorhanden war, eine Art von Sprechen, welche über die ganze Erde hin ähnlich war, weil ›Sprechen‹ in jenen Zeiten viel mehr aus dem Innersten der Seele kam als heute. Das kann schon aus folgendem entnommen werden. In den atlantischen Zeiten empfanden die Menschen alle äußeren Eindrücke so, daß die Seele, wenn sie etwas Äußeres ausdrücken wollte mit einem Laut, gedrängt wurde zu einem *Konsonanten*. Was also im Raume vorhanden war, drängte dazu, konsonantisch nachgeahmt zu werden. Das Wehen des Windes, das Rauschen der Wellen, das Geschütztsein durch ein Haus empfans man und ahmte es nach durch Konsonanten. Was man dagegen innerlich erlebte an Schmerz oder Freude, oder auch, was ein anderes Wesen empfinden konnte, das ahmte man nach im *Vokal.* Daraus kann man sehen, daß die Seele im Sprechen zusammenwuchs mit den äußeren Vorgängen oder Wesenheiten.« Dadurch kann vom *Laut* ausgehend Sprachgestaltung und dramatische Darstellung zur wahren Kunst erhoben werden, kann wiederum der *Stil* für Epik, Lyrik und Dramatik gefunden werden. Schon *Lessing* stellte 1768 fest: »Wir haben Schauspieler, aber keine Schauspielkunst. Wenn es vor alters eine solche Kunst gegeben hat, so haben wir sie nicht mehr; sie ist verloren; sie muß ganz von neuem wieder erfunden werden. Allgemeines Geschwätz darüber hat man in verschiedenen Sprachen genug; aber spezielle, von jedermann erkannte, mit Deutlichkeit und Präzision abgefaßte Regeln, nach welchen der Tadel oder das Lob des Akteurs in einem besonderen Falle zu bestimmen sei, deren wüßte ich kaum zwei oder drei.« *Goethe* verfaßte dann 1803 nicht weniger als 93 Paragraphen, die er als »Regeln für Schauspieler« veröffentlichte. Sie sind keineswegs veraltet, oder gar überholt. Am Schluß schreibt er: »Alle diese technisch-grammatischen Vorschriften mache man sich zu eigen nach ihrem Sinne und übe sie stets aus, daß sie zur Gewohnheit werden. Das Steife muß verschwinden und die Regel nur *die geheime Grundlinie des lebendigen Handelns* werden.« Das ist aus der Praxis heraus gesagt, und man muß hinzufügen, was Goethe im gleichen Jahre in den »Annalen oder Tag- und Jahreshef-ten« über diese Arbeiten ausführt, zu denen er sich »nach und nach emporstudierte, so daß ich selbst klarer über ein Geschäft ward, dem ich mich *bisher instinktmäßig* (Hervorhebung von mir; E.F.) hingegeben hatte.« Man bedenke einmal, was für die Bühnenkunst überhaupt entstanden wäre, wenn die Erfahrungen Goethes als Leiter des Weimarer

Hoftheaters, wo er über ein Vierteljahrhundert von 1791 bis 1817 wirkte, aufgegriffen worden wären. Ganz zu schweigen von dem, was in unserem Jahrhundert sich dadurch auch hätte entwickeln können! Die »Iphigenie«, die umgedichtete Prosa-Fassung in Jambenform, studierte er mit dem Taktstock in Weimar ein. Oftmals wies Rudolf Steiner auf diesen Umstand hin. Der eminente Fortschritt aber, der für den Schauspieler durch den »Dramatischen Kurs« im Herbst 1924 sich zeigte, lag in den zahlreichen praktischen Anweisungen für den Schauspieler durch jene 19 Vorträge von Rudolf Steiner. Die Quintessenz erfuhren die mehr als 700 Zuhörer dieses Kurses durch das Aufzeigen einer *Partitur* für das Drama – die sprachlichen Gesetzmäßigkeiten entwickelnd, wie sie entsprechend im Musikbereich noch vorhanden sind. Die Inszenierung des Trauerspiels und des Lustspieles fußt dann auf der verschiedenartigen *Lautskala von Vokal und Konsonant*. Nach dem gleichen Gesetz kann der Darsteller selbst auch vorgehen, indem seine Rolle ebenfalls auf bestimmte Laute gestimmt ist.

Von diesem Aspekt aus gesehen, wird es zu verstehen sein, was durch die Rezitation zur Eurythmie für eine Schulung dem Schauspieler gegeben werden kann, wenn er hier den *Laut-Stimmungen* zu folgen hat, die für jedes Gedicht angegeben werden. Ein schwerer und auch ein entsagungsvoller Weg, wenn man ihn ernsthaft zu gehen sich entschlossen hat. Aber diese Kraft muß auch ein wahrer Schauspieler aufbringen. Schon in einer seiner frühesten Kritiken, »Dr. Wüllner als Othello«, in Weimar, 1896, forderte Rudolf Steiner von dem Darsteller »die Kraft der Selbstäußerung, die den wahren Schauspieler macht.« Denn »es gehört zum Wesen einer Schauspielernatur, daß sie, mit völliger Verleugnung der eigenen Persönlichkeit, in fremde Charaktere untertauchen kann. Der Schauspieler verzichtet darauf, er selbst zu sein. Es ist ihm die Möglichkeit gegeben, aus fremden Wesenheiten heraus zu reden. Und er ist umso mehr Schauspieler, je schmiegsamer, je verwandlungsfähiger er ist.« Diesen Verzicht hat in noch höherem Maße der Eurythmierezitator zu leisten. Ich erinnere mich gut, wie Frau Dr. Steiner am Beginn der Arbeit mit mir von den ersten Zeiten erzählte, von der schweren Aufgabe, die sich durch die Rezitation zur Eurythmie stellte, die sie allein zu bewältigen hatte. »Niemand wird sich dazu hergeben«, sagte sie. Und bis zum Herbst 1924 war sie es ja allein, die zu allen Aufführungen sprach. Nur bei den Proben halfen vereinzelt andere Kräfte. Erst nach dem »Dramatischen Kurs« begann das eigentliche Studium, zu dem im übrigen von ihr nicht jeder von uns Schauspielern ausgewählt wurde. In einem längeren Aufsatz »Rudolf Steiner und die Arbeit an der Sprache. Die Geheimnisse des Wortes«, den Marie Steiner 1927 für ein Gedenkheft »Bühnenkunst am Goetheanum: Goethe und Rudolf Steiner. Auferstehungskräfte in Kunst und Wissenschaft« schrieb, faßte sie zusammen, was »in zwölf Jahren intensiver Arbeit« sich ergeben hatte. Wir lassen hier einige prägnante Stellen folgen, die unsere Thematik aufgreifen und fortführen. Gedanken, Richtlinien, die in den Proben immer wieder von ihr ausgesprochen wurden. Sie gipfeln wie selbstverständlich in einem Hinweis auf die Eurythmie.

»Es ist ein langer Weg für den jungen Künstler, bis er diese Hauptforderung eines geistgemäßen Sprechens erkennt: sein Persönlichstes, sein Denken nicht mehr im physischen Gehirn verankert zu empfinden, sondern frei schwingend im Aushauch des Atems – und den ganzen Menschen ergreifend; sein Fühlen nicht mehr als egozentrisch nach innen gekehrt zu erleben, sondern im Fühlen sein Inneres hinausströmen zu lassen, so daß es die Welt umfängt; sein Kunststreben einem objektiven Wollen unterzuordnen und von den unkontrollierten Wallungen des Blutes loszulösen. Es ist dazu eine innere Umstellung des Wesens nötig, ein Herausheben der Seele aus der Passivität, in die sie allzugern versinkt und so zum Spielball wird der eigenen Emotionen und Affekte. Nun aber darf sich der Künstler nicht mehr in ihnen, sondern in einem sie dirigierenden, sie als Werkzeug benützenden, höheren Willensstrom erkennen...

Letzten Endes liegt hier der Schlüssel zu dem ewigen Problem des Künstlers: ob er seine geliebte Persönlichkeit wahren und schützen muß vor den Forderungen geistiger Gesetzmäßigkeiten, da ja im Persönlichen die Quellen des künstlerischen Schaffens liegen sollen nach Meinung des materialistischen Persönlichkeits-Zeitalters, oder ob er sie höheren Forderungen dienstbar zu machen hat, die aus seinem bewußten Zusammenfließen mit den Kräften des Kosmos immer überzeugender an ihn herantreten... Wie findet das Ich des Sprachkünstlers diese Wege?... Der Atem ist der Meißel und die Palette des Sprachkünstlers.

Und niemals könnte die vorher geschilderte, so notwendige fortschreitende innere Bewegung als künstlerisches Prinzip wirksam werden, wenn nicht die Technik des Sprechens einer jeden Silbe, eines jeden Lautes innerhalb des ausströmenden Atems erobert würde. Die Lungenluft muß dabei immer wieder ganz bis aufs letzte verausgabt werden – und in die neu einströmende Luft muß bewußt hineingesprochen werden. Also – keine Aufplusterungen von Organen, keine Atemsäulen, kein zurückgehaltener Atemvorrat, keine Brust-, Kopf- und Nasenresonanzen, sondern ein stetes Wechselspiel von Einatmung, Ausatmung... *den Resonanzboden gibt die Luft* (Hervorhebung von mir; E. F.). Nicht genug kann man empfehlen, auf die Pendelschwingungen des Atems acht zu geben, die, sobald sie gut ausgenutzt werden, eine große Mannigfaltigkeit der Nuancierung ermöglichen und eine richtige Verteilung des innern Wortgewichtes. Es ist eins der Mittel, um der Versuchung zu entgehen, die immer wieder das Verstandesbewußtsein befällt: zu drücken, anstatt die Sprache in Formen schwingen zu lassen, sie in Farben zu tauchen.

Dem Künstler weist die Eurythmie die Wege dazu; diese hat nichts mit Verstandeskonstruktionen zu tun, sie greift tief hinein in das Leben und in die Gesetze des Kosmos. Sie konnte deshalb auch nur gegeben werden von jemandem, der Einblick in diese Gesetze hat, der ihr Walten unmittelbar erfährt. Sie lebt verborgen in der Sprache als die Essenz jener Sternenkräfte, welche uns die Laute gegeben haben. Sie mußte sichtbarer, körperlicher Ausdruck werden, weil der Mensch das Bewußtsein seines Ich an seinem Erleben des Physischen herauszuarbeiten hat. Sie ist uns deshalb, wenn wir in sie eindringen, eine Brücke zum Erfassen jener Kräfte, die uns mit dem Übersinnlichen real verbinden, ohne deren Zustrom wir vertrocknen müßten. Keine allbeherrschende körperliche Kultur würde trotz allem Aufwand dies verhindern können. Hüten wir uns davor, jene Quellen zu verschütten, die aus verborgenen Klüften emporsprudeln und das verdorrende Land der Seele, die sterbenden Kulturen wieder auffrischen können.«[43]

Greift man das Geschilderte auf, dann wird man im strömenden Atem die Kräfte entfalten können, welche die Eurythmie in sich *trägt*. Das ist die notwendige Grundlage! Durch sie wird man geführt und durch die *Formen* in der Gestaltung. Aus einem solchen Mitgehen kann der Rezitator der Eurythmistin das geben, was sie braucht, um in der Laut-Empfindung, in dem Herausarbeiten der Wortkräfte in ihrer Mannigfaltigkeit, in Gebärde und Geste zur Erscheinung zu bringen eine *sichtbare* Sprache.

Marie Steiner-von-Sivers

An der Seite Rudolf Steiners hat Marie Steiner-von-Sivers die Entwicklung der neuen Bewegungskunst maßgebend mitbestimmt. Nach seinem Ableben im Jahre 1925 hat sie das Gegebene weiter ausgebaut und der Eurythmie als Bühnenkunst durch ihr unermüdliches Wirken weltweite Geltung verschafft.

In der folgenden Lebensübersicht[44] spiegelt sich einerseits die Vielfältigkeit ihres Tuns, andererseits aber auch ihre Bedeutung für die Entwicklung der anthroposophischen Bewegung wider. Die drei anschließenden Darstellungen Marie Steiners mögen einen anfänglichen Eindruck ihres künstlerischen Empfindens, Denkens und ihrer Arbeitsweise vermitteln.

Chronologische Lebensübersicht

* 14. März 1867 in Wlotzlawek, im damaligen russischen Polen
† 27. Dezember 1948 in Beatenberg, Berner Oberland, Schweiz

Vor der Jahrhundertwende

Jugendzeit in Petersburg. 1895–97 Paris, Studium der französischen Rezitationskunst am Pariser Conservatoire. Anschließend in Petersburg dramatischer Unterricht durch Maria Strauch-Spettini, ehemalige Schauspielerin am früheren Kaiserlichen Theater in Petersburg. Verzicht auf eine Bühnenlaufbahn unmittelbar vor ihrem Début in Berlin.

Bekanntschaft mit der Theosophie durch Edouard Schuré, dem elsässischen Dichter, dessen Werke sie übersetzte: »Die Kinder des Luzifer«, »Die großen Eingeweihten«, »Die Heiligtümer des Orients«.

1900

Begegnung mit Rudolf Steiner in Berlin. Von ihrer Mitwirkung machte Rudolf Steiner 1902 die Übernahme der Leitung der »Deutschen Theosophischen Gesellschaft« in Berlin abhängig. Einrichtung der Vortragstätigkeit Rudolf Steiners im In- und Ausland. Aus ihrer gemeinsamen Arbeit mit Rudolf Steiner begründete sie

1908

den »Philosophisch-Anthroposophischen Verlag« (zunächst »Philosophisch-Theosophischen Verlag«) in Berlin, später Dornach, in dem nach und nach die Schriften Rudolf Steiners erscheinen, aber auch mit der Veröffentlichung des Vortragswerkes begonnen wird.

1912

kam es zur Gründung der Anthroposophischen Gesellschaft. Seit 1907 fanden in München im Sommer Festveranstaltungen mit dramatischen Aufführungen statt; 1910–1913 entstanden die vier Mysteriendramen Rudolf Steiners, die zum »Baugedanken von Dornach« – 1913 Grundsteinlegung zum Goetheanumbau – führten. In München verkörperte Marie von Sivers die Hauptrollen in den zur Darstellung gelangenden Mysteriendichtungen. Sie wurde zur Schöpferin der Sprachgestaltungskunst und der Eurythmierezitation. In Gemeinsamkeit mit Rudolf Steiner hat sie die von ihm 1912 inaugurierte neue Bewegungskunst, Eurythmie, entwickelt und ausgebaut. Seit 1914 Marie Steiner.

1919

Eurythmiereisen und Einrichtung von Eurythmieschulen. Etwas später entstehen durch ihre Initiative drei Kunstzentren in Stuttgart, München und Hamburg.

1920–1924

Rezitatorische Veranstaltungen gemeinsam mit Rudolf Steiner. Einrichtung von Sprachkursen.
1923 Vorstandsmitglied der durch Rudolf Steiner neubegründeten Allgemeinen Anthroposophischen Gesellschaft und Leiterin der Sektion für redende und musikalische Künste der Freien Hochschule für Geisteswissenschaft, Goetheanum. 1924 Kursus für Sprachgestaltung und dramatische Kunst.

1925–1948

Nach dem Tode von Rudolf Steiner – 30. März 1925 in Dornach – beginnt sie mit einem durch sie gebildeten Schauspiel-Ensemble zunächst die vier Mysteriendramen Rudolf Steiners einzustudieren. – Ab 1926 entsteht der Sprech-Chor des Goetheanums unter ihrer Leitung. Außer dieser künstlerischen Arbeit verwaltet sie den gesamten Nachlaß Rudolf Steiners und veröffentlichte bis zu ihrem Tode in Hunderten von Schriften einen großen Teil des Vortragswerkes.

Marie Steiner, Dornach 1915

Marie Steiner: Aus dem Vorwort zu Rudolf Steiners Vortragszyklus »Ägyptische Mythen und Mysterien«.

»Rudolf Steiner gab uns die Eurythmie, damit unsere Seele bewußt ergreifen könne, was schon den nächsthöheren Welten angehört, sich hineintastend in überirdische Regionen auf dem Wege der den Ätherströmungen nachgehenden Körperbewegungen. Dadurch wird unsere physische Körperlichkeit allmählich gelockert, kann sich erfühlen in dem Elemente der Luft und des Äthers, kann abhören, innerlich abtasten, was in der Luft geschieht durch den Ton, durch den Laut, und den in ihr wirkenden Bewußtseinsstrom damit verbinden durch das sichtbare Hinaussenden der gleichen Gebärde, die im Unsichtbaren wirkt. Diese Kunst – die Eurythmie – ist nicht Abbild von etwas Körperhaftem, wie es die bildenden Künste sind, nicht Ausdruck eines seelischen Erlebens wie der Tanz, wie selbst die aus dem kosmischen Erfühlen inspirierte und dann ins Seelische untertauchende Musik; sie ergreift auch nicht das flutende Zeitgeschehen oder das Innenleben wie die Dichtung. Sie ist der Ausdruck eines unmittelbar Geistigen: der Sprache, – dieses göttlichen Vermächtnisses, das uns die Möglichkeit gegeben hat, die materielle Welt mit Geist zu durchdringen, und uns auch die Möglichkeit geben wird, bewußt uns den feineren Elementen allmählich anzuvertrauen: der Luft, dem Licht und dem Äther. Der Ton und die Lautgebärde sind die Wege dazu. Schlüpft diese in den Laut hinein, dann entsteht das künstlerische Sprechen. Sie kann sich aber ein Abbild schaffen innerhalb der physischen Körperlichkeit: dann wandelt sich das, was den Lufthauch als ätherische Bildkraft durchdringt, als Formung der Schallwelle, in eine Formung der physischen Gebärde. Die Arme vor allem, die nicht den Boden greifen, sondern das Schicksal, sie sind in der Lage, diesen Gestaltungen des Lufthauchs nachzugehen. In ihrer Beweglichkeit liegt die Möglichkeit, den mannigfaltigen Reichtum der Sprache nachzubilden und so den Körper immer mehr zu durchgeistigen. Die so entstehende physische Bewegung deutet an, was in der ätherischen Welt sich gleichzeitig abspielt, metamorphosiert sich hundertfach und ist so in der Lage, den Reichtum der Welt in sich zu fassen, den die Sprache umfängt. Wie arm ist daneben rein persönliches Erleben.

Diese geistbefreiende Kunst ist schon an sich heilend. Sie gibt die Grundlage ab, von welcher aus man dann auch eine besondere Therapeutik ausbilden kann. Doch scheint da eine Gefahr zu lauern, und die Meinung scheint aufkommen zu wollen, man solle als Eurythmie-Schülerin das Erleben der Laute besonders stark in den Organen des Körpers entwickeln; es genüge nicht eine eurythmische Ausbildung, die dieses Ziel nicht an erster Stelle verfolge. – Es wäre der Tod der Kunst. Diese muß das hinter dem Sinnlichen verborgene Übersinnliche zum Ausdruck bringen; die Gebärde muß Andeutung bleiben, Wandlung, fließendes Leben, tragende, strebende, schwingende Kraft, – aber immer im Spiel der Energien die impulsierende Bewegung erfühlend, sie dem Raum, der Luft anvertrauend, – nicht organgebunden, nicht den Ausgangspunkt nehmend von etwas Körperlichem. Wenn dies eine Tendenz würde, die man vielleicht auch gar in die Behandlung der Sprache hineinbringen wollte, so wären wir glücklich wieder da angelangt, wo wir mit Hilfe Rudolf Steiners der Ertötung entrinnen konnten, und seine Bemühung um uns wäre auch hier umsonst gewesen. Wir hätten den Brückenbogen zurückgeworfen, der uns auf die andere Seite hätte hinüberführen können. Statt unser Bewußtsein hinzulenken auf das, was in- und außerhalb des Körpers als Luftschwingung lebt, durch die wir dann das Licht erfassen können, den weltumspannenden Äther erfühlen, der auch unsere Muskeln kraftend durchfeuert, wären wir wieder gebannt an den Fels der Körperlichkeit.

Die Ägypter mußten lernen, nach unten zu schauen; aus ihrem Wissen des Geistigen heraus, das auch organbildend gewirkt hat, die physische Welt allmählich erobern und sich zu diesem Zweck in die Materie versenken. Die Leichen wurden mumifiziert, damit das Seele und Körper zusammenhaltende Band sich auch nach dem Tode nicht lockere; dem Toten wurde irdische Speise dargebracht als Symbol seines Zusammenhanges mit der Erde. Wir müssen bewußt den andern Weg betreten, die Wende vollziehen, müssen uns entmumifizieren. Dadurch ist nicht gesagt, daß wir den physischen Organismus verachten. Im Gegenteil, – wenn uns die Organe zur Sprache kosmischer Geschehnisse werden, zu Enthüllungen von Göttertaten, so ist es gut, so erleben wir Großes.«[45]

Marie Steiner: Für ein Programmheft anläßlich einer Eurythmieaufführung im Stadttheater Bern am 15. März 1943.

»Eurythmie ergreift die innere Bewegung der Sprache im Spiel der Laute. Wir kennen nur die Sprache als Verständigungsmittel und haben dasjenige verloren, was sie als Ausdruck kosmischer Kräfte ist. Trotz aller im Laufe der Zeit eingetretenen Differenzierungen und Abschwächungen ist sie noch immer ein Bindeglied zwischen uns und unserem Ursprung: dem Wort. Aus dem Worte, dem sich in Bewegung und Ton offenbarenden Urquell des Lebens, stammen wir. Es haben Sternenkräfte den Lauten unserer Sprache ihr Wesen eingeprägt. Diese, unser heutiges Bewußtsein nicht mehr erreichenden, formenden Gewalten können wir wieder erspüren, ertasten, wenn wir in die innere Bewegung der Sprache untertauchen. Werden wir von ihr ergriffen, dann haben wir ein Mittel, uns in der Welt, die Welt ins uns zu erleben.

Auch unsere physischen Organe sind eine Zusammenballung jener Formkräfte, die in den kreisenden Gestirnen schwingen. Die Spiegelung der Sternenbahnen und des Wechselspiels der Strahlungen und ihrer Verdichtungen tritt uns entgegen in dem Linienspiel der Kristallbildungen bei Schneeflocken und Steinen, in den Formungen der Blumen, Tiere, Muscheln usw. Die Organe, die uns als Sprachwerkzeuge dienen, können wir in ihren Funktionen beobachten, in ihren Bildekräften und Ausdrucksmöglichkeiten ergründen. Wir können sie zu Werkzeugen künstlerischer Gestaltung machen, indem wir dem Ton, dem Laut ihre Bewegungstendenzen ablauschen und, sie vergrößernd und verdichtend, durch das Instrument des Körpers in die sichtbare Gebärde überführen. Das war das Geheimnis der alten Tempeltänze, deren Ursprung in der Kenntnis der Hierophanten vom wahren Wesen der Sterne und ihrer wechselseitigen Beziehungen liegt. Arme und Hände, die das physische Werkzeug sind für die dem Menschen innewohnenden Kraft der Betätigung, die ihn über das Tier erhebt und die sein individuelles Schicksal einleitet, sind für die Kundgebung des Seelenlebens von besonderer Bedeutung.

Ganz im Sinne von Goethes bekanntem Ausspruch offenbaren sich verborgene Gesetze der Natur, wenn wir die innere Sprachbewegung zum hörbaren und sichtbaren künstlerischen Ausdruck bringen.

Die Darbietung der Eurythmie-Gruppe des Dornacher Goetheanums (Montag, 15. März) im Berner Stadttheater wird uns Texte aus dem ägyptischen Totenbuch und den Pyramiden-Inschriften vermitteln. Richtunggebend für den Stil muß notwendigerweise dasjenige sein, was wir ablesen können an der ägyptischen Flächenmalerei, den Fresken der Totenkammern, den Hieroglyphen, den immer wieder in den Bauten uns entgegentretenden geometrischen Grundformen, der in den Obelisken symbolisierten Aufrichtekraft usw. Es gibt den Grundton für die Charakterisierung der Epoche und den Stimmungsgehalt der Texte, der sich uns ja nur eröffnet durch Übersetzung in ein modernes Idiom. Aber die Laute als solche entstammen der Ursprache, die in der Weltenseele wurzelt und aus welcher heraus alle anderen Sprachen sich allmählich entwickelt haben. Das Wesen der Laute hat seinen Quell in den Sternenkräften und sein Walten in der Dauer, trotz aller zeitlichen Wandlungen. Das Eindringen in den Werdegang der Menschheit, das Sich-Einfühlen in die Kunststile der verschiedenen geschichtlichen Epochen kann uns die Richtlinien geben für die besondere Nuancierung der jeweiligen Kulturstufe.

Neben diesem Versuch der eurythmischen Gestaltung altägyptischer Texte in deutscher Übertragung werden auch zeitgemäße Dichtungen und musikalische Kompositionen in toneurythmischer Wiedergabe zur Darbietung kommen.«[46]

Marie Steiner: Aus dem Vorwort zu »Wahrspruchworte«, einer Sammlung von Gedichten, Sprüchen und Widmungen Rudolf Steiners.

»Er schenkte einige Gedichte der Eurythmie, unserer jungen Bewegungskunst. Es lag ihm daran, an einigen Beispielen zu zeigen, wie die Dichtung eingehen muß auf die Zusammenhänge einer geistigen Welt, die ihre Offenbarung im Menschen ebenso hat wie im Kosmos, – und wie Form und Inhalt sich decken müssen, entsprechend den Analogien, welche die Wesensäußerungen des Menschen mit kosmischen Verhältnissen haben. Eine Kunst, die sich von diesen Zusammenhängen abschnürt, muß absterben. Sie wird leben, wenn sie das Wesenhafte sucht, das unserer Welt und den mit ihr verbundenen anderen Welten zugrunde liegt.

So gab er uns die eurythmische Kunst, die von einer ganz menschlichen Seite her dasjenige fördert, was man braucht, um den Zusammenhang des Menschen mit der geistigen Welt zu finden. Und um die Lernenden ganz konkret einzuführen in den Geist des Sich-eins-Fühlens mit dem Universum, schuf er die Gedichte, in denen er versuchte, dasjenige festzuhalten in innerem seelischen Ergreifen, was kosmisch sich offenbart hat, als unser Sonnensystem geschaffen worden ist.

Diese Gedichte sind: ›Zwölf Stimmungen‹ und ›Planetentanz‹.

In ihrem strenggliedrigen Aufbau folgen die ›Zwölf Stimmungen‹ genau demjenigen, was inhaltlich darin gegeben ist: ein Bewegt-Ruhiges, – die Zwölfheit, die im Universum als der Tierkreis gegeben ist, – die Siebenheit, die im Universum als Planetenfolge vorhanden ist. Wir haben zwölf Strophen zu je sieben Zeilen, ein genaues Abbild des in unserem Universum Vorhandenen. Dies ist gleichsam das äußere Gerippe; es ist aber in allen Einzelheiten festgehalten, was sich da offenbaren will, was ausgeflossen ist in die Bewegung unseres Sonnensystems: Es ist festgehalten im Auf- und Abstieg der einzelnen Strophe, im Auf- und Abstieg der ganzen Dichtung; in der allgemeinen Stimmung der Strophe, die dem betreffenden Himmelskörper entspricht, hervorgerufen durch die Art und Weise, wie die Worte in der betreffenden Strophe gerade liegen, – aber auch in dem Hineinspielen einer jeden einzelnen Zeile, die dem Wandelplaneten entspricht. So daß man fühlen kann: hier fährt die energische Bewegung des Mars hinein, hier die majestätische des Jupiter, dort haben wir das Gereift-Abflutende des Saturn, endlich das Gefestigt-Rückstrahlende des Mondes, das in der ersten Sonnenzeile unmittelbare Erstrahlung ist, um dann überzugehen in das Sanft-Erwärmende der Venus und in das Webend-Wirkende des Merkur. Und dieses

Presse-Urteile.

„Weser-Zeitung" Bremen: Hier ist wirklich einmal Neuland, ein Zurückgreifen auf Wurzeln. Die Eurhythmie geht zur Urerscheinung der Sprache und zu ihren Möglichkeiten für die Bewegungskunst zurück. Hoffnung und Zukunft wirkte in dem, was wir von der Dornacher Schule sahen. Die Dichtungen sprach Frau Marie Steiner mit letzter Ausschöpfung ihrer besonderen rhythmischen, dynamischen und akzentuierenden Mission. Die Eindrücke waren sehr bedeutsam: freies Gelöstsein der Bewegungen bei strenger Bindung an eine allgemein so zu nennende: Musikalische Gesetzmäßigkeit. —

„Neues Wiener Tageblatt": Die eurhythmischen Darstellungen haben lebhaft gefesselt. In den Bewegungsbildern fühlt man starken Impuls, intensive Kraft des Ausdruckes und Harmonie, eine Art Melodik und Geste, deren sinnliche Konturen sich immer wieder in Uebersinnliches zu lösen schienen. —

„Deutsch-österreichische Tageszeitung": Die Tänze dienten teils zur Interpretation von Musikstücken, teils zur Begleitung von Texten, die von Frau Dr. Steiner mit vollendeter Kunst rezitiert wurden. Schlechthin vollkommen war die Uebereinstimmung der Tanzbewegungen mit der Musik bei einem Tonbild von Grieg, das darum auch wiederholt werden mußte. Für die tiefsinnige Dichtung Steiners eignet sich Eurhythmie vorzüglich; man kam in Gefahr, der mehrfachen Narkose durch den Rausch der Worte, Begriffe, Bewegungen, Töne und Farben zu erliegen. Die duftigen Gewänder der Tänzerinnen schufen in ihrer Mannigfaltigkeit die buntesten Bilder und wechselnde Lichteffekte verdoppelten diesen ohnehin starken Augenreiz, der zum Gelingen der wahrhaft festlichen Veranstaltung wesentlich beitrug. —

„Bohemia" Prag: Da stand man sofort in dem Gefühl, nicht einer ästhetischen, sondern einer religiösen, einer Kulthandlung beizuwohnen. Hier kommt hinzu nicht wie sonst beim Kunsttanz ein Willkürliches, sondern eine ganz unmittelbar durch die Wortmelodie der Dichtung bedingte Reaktion eines im Körperlichen sich blos abbildenden Seelischen. Kennzeichen blieb eine hohe Geistigkeit, ein Vorwalten seelischer Umsetzung —

„The Manchester Guardian": Die Darbietung war wirklich sehr schön. Die Bewegungen der Arme und Hände waren äußerst ausdrucksvoll. — . . . . . Doch wußte man, daß sie inspiriert waren von Musik, von einem Sonett Shakespeares, durch Dichtungen Göthes oder Szenen aus Dr. Steiners eigenen Dichtungen, die durch Frau M. Steiner halb gesprochen, halb gesungen wurden.

„Westminster Gazette": Die Eurhythmieaufführungen wirkten sowohl auf die Konferenzteilnehmer (Konferenz für geistige Werte in der Erziehung und im Leben, Oxford) als auch auf ein großes auswärtiges Publikum anziehend. Eurhythmie ist ein Appell an das Gefühl für Rhythmus und für das Tonerlebnis im menschlichen Wesen, derart, daß diese Bewegungskunst, das Musikalische in der Poesie wie eine sichtbare Sprache zum Ausdruck bringt. —

„Oxford Chronicle": Eurhythmie ist heute noch eine junge Kunst, aber mit der Hoffnung auf eine große Zukunft. —

MARIE STEINER-VON-SIVERS

siebenfache innere Seelenerfühlen, von der Sonne herab durch Venus, Merkur, Mars, Jupiter, Saturn bis zum Monde wird hineingewoben in den Stimmungsgehalt der Strophe des betreffenden Tierkreiszeichens, durch das die Sonne durchgeht. Es ist wirklich das Einssein mit den Gesetzen des Universums, das Gegenteil der subjektiven Willkür.

Etwas ähnliches haben wir in dem Aufbau des »Planetentanzes«. Es wird versucht, in wiederum zwölf Strophen einen andern Weltenzusammenhang zu geben. Wir haben hier die Sonne, die Planeten und den Mond. In den vierzeiligen Strophen ist die erste Zeile immer das Sonnenhafte, die letzte das Mondenhafte. In vier Teilen von je drei Strophen steigt die Kurve des kosmischen Geschehens aufwärts zu ihrem Zenith, um dann wiederum abzufluten. Damit in Einklang ist das Tun und Sein der Menschenseele, die in den Zusammenhängen der geistigen Welt steht. Ruf, Sehnsucht, Erfüllung in viermaliger Wiederkehr. Die Form ist herausgeholt aus dem Geheimnis des Universums.

So lehrte uns Rudolf Steiner im Kosmos fühlen und lehrte uns eingehen auf die gesetzmäßigen Zusammenhänge einer geistigen Welt, die sich durch den Menschen offenbaren will. Er sagte zu den Eurythmie-Ausübenden: ›Das, was Sie da sich abspielen sehen, gibt einem die Möglichkeit, eine Beweglichkeit und in Bewegung befindliche Begriffe sich zu erschaffen von dem, was man so nennen kann: Das Wort wallt durch die Welt, und die Weltenbildung hält das Wort fest.‹

Das lehrte uns Rudolf Steiner und gab uns damit die Erkenntnis dessen, was Dichtung in Wahrheit ist.

Für die Eurythmie schuf er noch: ›Weltenseelengeister‹, ›Ecce Homo‹, ›Frühling‹, ›Herbst‹. Überall erleben wir das Hineingestelltsein des Menschen in die geistigen Zusammenhänge, erleben in den Lautverbindungen, ihrem Erglitzern, Erstrahlen und Ineinanderspielen die schöpferischen Kräfte des Kosmos selbst. Den inneren Rhythmus der Laute, der in der Dichtung der Zukunft einst die Stelle des der Verstandeskultur entsprossenen Reimes einnehmen wird, hat Rudolf Steiner vorbildlich enthüllt in seinen Mysteriendramen; die Lautgestaltung als hohes Kunstprinzip unsern Seelen erschlossen. Das Gesetz der Bewegung in den Lautelementen, das sie der Sphäre des rein Musikalischen oder Bildhaft-Plastischen entreißt und dadurch der dichterischen Sprache, die mit den Elementen aller Künste arbeitet, ihr eigenes, selbständiges Reich erschließt, hat er uns aus der Sphäre der Geistdynamik heruntergeholt. Versuchen wir auf uns das wirken zu lassen, was einem Gedicht wie ›Weltenseelengeister‹ lautlich zugrunde liegt: das dreifache i der ersten Zeile, das sich in deren Ausklang zum a öffnet, die Wiederholung des a in der zweiten Zeile, und in der dritten seine Aufhellung im ausklingenden e, das wieder durch ein dreifaches i eingeleitet wird – um in der zweiten Strophe in der Endassonanz wiederholt zu werden und dann einem dreimalig assonierenden i zu weichen, das in den zwei letzten Zeilen der dritten Strophe über das e zum a zurückkehrt. Nur derjenige, der künstlerisch lautgestaltend zu fühlen vermag, wird ermessen, welch eindringliche Kraft, welche Bewegung und schöpferische Offenbarung in dieser Behandlung des a, e und i liegen, in diesem aus drei kurzen Dreizeilern bestehenden Gedicht, dem das amphibrachische Versmaß die Zielsicherheit und den hebenden Schwung verleiht. Wahrlich, verdichteter Geist.«[47]

Rudolf Steiner[48]

Die Weltenseelengeister

Im Lichte wir schalten,
Im Schauen wir walten,
Im Sinnen wir weben.

Aus Herzen wir heben
Das Geistesringen
Durch Seelenschwingen.

Dem Menschen wir singen
Das Göttererleben
Im Weltengestalten.

Ecce Homo

In dem Herzen webet Fühlen,
In dem Haupte leuchtet Denken,
In den Gliedern kraftet Wollen.
Webendes Leuchten,
Kraftendes Weben,
Leuchtendes Kraften:
Das ist der Mensch.

Finsternis, Licht, Liebe

Dem Stoff sich verschreiben,
Heißt Seelen zerreiben.

Im Geiste sich finden,
Heißt Menschen verbinden.

Im Menschen sich schauen,
Heißt Welten erbauen.

Frühling

Der Sonnenstrahl,
Der lichterfunkelnde,
Er schwebt heran.

Die Blütenbraut,
Die farberregende,
Sie grüßt ihn froh.

Vertrauensvoll
Der Erdentochter
Erzählt der Strahl,

Wie Sonnenkräfte,
Die geistentsprossenen,
Im Götterheim
Dem Weltentone lauschen;

Die Blütenbraut,
Die farberglitzernde,
Sie höret sinnend
Des Lichtes Feuerton.

Herbst
Der Erdenleib und die Wärmeseele

Der Erdenleib,
Der Geistersehnende,
Er lebt im Welken.

Die Samengeister,
Die Stoffgedrängten,
Erkraften sich.

Und Wärmefrüchte
Aus Raumesweiten
Durchkraften Erdensein.

Und Erdensinne,
Die Tiefenseher,
Sie schauen Künft'ges
Im Formenschaffen.

Die Raumesgeister,
Die ewig-atmenden,
Sie blicken ruhevoll
Ins Erdenweben.

Anhang

Richard Rosenheim. Aus »Das ewige Drama«[1]

Die Kunst der Eurythmie

Es bedeutet immer einen sichtbaren Akt der Gnade für den Menschen, wenn er während der kurzen Zeit seines Erdenwallens erleben darf, wie die Ideale großer Männer der Vergangenheit sich vor seinen Augen in Wirklichkeit verwandeln; und umsomehr, wenn dies in einer Epoche geschieht, in der die Mächte der Zerstörung mit ungezügelter Anmaßung weltenweit zu herrschen scheinen. Er vermag dann besser zu verstehen, was Goethe meinte, wenn er sagte: »Die Natur braucht viel Tod, um so viel Leben zu haben.« Für den Verfasser dieses Buches war *die Errichtung des Mysterien-Theaters in Dornach* ein solches Gnadenwunder unerwarteter Erfüllung. Denn hier erstand zu einer Zeit, wie sie ungünstiger für ein solches Wagnis wohl kaum gedacht werden kann, zu vollem Leben, was Goethe begründet hatte als das Kosmopolitische Theater der Zukunft, und Richard Wagner fortgesetzt hatte in seinen Bemühungen um die Schaffung des Gesamtkunstwerkes der Zukunft. Was dem Streben beider Männer in Wahrheit zugrunde lag, hat Goethe schon 1815 gelegentlich einer Aufführung seiner »Proserpina« in Weimar in schlagender Weise zusammengefaßt, indem er die *fünf Elemente* aufzählte, die ihm als die unentbehrlichen Stützen der vollendeten Darstellung eines dramatischen Vorganges erschienen:

1. Dekoration.
2. Rezitation und Deklamation.
3. Körperliche Bewegung.
4. Mitwirkung der Kleidung.
5. Musik, und zwar
   a) indem sie die Rede begleitet,
   b) indem sie zu malerischen Bewegungen auffordert,
   c) indem sie den Chor melodisch eintreten läßt.

Im vorangehenden Absatz dieses Kapitels haben wir darzulegen versucht, welches dieser fünf tragenden Elemente vollendeter dramatischer Darstellung sowohl in Weimar wie in Bayreuth noch nicht in idealer Weise in Erscheinung treten konnte. *Es war das Element der überzeugenden Repräsentation übersinnlicher und übernatürlicher Vorgänge und Erlebnisse durch das Medium des menschlichen Körpers.* Mit der Kraft eines wahrhaft universalen Geistes, dessen Hand den Funken echten Lebens aus allem Stofflichen schlug, das sie berührte, war *Rudolf Steiner* befähigt, das verlorengegangene Dritte Element des Ur-Dramas nicht nur wieder zu entdecken, sondern es zugleich auch in ein völlig neues, unabhängiges Ausdrucksmittel sublimster geistiger Realität umzuschmieden, das er *Eurythmie* benannte und mit dessen Hilfe er den zerbrochenen Ring der ursprünglichen Einheit in der Dreiheit an jener kritischen Stelle wieder zu schließen vermochte, wo bei den Versuchen seiner beiden großen Vorläufer Wort und Ton nicht in der rechten Weise zueinander finden konnten. Er legte selbst die grundlegenden Gesetze und Formen für diese neue Kunst fest, die in jener erhabenen Urform der Sprache urständeten, die einstmals über die ganze Erde hin gesprochen wurde, als der Mensch sich noch selbst als das verkörperte Wort des Schöpfers fühlte und empfand. In ihr sollte wiederum der ganze Mensch, in Körper, Geist und Seele, sich aufgerufen fühlen, Wort zu werden. In der Eurythmie war die Sprache nicht länger mehr bloß als das fügsamste Verkehrsmittel für Ausdruck und Austausch der flüchtigen Gedanken und Gefühle des Augenblicks angesehen, die der Welt der Sinne und des Intellektes entstammen. In der Eurythmie sollte sie wieder eingesetzt werden in ihre angeborenen Rechte als der ursprüngliche tragende Grundpfeiler des Gesamtkunstwerkes Mensch. Aus ihrer eigenen unvergänglichen Substanz heraus sollten Konsonanten und Vokale einander die »Goldenen Gefäße« zureichen, in Einklang mit den Gesetzen kosmischer Melodie, Rhythmik und Harmonie, die *Pythagoras* und *Kepler* abgelesen hatten aus der sichtbaren Symphonie der Himmelskörper. Das makrokosmische Wort, der harmonische Zusammenhang der Tierkreiszeichen, der melodiöse Chor der Planeten und das rhythmische Zusammenspiel von Sonne, Mond und Erde sollte aufglänzen in dem mikrokosmischen Spiegel des menschlichen Körpers, wie sie sich dereinst in ihm gespiegelt hatten in den Kindheitstagen von Kunst und Menschheit. Sprache sollte wiederum werden Zwiesprache zwischen Gott und Mensch, geformt aus den einundzwanzig Lauten des Ewigen Alphabets, den zwölf Konsonanten, sechs Vokalen und drei Umlauten, die fortleben in den Sprachen aller Zonen und Nationen.

Das dritte Element war endgültig zurückgewonnen, mit dessen Hilfe man nun auf der Bühne neu schaffen und wieder gegenwärtig machen konnte, was dem Menschen nicht aus dem Erleben des gemeinen Alltags zufließt, sondern von Welten und Wesenheiten übersinnlicher Natur und Herkunft. Das war wohl auch der Grund, warum Rudolf Steiner die neue Kunst *Eurythmie* benannte, wie er die wundersame, während des Ersten Weltkriegs in friedlicher Zusammenarbeit von Angehörigen siebzehn verschiedener Nationen aus Holz und Glas erbaute Festung des Geistes »*Das Goetheanum*« nannte. Als dieses am *Neujahrsabend* 1922/23 von Flammen zerstört wurde, gab er nach kurzem Zögern dem Drängen von Freunden, es von neuem aufzubauen, nach, doch diesmal in Beton. Inmitten der Vorarbeiten zu dieser neuen kühnen Unternehmung des durch irdische Schicksale und Rückschläge nicht von seinem Ziele abzudrängenden schöpferischen Menschengeistes wurde Rudolf Steiner am 30. März 1925 vom irdischen Plan abberufen. Drei Jahre später war das neue

Goetheanum vollendet, nach den genialen Plänen, Ideen und Modellen seines Gründers, die eines Tages den Grundstein bilden werden zu einer kraftvollen Renaissance von Plastik und Architektur, wenn die Zeit herangereift ist, in der die Menschen wieder Häuser bauen werden aus dem Geiste für den Geist.

Zu den vier farbigen Abbildungen:
Feierlichkeit – Verzweiflung – Erkenntnis – Selbstbehauptung

Aus »Eurythmie als sichtbare Sprache«, S. 108 ff.

Feierlichkeit

»Eine Steigerung der Andacht ist dann die Stimmung der Feierlichkeit. Diese Stimmung der Feierlichkeit, sie wird in einem gewissen Sinne schon ähnlich sein der Stimmung der Erkenntnis, nur daß wir bei der Erkenntnis das Symmetriebild davon haben. Bei der Erkenntnis haben wir also nach rechts hin dieselbe Geste wie bei der Feierlichkeit nach links. Das kann nur empfunden werden, wenn man sich von vornherein empfindungsgemäß klarmacht, wie Erkenntnis sich zur Feierlichkeit verhält.

Sehen Sie, Erkenntnis ist ein Innehaben desjenigen, was außer uns ist und was wir mit unserem Dasein verbinden wollen.

Da handelt es sich also darum, daß wir der Erkenntnis ihre tiefbedeutsame Wesenheit in der Geste nicht nehmen. Hätte der Mensch nicht Erkenntnis, so wäre er eben kein Mensch. Der Mensch wird durch die Erkenntnisfähigkeit eigentlich erst zum Menschen. So daß Erkenntnis eigentlich immer als etwas aufgenommen werden soll, das feierlich stimmt; aber auf der andern Seite wiederum auch als etwas, was Aktivität der Seele in sich schließt. Aktivität kommt aber immer dadurch zum Ausdrucke, daß wir uns nach der rechten Seite wenden. Dieselbe Stimmung, die wir bei der Erkenntnis entwickeln, ins Passive, ins Andächtige umgewandelt, gibt die Feierlichkeit.

Aber bei alle dem, wo wir hingegeben sind, wo wir also nicht aktiv auftreten, sondern passiv hingegeben sind, da wenden wir uns nach der linken Seite. Und so werden wir die Feierlichkeit dadurch zum Ausdruck bringen, daß wir uns sozusagen mit der Erkenntnisgeste nach der linken Seite wenden.«

Stimmung der Feierlichkeit
Haltung: blauviolett; Temperament: dunkelgelbrot; Empfindungsimpuls; hellrot

Verzweiflung
Bewegung: graublau; Geste: blau; Fassung(losigkeit): weißgelb

Erkenntnis
Bewegung: weiß; Gefühl: gelb; Charakter: orange

Selbstbehauptung, fast Größenwahn
Bewegung: grün; Lebensgefühl: rot; charakterologisches Temperament: schwarz

Verzweiflung

»Dann haben wir eine Gebärde, welche besteht im festen Aufstellen der Füße, in den nach rückwärts gehaltenen Armen, die Hände ganz nach rückwärts. Das ist die Gebärde der Verzweiflung. Sie werden schon spüren, wenn Sie das eigentümliche Gefühl haben, das sich dann namentlich in den inneren Armmuskeln ausdrückt, Sie werden das Gefühl haben: das drückt die *Verzweiflung* aus.«

Erkenntnis

»Nun haben Sie hier etwas, was Sie zu gleicher Zeit so ansehen müssen, daß Sie gerade diese Gebärde fein studieren, die darinnen besteht, daß man die obere Hand in diese Haltung bringt und den Zeigefinger nach oben bewegt, denn diese Gebärde hat immer das Eigentümliche, daß sie auf die Einsicht eigentlich hinweist. Wo diese Gebärde irgendwie auftritt, weist sie eigentlich auf Einsicht, dann, wenn man nicht zeigt, sondern wenn man den gestreckten Finger hält. So daß die Gebärde des Gescheiten auch in die ernste Gebärde der *Erkenntnis* übergeht.

Wenn Sie also den rechten Unterarm aufwärtsbewegen und den linken Arm so halten, daß Sie dasjenige, was vorzugsweise bei der Erkenntnis in Anspruch genommen werden muß, rhythmischer Mensch und Kopf, daß Sie das von dem unteren Menschen abschneiden, die Hand tragend hier unter dem Ellenbogen, diese andere Gebärde hinauf machen, so haben Sie die Gebärde der Erkenntnis. Diese Gebärde der Erkenntnis, sie kann im Grunde genommen viel angebracht werden. Denn jeder Wortlaut, der darauf hindeutet, daß man irgend etwas wahrnimmt, daß man irgend etwas in sich aufnimmt, kann ja im Leben als Erkenntnis gelten. Und man kann der Stimmung einer Dichtung außerordentlich zu Hilfe kommen, wenn man, sagen wir, am Ende einer Zeile dieses anbringt, daß man das Betreffende aufgenommen hat. So wird gerade manche Dichtung gewinnen, wenn man so etwas einfügt.«

Selbstbehauptung

»Eine andere Gemütsstimmung wäre die, die einen allgemeinen Erkenntniswert hat, die Stimmung der *i*-Gebärde, die der Selbstbehauptung. *i* ist immer Selbstbehauptung. Aber wenn die Selbstbehauptung nicht im Laut liegt, sondern wenn die Selbstbehauptung über das Lautende hinausgeht und deutlicher Gemütsausdruck wird, dann kann diese Selbstbehauptung dadurch zum Ausdrucke gebracht werden, daß sie übergeht in eine Gebärde, wobei das rechte Knie gehoben wird: Sie stehen hier mit dem linken Knie und mit den beiden Armen, die nach vorne gegeben werden, aber so, daß man sie etwas zurück beziehungsweise die Hände etwas zurück arrangiert. Jetzt haben Sie da die Gebärde der *starken Selbstbehauptung*. Machen Sie am Ende des Satzes, den ich sagen werde, durch Eurythmisieren, durch Hinauslaufenlassen in diese Haltung, diese Gebärde des *Größenwahnsinns:* Bin ich nicht der Kaiser von China? – nun die Gebärde. Auf diese Weise kommt dann Leben in dasjenige hinein, was man darzustellen hat, und gerade das ist das Wesentliche und das Bedeutende, daß Leben in diese Dinge hineinkommt.«

Chronologische Übersicht
der eurythmischen Entwicklung 1908–1925

1908

Mai, Hamburg	Vorträge von Rudolf Steiner über das Johannesevangelium. Nach dem ersten Vortrag über den Anfang des Johannesevangeliums stellt er die Frage an Margarita Woloschin: »Könnten Sie das tanzen?« Ihre Antwort: »Ich glaube, man kann alles tanzen, was man fühlt.«

1911

Mitte Dezember, Berlin, Motzstraße 17	Erste Besprechung über eine neue Bewegungskunst zwischen Rudolf Steiner und Frau Clara Smits. Erste Aufgabe für Lory Smits.

1912

29. Januar, Kassel	Weitere Aufgaben.
Juli, München	Luziferische und ahrimanische Wesen, 6. Bild »Der Hüter der Schwelle.« Erste Anfänge der Eurythmie.
24. August	Uraufführung »Der Hüter der Schwelle.«
1. oder 2. September	Grundrichtungen für die Vokale I A O (noch nicht für die Arme).
16. bis 27. September, Bottmingen	Erster Eurythmiekurs für Lory Smits in Anwesenheit von Marie von Sivers und Clara Smits. Das dionysische Element. In der letzten Stunde schlug Marie von Sivers für die neue Bewegungskunst den Namen *Eurythmie* vor.

1913

Düsseldorf, Haus Meer	Eurythmische Arbeit im kleineren Kreise.
26. April	Erster Text für die Eurythmie von Rudolf Steiner: Der Wolkendurchleuchter. Neue Übungen.
22. August, München	Uraufführung »Der Seelen Erwachen«, im 2. Bild werden die Sylphen und Gnomen eurythmisch dargestellt.
28. August	Erste eurythmische Vorführung anläßlich eines geselligen Beisammenseins. *Erste Ansprache* von Rudolf Steiner.

31. August	Neue Aufgaben für Lory Smits.
Oktober, Düsseldorf, Haus Meer	Beginn einer intensiven Arbeit mit einer größeren Gruppe.

In den nächsten Monaten geben einige Eurythmistinnen in verschiedenen Städten Eurythmiekurse in den Mitgliederkreisen, z. B. in Stuttgart, Hamburg, Leipzig, München, Berlin, Kassel, London, Den Haag.

1914

20. und 21. Januar, Berlin	Eurythmieaufführung anläßlich der Generalversammlung. *Zweite Ansprache* von Rudolf Steiner.
April, Dornach	Anfang einer eurythmischen Arbeit in Dornach durch Tatiana Kisseleff, zunächst im »Hotel Jura«.
August	Marie von Sivers übernimmt die Führung der eurythmischen Arbeit im »Haus Hansi«.
Herbst	Beginn regelmäßiger eurythmischer Darbietungen auf der Bühne in der Schreinerei vor den Vorträgen Rudolf Steiners.

1915

11. April, Ostern	Faust I., Osternacht.
22. Mai, Pfingsten	Faust II., Ariel-Szene.
15. August	Faust II., Himmelfahrt.
18. August bis 11. September	Zweiter Eurythmiekurs: Das apollinische Element. Neue Texte für die Eurythmie: Planetentanz, Zwölf Stimmungen, Das Lied von der Initiation. Erste Aufgaben für die Toneurythmie.

1915 bis 1918

In dieser Zeit werden die verschiedensten Szenen aus Faust I und II nacheinander unter Mitwirkung der Eurythmie aufgeführt. – Regelmäßige Eurythmiedarbietungen vor den Vorträgen für die Mitglieder.

November	Erste Formen von Rudolf Steiner für den »Chor der Urtriebe« von Fercher von Steinwand. Die ersten Formen für die Jahressprüche des Seelenkalenders (noch ohne Vor- und Nachtakte).

1919

16. Januar	Faust II. Klassische Walpurgisnacht (Schlußszene) vor deutschen Internierten, später Aufführungen vor geladenen Gästen.
24. Februar	Zürich. Erste *öffentliche* Eurythmieaufführung im Pfauentheater.
27. Februar	Winterthur. Öffentliche Aufführung.

13. März	Dornach. Öffentliche Aufführung.
25. Mai	Stuttgart. Erste öffentliche Eurythmieaufführung in Deutschland. Beginn regelmäßiger Gastspiele in Deutschland und in der Schweiz. Vom Jahre 1919 ab fanden jedes Jahr Eurythmietourneen durch Deutschland statt.

1920

Dornach	Szenen aus den Mysteriendramen.
November	Freiburg und Stuttgart. Öffentliche Aufführungen pädagogischer Eurythmie unter Mitwirkung von Schülern der Waldorfschule, mit Ansprachen von Rudolf Steiner.

1921

12. bis 17. April	Dornach. Heileurythmiekurs. Erste eurythmische Darbietungen von Gedichten in französischer, englischer und russischer Sprache mit Formen von Rudolf Steiner.
September	Erste Form für die Toneurythmie: Grieg »Schmetterling«. Eurythmiegastspiele in Holland und Kristiania.

1922

U. a. Oktober/ November	Eurythmiegastspiele in Oxford, London und Den Haag.

1923

7./8. März, Stuttgart	Vorträge für Lehrer »Das Tonerlebnis im Menschen«. *Intervall-formen.*
April	Eurythmiegastspiel in Prag.
August/September	Gastspiele in Ilkley, Penmaenmawr, London.

1924

19. bis 27. Februar	Dornach. Toneurythmiekurs.
März/April	Eurythmiegastspiele in Deutschland und Prag.
20./22. April	Dornach. »Grundsteinlegung« eurythmisch aufgeführt für Mitglieder.
30. April	Stuttgart. Konferenz im »Eurythmeum«. Neue Übung: I U A
24. Juni bis 12. Juli	Dornach. Lauteurythmiekurs.
August	Gastspiele in Torquay und London.
Oktober/November	Eurythmietournee in Deutschland.

1925

Februar/März	Eurythmietournee in Deutschland
29. März, Dornach	Letzte Eurythmieaufführung vor dem Tod Rudolf Steiners (30. März 1925)

Verzeichnis der Eurythmieschulen

Bundesrepublik Deutschland

Alanus-Hochschule der musischen
und bildenden Künste
Eurythmieschule
Johannishof
D-5305 Alfter bei Bonn
✆ 02222/3713
Leitung: Margith Wagner, Reiner Wagner

Schule für Eurythmische Art und Kunst
Argentinische Allee 25
D-1000 Berlin 37
✆ 030/8026378
Leitung: Helene und Claudia Reisinger

Eurythmieschule Hamburg
Carl-Cohn-Str. 68
D-2000 Hamburg 60
✆ 040/515152
Leitung: Carina Schmid

Schule für Eurythmische Kunst Hannover
Ostermeierstr. 5
D-3000 Hannover 72
✆ 0511/520026
Leitung: Heinz Schimmel

Eurythmieschule München
Hauptstr. 42
D-8082 Grafrath
✆ 08144/7207
Leitung: Friedhelm und Ursula-Ingrid Gillert

Eurythmieausbildung Nürnberg
Ewaldstr. 82
D-8500 Nürnberg 20
✆ 0911/595262
Leitung: Margarete Proskauer
Auskunft und Anmeldung: Dr. Angelika Storch

Eurythmeum Stuttgart
Zur Uhlandshöhe 8
D-7000 Stuttgart 1
✆ 0711/234230
Leitung: Else Klink

Eurythmieschule am Institut für
Waldorfpädagogik Witten-Annen
Annener Berg 15
D-5810 Witten
✆ 02302/6753
Leitung: Rosemarie Basold-Oswald

England

The London School of Eurythmy
Dunnings Road
East Grinstead RH19 4NF West Sussex/England
✆ 004443 42/312527
Leitung: Marguerite Lundgren

Ringwood – Botton Eurythmy School
The Sheiling Schools
Horton Road, Ashley
Ringwood BH24 2EB
England
Botton Village
Danby, Whitby, Yorks. Y02 12 NJ
England
Leitung: Evamaria Rascher – Monica Dorrington

Finnland

Eurytmiakoulu Helsinki
Uudenmaankatu 25 A 4
SF-00120 Helsinki 12
✆ 0035880/626311
Leitung: Margareta Habekost

Frankreich

Centre de formation professionelle
pour l'Eurythmie
1, rue François Laubeuf
F-78400 Chatou
Leitung: Hélène Oppert

Niederlande

Academie voor Eurythmie
Riouwstraat 1
NL-2585 GP Den Haag
✆ 0031/70/550039
Vertreter des Kollegiums: Werner Barfod

Österreich

Bildungsstätte für Eurythmie Wien
Tilgnerstraße 3
A-1040 Wien
✆ 0043 22/65 30 745
Leitung (für das Kollegium): Sigrid Kudlik,
Edeltraud Zwianer

Schweden

Eurythmieschule Järna
Rudolf Steiner-Seminariet, Box 1654
S-15300 Järna
✆ 0046755/50325
Leitung: Gertrud Klingborg

Schweiz

Eurythmeum Dornach
Akademie für eurythmische Kunst
Postfach 81
CH-4143 Dornach
✆ 004161/721083
Leitung: Lea van der Pals

Eurythmeum Dornach
Ausbildungsstätte für eurythmische Kunst
(begr. durch Elena Zuccoli)
Postfach 81
CH-4143 Dornach
✆ 004161/728133
Leitung: Elisabeth von Stockar

Formation professionelle eurythmique
CH-1162 St-Prex VD
✆ 004121/762168
Leitung: Paul Heilmann

Südafrika

The Cape Town School of Eurythmy
37 Columbus Road
Claremont, 7700
South Africa
✆ 002721/743096
Leitung: Sigrid Quednau

U.S.A.

School of Eurythmy
285 Hungry Hollow Road
Spring Valley, NY 10977 USA
Leitung: Dorothea Mier

Japan

Eurythmiekurse: Etsuko Agematsu
Teraodai 2-8-1. 1–102
Tamaku, Kawasakishi

Anmerkungen

Ist kein Verfasser genannt, so handelt es sich um Schriften bzw. Vorträge Rudolf Steiners. Die in der Rudolf-Steiner-Gesamtausgabe erschienenen Titel sind mit der Bibliographie-Nummer (GA Bibl.-Nr.) gekennzeichnet.

Rudolf Steiner und seine Zeit

1 Franz Marc, ›Geistige Güter‹, in ›Der Blaue Reiter‹, München 1979, S. 21 f
2 ›Geschichtliche Symptomatologie‹; GA Bibl.-Nr. 185, Dornach 1982, S. 131
3 Julius Frisch, ›Ein Jahrhundert deutscher Philosophie‹, in ›Beiträge zur Rudolf-Steiner-Gesamtausgabe‹, Heft 79/80, Dornach 1983, S. 54
4 Christian Morgenstern, Brief an Fr. Kayßler vom 24. 8. 1913, auszugsweise in ›Rudolf Steiner in München‹, hrsg. von der Anthroposophischen Gesellschaft, Zweig München, München 1961
5 Max Bill, Einführung zu Kandinskys ›Über das Geistige in der Kunst‹, Bern 1952, S. 6
6 Wassily Kandinsky, ›Über das Geistige in der Kunst‹, Bern 1952, S. 26
7 ›Die Bedeutung der Anthroposophie im Geistesleben der Gegenwart‹, Dornach 1957, S. 16
8 Wassily Kandinsky, ebenda
9 ›Grundlagen einer Erkenntnistheorie der Goetheschen Weltanschauung‹, GA Bibl.-Nr. 2, Dornach 1960, S. 131
10 ›Die Bedeutung der Anthroposophie...‹, a.a.O., S. 57
11 ebenda
12 Udo Kultermann, ›Die Architektur im 20. Jahrhundert‹, Köln 1977, S. 67
13 ›Die Bedeutung der Anthroposophie...‹, a.a.O., S. 69
14 ebenda

Zur Entstehungsgeschichte der Eurythmie

1 Die Vorträge sind innerhalb der Rudolf-Steiner-Gesamtausgabe in dem Band ›Initiations-Erkenntnis‹, GA Bibl.-Nr. 227, erschienen. Der Vortrag vom 26. August ›Eurythmie, was sie ist und wie sie entstanden ist‹ ist in dem Band ›Eurythmie als sichtbare Sprache‹, GA Bibl.-Nr. 279, enthalten.
2 Der ›Ätherleib‹ wurde von Steiner auch ›Bildekräfteleib‹ oder ›Lebensleib‹ genannt. Das, was den physischen Leib des Menschen, der als solcher der übrigen mineralischen Welt angehört, zu einem lebendigen Organismus macht, wird durch den Ätherleib bewirkt. Steiner bezeichnete ihn auch einmal als ›Architekten‹ des physischen Leibes.
3 ›Eurythmie. Die Offenbarung der sprechenden Seele‹, GA Bibl.-Nr. 277, S. 30 ff.
4 Zu Goethes Metamorphosenlehre hat sich Rudolf Steiner vielfach geäußert. Eine ausführliche Darstellung gibt er in seinen ›Einleitungen zu Goethes Naturwissenschaftlichen Schriften‹, GA Bibl.-Nr. 1, Dornach 1973, S. 14 ff.
5 Albert Czerwinsky, ›Brevier der Tanzkunst‹, Leipzig 1879
6 Lucian, griechischer Schriftsteller und Philosoph. Er lebte im 2. Jh. n. Chr. Seine Schrift ›Über die Pantomimik‹ erschien erneut Anfang dieses Jahrhunderts in Berlin-Schöneberg.
7 ›Die Entstehung und Entwicklung der Eurythmie‹, GA Bibl.-Nr. 227a, Dornach 1982, S. 110 ff.
8 ebenda, S. 61 ff.
9 ebenda, S. 50 ff.

Eurythmie und Dramatische Kunst

1 ›Sprachgestaltung und Dramatische Kunst. Dramatischer Kurs‹, herausgegeben zusammen mit Maria Steiner-von-Sivers, GA Bibl.-Nr. 282

2 Die Uraufführungen der vier Mysteriendramen von Rudolf Steiner fanden alle in München statt; am 15. August 1910 ›Die Pforte der Einweihung‹; am 17. August 1911 ›Die Prüfung der Seele‹; am 24. August 1912 ›Der Hüter der Schwelle‹; am 22. August 1913 ›Der Seelen Erwachen‹. Innerhalb der Gesamtausgabe sind die Dramen in dem Band ›Vier Mysteriendramen‹, GA Bibl.-Nr. 14, enthalten.

3 ›Die Entstehung und Entwicklung der Eurythmie‹, a. a. O., S. 48

4 Marie Steiner, ›Rudolf Steiner und die Redenden Künste‹, Gesammelte Schriften, Bd. II, Dornach 1974, S. 234 f.

5 Siehe dazu Rudolf Steiners Vorträge in ›Wege zu einem neuen Baustil. Und der Bau wird Mensch‹, GA Bibl.-Nr. 286

6 ›Das Goetheanum in seinen zehn Jahren‹, Teilausgabe aus GA Bibl.-Nr. 36, Dornach 1961

7 Die erste ungekürzte Gesamtaufführung von Goethes Faust, Teil I und II, am Goetheanum in Dornach/Schweiz fand im Sommer 1938 unter der Regie von Marie Steiner-von-Sivers statt. Heute noch ist das Goetheanum in Dornach wohl der einzige Ort in der Welt, an dem der Faust vollständig zur Aufführung kommt. Solche Faust-Gesamtaufführungen finden alle vier Jahre während der Sommermonate statt.

8 ›Geisteswissenschaftliche Erläuterungen zu Goethes Faust‹, GA Bibl.-Nr. 272, Dornach 1981, S. 109

9 ebenda, S. 142

10 ›Apollinische Formen‹, siehe das Kapitel ›Grundelemente der Eurythmie‹, Abschnitt ›Apollinische Formelemente‹

11 Aus einer bisher unveröffentlichten Ansprache Rudolf Steiners vom 30. März 1919

12 ›Geisteswissenschaftliche Erläuterungen zu Goethes Faust‹, a. a. O., S. 242 ff.

13 ›Eurythmie. Die Offenbarung der sprechenden Seele‹, a. a. O., S. 38 f.

14 ebenda, S. 355 f.

15 ebenda, S. 203

16 ›Das Goetheanum in seinen zehn Jahren‹, in ›Der Goetheanumgedanke inmitten der Kulturkrisis der Gegenwart‹, Gesammelte Aufsätze, GA Bibl.-Nr. 36, Dornach 1961, S. 318

17 ›Eurythmie. Die Offenbarung der sprechenden Seele‹, a. a. O., S. 269 f.

18 ebenda, S. 290

19 ebenda, S. 146

20 ›Das Goetheanum in seinen zehn Jahren‹, a. a. O., S. 320 f.

Grundelemente der Eurythmie

1 ›Das Johannes-Evangelium‹, GA Bibl.-Nr. 103

2 Margarita Woloschin, ›Die grüne Schlange‹. Siehe auch Rudolf Steiner, ›Die Entstehung und Entwicklung der Eurythmie‹, a. a. O., S. 10

3 ebenda

4 ebenda, S. 8 f.

5 ebenda, S. 18

6 Marie Steiner-von-Sivers in Rudolf Steiner, ›Eurythmie als sichtbare Sprache‹, GA Bibl.-Nr. 279, S. 260

7 ›Die Entstehung und Entwicklung der Eurythmie‹, a. a. O., S. 19

8 Gedicht ›Der Wolkendurchleuchter‹ in ›Wahrspruchworte‹, GA Bibl.-Nr. 40, Dornach 1978, S. 121

9 Marie Steiner-von-Sivers, ebenda, S. 261 ff.

10 ›Eurythmie. Die Offenbarung der sprechenden Seele‹, a. a. O., S. 430

11 ›Das Wesen der Farben‹, GA Bibl.-Nr. 291, Dornach 1980, S. 93

12 ›Zwölf Stimmungen‹, in ›Wahrspruchworte‹, a. a. O., S. 51

13 ›Die Entstehung und Entwicklung der Eurythmie‹, a. a. O., S. 159

14 Lory Mayer-Smits, in Rudolf Steiner, ›Die Entstehung und Entwicklung der Eurythmie‹, a. a. O., S. 91

15 ›Wege zu einem neuen Baustil‹, a. a. O., S. 75 f.

16 ›Die Entstehung und Entwicklung der Eurythmie‹, a. a. O., S. 116 ff.

17 ebenda, S. 62 ff.

18 ebenda, S. 68 und S. 161

19 ›Eurythmie als sichtbarer Gesang‹, GA Bibl.-Nr. 278, Dornach 1975, S. 48 ff.

20 ebenda, S. 56 ff.

21 ebenda, S. 90 ff.

22 ebenda, S. 99 ff.

23 ebenda, S. 101 ff.

24 ›Das Wesen des Musikalischen‹, GA Bibl.-Nr. 283, Dornach 1981, S. 143 f.

25 ›Eurythmie als sichtbarer Gesang‹, a. a. O., S. 13 ff.

26 Marie Steiner-von-Sivers, a. a. O., S. 262 ff.

27 ›Eurythmie als sichtbare Sprache‹, a. a. O., S. 119 ff.

28 ebenda, S. 142 ff.

29 ebenda, S. 157 ff.

30 ebenda, S. 161 ff.

31 ebenda, S. 225 ff.

32 ebenda, S. 253

33 ›Eurythmie als sichtbare Sprache‹, a. a. O., S. 257 ff.

34 ebenda, S. 222

35 ›Eurythmie. Die Offenbarung der sprechenden Seele‹, a. a. O., S. 564 f.

36 ›Gegenwärtiges Geistesleben und Erziehung‹, GA Bibl.-Nr. 307, Dornach 1973, S. 233 ff.

37 ›Die Entstehung und Entwicklung der Eurythmie‹, a. a. O., S. 136

38 ›Eurythmie als sichtbare Sprache‹, a. a. O., S. 58

39 ›Aristoteles über das Mysteriendrama‹, in ›Luzifer Gnosis. Gesammelte Aufsätze 1903–1908‹, GA Bibl.-Nr. 34, Dornach 1960, S. 150 ff.

40 ›Eurythmie als sichtbare Sprache‹, a. a. O., S. 98

41 ebenda

42 ›Eurythmie. Die Offenbarung der sprechenden Seele‹, a. a. O., S. 282

43 Marie Steiner, ›Gesammelte Schriften II‹, Dornach 1974, S. 264 ff.

44 Die chronologische Übersicht wurde entnommen der von Edwin Froböse herausgegebenen Dokumentation ›Marie Steiner. Ihr Weg zur Erneuerung der Bühnenkunst durch die Anthroposophie‹, Dornach 1973.

45 ›Ägyptische Mythen und Mysterien‹, GA Bibl.-Nr. 106

46 Marie Steiner, ›Rudolf Steiner und die Redenden Künste‹, a. a. O., S. 365 f.

47 Marie Steiner, Vorwort in Rudolf Steiner, ›Wahrspruchworte‹, a. a. O.,

48 Die angeführten Gedichte von Steiner sind erschienen in dem Band ›Wahrspruchworte‹, a. a. O.

Anhang

1 Richard Rosenheim, ›Die Kunst der Eurythmie‹, in ›Das ewige Drama. 6000 Jahre Drama und Theater als Spiegelbild des Werdeganges der Menschheit und des Menschen‹, Freiburg i. Br. 1958

Literaturübersicht

Rudolf Steiner

Eurythmie. Die Offenbarung der sprechenden Seele. Ansprachen zu Eurythmie-Aufführungen 1918–1924 mit Notizbucheintragungen und dazugehörigen Programmen. Bibl.-Nr. 277, Dornach 1980

Die Entstehung und Entwicklung der Eurythmie. Erster Kurs: Das dionysische Element, Bottmingen/Basel. 16.–24. September 1912. Zweiter Kurs: Das apollinische Element, Dornach, 18. August–11. September 1915. Ansprachen, Notizen, Dokumente. Bibl.-Nr. 277a, Dornach 1982

Eurythmie als sichtbarer Gesang. Toneurythmiekurs. Dornach, 19.–27. Februar 1924. Bibl.-Nr. 278, Dornach 1975

Eurythmie als sichtbare Sprache. Lauteurythmiekurs. Dornach, 24. Juni–12. Juli 1924. Bibl.-Nr. 279, Dornach 1979

Heileurythmie. Dornach, 12.–18. April 1921, und Stuttgart, 28. Oktober 1922. Bibl. Nr. 315, Dornach 1981

Eurythmieformen zu den Wochensprüchen des anthroposophischen Seelenkalenders. Reproduktion der Originalblätter mit den Zeichnungen und Angaben Rudolf Steiners. Dornach 1977

Skizzen zu den Eurythmiefiguren. Mappe mit 35 Lichtdrucktafeln. Dornach 1957

Beleuchtungs- und Kostümangaben für die Lauteurythmie. Deutsche Texte I–III, englische und französische Texte. Dornach 1980/83

Beleuchtungsangaben für die Toneurythmie. Dornach 1975

Was ist und will die neue Bewegungskunst Eurythmie? Sechs Einführungen zu eurythmischen Darstellungen. Teilausgabe aus Bibl.-Nr. 277 und 277a, Dornach 1979

Das Wesen des Musikalischen und das Tonerlebnis im Menschen. Bibl.-Nr. 283, Dornach 1981

Methodik und Wesen der Sprachgestaltung (Zusammen mit Marie Steiner-von-Sivers). Bibl.-Nr. 280, Dornach 1975

Die Kunst der Rezitation und Deklamation (Zusammen mit Marie Steiner-von-Sivers). Bibl.-Nr. 281, Dornach 1967

Sprachgestaltung und Dramatische Kunst. Dramatischer Kurs (Zusammen mit Marie Steiner-von-Sivers). Bibl.-Nr. 282, Dornach 1981

Wege zu einem neuen Baustil. Und der Bau wird Mensch. Bibl.-Nr. 286, Dornach 1982

Kunst und Kunsterkenntnis. Das Sinnlich-Übersinnliche in seiner Verwirklichung durch die Kunst. Bibl.-Nr. 271, Dornach 1961

Das Goetheanum in seinen zehn Jahren. Goethe und Goetheanum. Zwei Aufsätze 1923. Teilausgabe aus Bibl.-Nr. 36, Dornach 1961

Schriftenreihe ›Beiträge zur Rudolf-Steiner-Gesamtausgabe‹, Heft 75/76 ›Zur Entstehung und Entwicklung der Eurythmie‹. Dornach, Ostern 1982

Übersichtsbände zur Rudolf-Steiner-Gesamtausgabe, Band I, ›Bibliographische Übersicht‹. Dornach 1983

Rudolf-Steiner-Gesamtausgabe. Rudolf-Steiner-Verlag, Dornach/Schweiz

Walter Kugler

Rudolf Steiner
und die Anthroposophie

Rudolf Steiner
und die Anthroposophie

Wege zu einem neuen Menschenbild
Von Walter Kugler. 244 Seiten mit 6 farbigen und
74 einfarbigen Abbildungen, Textdokumenten,
Literaturverzeichnis, Personenregister, Übersicht über die Rudolf Steiner-Gesamtausgabe,
kartoniert (DuMont Dokumente)

»Ein Buch, das Leben und Werk des großen
Denkers grundlegend, aber überschaubar darstellt. Mit diesem Band dürfte Steiners Denken
erstmals zu einem sehr breiten Publikum Zugang
finden. Denn das Buch läßt sich ohne weiteres als
leserfreundliche Einführung in die nicht ganz
einfache Materie empfehlen.« *Basler Magazin*

Mike Schuyt / Joost Elffers
Peter Ferger

Rudolf Steiner
und seine
Architektur

102 Abbildungen

dumont
taschenbücher

Rudolf Steiner
und seine Architektur

Herausgegeben von Michael Schuyt und Joost
Elffers. Text von Peter Ferger. 181 Seiten mit 102
einfarbigen Abbildungen, Anmerkungen mit
einem Anhang von Walter Kugler (chronologischer Übersicht), Literaturhinweisen, kartoniert
(DuMont Taschenbücher, Band 72)

»Ein tiefes Programm steckt auch in den Bauten
des Anthroposophen Rudolf Steiner. Peter Ferger, selbst Architekt und lange Jahre schon Dozent für Anthroposophie, ist wohl der passende
Autor, dieses Phänomen adäquat aufzuzeigen
und zu durchleuchten, den Quellen eines der
letzten Gesamtkunstwerke in der Landschaft
nachzuspüren.« *Main-Echo*

DuMont Dokumente: Gesamtübersicht

DuMont Dokumente: Gesamtübersicht

DuMont Dokumente: Gesamtübersicht